AF261557

DE
LA SOMBRA
A
LA REALIDAD

Todo esto es una sombra de las cosas
que están por venir;
la realidad se halla en Cristo.

Colosenses 2:17

Dr. John M. Oakes

DE
LA SOMBRA
A
LA REALIDAD

*Un estudio de la relación
entre el
Antiguo y el Nuevo Testamento*

Theatron Press

De la sombra a la realidad: *Un estudio de la relación entre el Antiguo y el Nuevo Testamento*

© 2024 por John M. Oakes

Originalmente publicado en inglés bajo el título *From Shadow to Reality – A Study of the Relationship Between the Old and the New Testament* © 2005 por John M. Oakes

Todos los derechos reservados. Ninguna parte de este libro puede ser duplicada, copiada, traducida, reproducida o almacenada mecánica o electrónicamente sin autorización expresa, por escrito del autor e Illumination Publishers International.

ISBN: 978-1-958723-23-4

A menos que se especifique, todas las citas bíblicas son tomadas de la Santa Biblia, NUEVA VERSIÓN INTERNACIONAL® NVI® © 1999, 2015 por Biblica, Inc.®, Inc.® Usado con permiso de Biblica, Inc.® Reservados todos los derechos en todo el mundo.

John Oakes trabajó como profesor de química y física durante más de treinta años. En junio de 2018 se jubiló de la enseñanza a tiempo completo y actualmente dirige una iglesia en Bakersfield, California. John se convirtió en cristiano en 1978 mientras era estudiante de posgrado en la Universidad de Colorado. Obtuvo su doctorado en física química allí en 1984 y ese mismo año se casó con Jan. John también sirve como presidente de la Sociedad de Investigación Apologética. Ha enseñado sobre temas cristianos en más de 80 países y para 180 iglesias. Algunos de sus otros libros incluyen: *Razones para creer, Daniel: Profeta para las Naciones, The Christian Story, Volumes I-IV* (la historia cristiana, volúmenes I-IV), *Is There A God?* (¿hay un Dios?), *That You May Believe* (para que puede creer), *Field Manual for Christian Apologetics* (manual de campo para la apologética cristiana), y *Golden Rule Membership* (membresía según la Regla de Oro). Para obtener más información sobre el trabajo de John, va a www.EvidenceForChristianity.org.

Para más libros y series de audio de John Oakes y otros, va a: www.ipibooks.com.

Una marca de Illumination Publishers
www.ipibooks.com

<u>Dedicatoria</u>

A:

mi madre,

Ruth Oakes,

quien me enseñó a hablar con cuidado;

y mi padre,

Harold Oakes,

quien me enseñó a trabajar duro.

Contenido

<u>Agradecimientos</u>

Me gustaría expresar mi agradecimiento a varios amigos que me han ayudado con este proyecto. En primer lugar, gracias a Toney Mulhollan, mi editor, por su arduo trabajo y su aliento. Además, gracias a Ruth Oakes y Tanya Okamura por proporcionar ayuda editorial. También Phillip Lester por su gran ayuda editorial. Él fue una gran inspiración y estímulo para este proyecto. Como cristiano que fue criado en un hogar judío, fue capaz de proporcionar información inestimable sobre la perspectiva judía en las Escrituras hebreas y el concepto judío del Mesías. Jeff Fisher hizo una investigación invaluable sobre las costumbres judías. Glen Giles dio consejos útiles, así como un gran ejemplo como maestro. Un agradecimiento especial a Foster y Coco Stanback, que han creído en este proyecto y brindaron apoyo financiero. El mayor agradecimiento es para mis hijos Ben, Liz y Katie, y en especial a mi esposa, Jan, por apoyarme emocionalmente y soportar mi obsesión por este proyecto.

John M. Oakes, 2024
Merced, California

<u>Prólogo</u>

Empecé a leer *De la Sombra a la Realidad* y no podía dejar de leerlo. Me capturó con su presentación clara, mostrando el cumplimiento del Antiguo Testamento en el Nuevo Testamento. Es más que un libro acerca de la profecía cumplida. Es más que una crónica de pasajes relacionados entre los dos pactos. El Dr. John Oakes ha escrito un libro académico que hará crecer la fe de los cristianos e impactará a los no creyentes. *De la Sombra a la Realidad* va a edificar tu fe en las Escrituras al mostrar la congruencia y conexiones directas entre el Antiguo y Nuevo Testamento. Va a reforzar tu fe en un Dios que no cambia, en un Dios que ha tenido en marcha un plan para la salvación desde la caída del hombre, para ser cumplido por Jesucristo el Mesías. Tu fe se multiplicará mientras ves el cumplimiento específico de pasajes muy detallados relacionados con Jesús en el primer pacto y llevados a buen término en el segundo pacto. Mi fe aumentaba a medida que leía el libro de John y me di cuenta de una manera más profunda de cómo las Escrituras me proporcionan una descripción de la actividad de Dios en toda la Biblia que es coherente, planificada y clara. Vi el carácter amoroso de nuestro Padre celestial que ha trabajado para tener una relación con nosotros desde el principio de los tiempos.

Este libro es para estudiantes de la Biblia de todos los niveles de entendimiento y conocimiento. La explicación en profundidad de los versículos es un modelo de la exégesis bíblica sólida. Aprendí cómo explicar mejor muchos pasajes del Nuevo Testamento que requiere una comprensión de su contraparte del Antiguo Testamento. Es de gran ayuda para armar el panorama completo o un esquema de la Biblia el proveer el contexto adecuado para la interpretación de un pasaje particular. El libro explica la estructura general de las Escrituras de una manera que hace que la comprensión de los detalles de la Biblia sea posible. *De la Sombra a la Realidad* es un libro para el evangelismo, discipulado y maduración espiritual. Ayudará a los no creyentes a desarrollar fe en las Escrituras, en Dios y en Jesucristo. La presentación del cumplimiento en relación con el Mesías, el tabernáculo, el sacerdocio, el sistema de sacrificios, las fiestas hebreas, los significados de los números en la Biblia y el reino constituye un caso innegable para la fe en el cristianismo. Ninguna otra conclusión excepto la de que Jesús es el Señor es razonable después de leer el alcance y detalle de profecías cumplidas. No hay otra explicación plausible después de ver el plan de la redención que comienza con Adán y es completado con Jesús. Los pasajes difíciles en ambos pactos se aclaran mediante el uso del "lente" de entendimiento que el Dr. Oakes ofrece al conectar el Antiguo y el Nuevo Testamento.

He tenido el privilegio de ser testigo de la fe de John Oakes por más de veinticinco años. Nos convertimos en hermanos en Cristo a finales de los setenta, mientras trabajaba en su doctorado en la Universidad de Colorado y yo era estudiante. Su fe fue ejemplificada, entonces como ahora, a través de un verdadero discipulado de Cristo Jesús. Siempre ha sido un cristiano estudioso, servicial y sincero. No pude evitar inspirarme en la vida detrás de este libro. John capturó un sueño de cambiar el mundo espiritualmente como estudiante. Alabado sea Dios que todavía está haciendo lo mismo como profesor. Él ha utilizado sus talentos dados por Dios como un científico para explicar y vivir la historia de Cristo. Sé que todo el que lea este libro va a crecer en su fe y será bendecido. ¡Que esté presente en tu vida la realidad de Dios y de Jesús a medida que lees el libro del Dr. John Oakes, *De la sombra a la realidad!* ¡Que cualquier sombra que pretenda bloquear tu entendimiento sea desvanecida por la luz de este libro, ya que refleja la verdad de la palabra de Dios!

—Gregg Marutzky, evangelista

Introducción

La ley es solo una sombra de los bienes venideros, y no la presencia misma de estas realidades.

Hebreos 10:1

¿Alguien te ha dicho alguna vez que es difícil llegar a una comprensión profunda de las enseñanzas del Nuevo Testamento sin un buen entendimiento del Antiguo Testamento? Tal vez has descubierto esto por ti mismo. Cuanto más se lee la Biblia, más este concepto suena a verdad. Por otra parte, ¿has notado que el mensaje general del Antiguo Testamento solo tiene sentido a la luz del Nuevo Testamento? A veces, como una persona bastante familiarizada con el Nuevo Testamento, me pregunto lo que pensaban los judíos sobre algunos de los pasajes que se hallan escritos en el Antiguo Testamento. Cuando David clamó: *"Me han traspasado las manos y los pies"* (Salmos 22:16), ¿qué debió haber pensado el lector del Antiguo Testamento, o más aún el mismo David, acerca de las manos y pies traspasados? El lector del Nuevo Testamento sabe al instante que David está hablando de los detalles de la crucifixión de Jesucristo.

Así que muchas de las enseñanzas e incluso los eventos en el Antiguo Testamento solo tienen sentido cuando se encuentran cumplidos en las páginas del Nuevo Testamento. Es casi como si las personas del Antiguo Testamento estuvieran actuando una obra de teatro, de la cual desconocen completamente su significado. Es solo la audiencia de la obra, los que miran a la luz de un buen conocimiento del Nuevo Testamento, que entienden el significado de las palabras y los hechos de esta puesta en escena.[1]

¡Qué paradoja! Uno solo puede entender completamente el Antiguo Testamento a la luz del Nuevo. Al mismo tiempo, los acontecimientos y las enseñanzas del Nuevo Testamento solo adquieren pleno sentido para alguien bien versado en los eventos del Antiguo Testamento, en las enseñanzas y profecías que presagian el Nuevo. Si necesito el Antiguo Testamento para entender el Nuevo y necesito el Nuevo Testamento para entender el Antiguo, ¿dónde voy a empezar? Tal vez este libro puede ayudar a resolver el dilema.

Si el Antiguo Testamento es una obra de teatro en donde los actores no se dan cuenta plenamente de las consecuencias de sus acciones y palabras, entonces ¿qué presupone eso sobre los escritores de la obra? Incluso los escritores del Antiguo Testamento no estaban plenamente conscientes de qué trataba la obra. Cuando Moisés condujo a Israel a través del Mar Rojo, no tenía idea de que sus acciones en esta escena serían un símbolo visible de la salvación del pecado a través del bautismo en agua. Aquellos que salpicaron la sangre de un cordero sobre sus dinteles en esa noche fatal en Egipto no tenían ni idea de que estaban realizando un símbolo físico del sacrificio redentor de Jesús, el cordero de Dios, en la cruz. Solo el último autor, Dios mismo, era completamente consciente de la trama, de principio a fin. En este libro se proporcionarán cientos de eventos, personas y profecías del Antiguo Testamento que prefiguran claramente los acontecimientos y enseñanzas del Nuevo Testamento. Una pregunta obvia sería: ¿Cómo hicieron los escritores del Antiguo Testamento para poner todos estos presagios de eventos en sus escritos cuando los eventos que anticiparon no ocurrirían hasta cientos de años después? Buena pregunta. Pedro parece tener en cuenta esta cuestión en 2 Pedro 1:19-21:

> Esto ha venido a confirmarnos la palabra de los profetas, a la cual ustedes hacen bien en prestar atención, como a una lámpara que brilla en un lugar oscuro, hasta que despunte el día y salga el lucero de la mañana en sus corazones. Ante todo, tengan muy presente que ninguna profecía de la Escritura surge de la interpretación particular de nadie. Porque la profecía no ha tenido su origen en la voluntad humana, sino que los profetas hablaron de parte de Dios, impulsados por el Espíritu Santo.

Pedro está diciendo a sus lectores que para nosotros, que vivimos en la era del Nuevo Testamento, las palabras del Antiguo Testamento resultan aún más confiables al haber visto sus enseñanzas y profecías cumplidas a través de los acontecimientos de la vida de Jesucristo y su reino. ¿De qué otra forma se explica el Antiguo Testamento, sin aceptar que fue Dios quien inspiró las palabras que allí fueron escritas? De acuerdo con Pedro, después de haber visto cumplirse cada una de las profecías y enseñanzas de las Escrituras ante los ojos de los apóstoles y otros testigos oculares, se ha hecho evidente que las Escrituras el Antiguo Testamento son de Dios, no de hombres.

Otra metáfora que puede ayudarnos a entender la relación entre los dos testamentos la proporciona el apóstol Pablo.

> El Dios eterno ocultó su misterio durante largos siglos, pero ahora lo ha revelado por medio de los escritos proféticos, según su propio mandato, para que todas las naciones obedezcan a la fe. ¡Al que puede fortalecerlos a ustedes conforme a mi evangelio y a la predicación acerca de Jesucristo! (Romanos 16:25-26)

En este pasaje, Pablo señala que el evangelio está contenido en el Antiguo Testamento como un misterio, el cual es revelado a través de los escritos proféticos de Dios.

Un pasaje paralelo de Pablo se encuentra en Colosenses, en el que explica su comisión a presentar:

> [...] el plan que Dios me encomendó para ustedes: el dar cumplimiento a la palabra de Dios, anunciando el misterio que se ha mantenido oculto por siglos y generaciones, pero que ahora se ha manifestado a sus santos. (Colosenses 1:25b-26)

Según Pablo, el evangelio siguió siendo un misterio por siglos, pero ahora se ha revelado plenamente a los santos. En el Nuevo Testamento, y en Jesucristo, el Antiguo Testamento encuentra su pleno sentido.

A todo el mundo le gusta un buen misterio. En las mejores historias de misterio, el lector es plenamente consciente de que hay un patrón detrás de la información que se les reveló; sin embargo, solo puede hacer conjeturas para establecer la conexión entre las pistas. Al final de la historia, una última pista es revelada, la que encaja con todas las demás. El lector exclama: "¡Debería haber sabido!".

El Antiguo Testamento es así. Es el libro más grande de misterio que se ha escrito, con una gran variedad de pistas interconectadas, dadas por diferentes autores, la mayoría de los cuales nunca hablaron entre sí antes de añadir su capítulo al libro. Está lleno de pistas sobre el evangelio; sin embargo, es difícil para aquellos que no saben de la vida de Jesús conectar dichas pistas, y ciertamente también lo fue para los judíos. Aquellos de nosotros a quienes el misterio ha sido revelado por medio de Jesucristo podemos leer las mismas pistas del Antiguo Testamento y entender a lo que apuntan. Es como leer un libro de misterio por segunda vez. No solo las pistas que ya vimos en una lectura previa tienen sentido, incluso encontramos otras pistas escondidas en la historia que no recogimos antes de que el misterio fuese revelado. Uno de los objetivos de este libro es ayudar al lector a descubrir esas pistas.

Al analizar los tipos y antitipos (términos que explicaremos líneas abajo) en el Antiguo y el Nuevo Testamento, una pregunta importante es cómo se puede saber con certeza que las conexiones son legítimas. Podrían algunas de estas conexiones ser creadas en la mente de uno, en lugar de la de Dios. ¿Podríamos estar viendo una pista falsa? El tema de la interpretación cuidadosa de la Biblia referida a prefiguras y profecías se trata en el apéndice. Aquellos para quienes esta es una de las principales preocupaciones deberían leer el apéndice antes de pasar al Capítulo Uno.

El propósito de este libro es mostrar la historia, doctrina y relación profética entre el Antiguo y el Nuevo Testamento. La conclusión es que, en su esencia, desde el Génesis hasta Malaquías, el Antiguo Testamento es una sombra del Nuevo Testamento. Vamos a reducir esto a términos simples: el tema de toda la Biblia es el deseo y el plan de Dios para tener una relación con nosotros. En el Antiguo Testamento Dios prepara un pueblo a través del cual un Mesías vendrá. En el Nuevo Testamento, el deseo y el plan se cumplen en el nacimiento, vida, muerte y resurrección de Jesucristo. Para simplificar aún más, el tema del Antiguo Testamento es EL MESÍAS HA DE VENIR, TRAYENDO SALVACIÓN. El tema del Nuevo Testamento es EL MESÍAS ESTÁ AQUÍ, TRAYENDO SALVACIÓN.

¿No es esto lo que Jesús declaró con tanta audacia a los líderes religiosos y maestros de su tiempo en Juan 5:39-46?

> "Ustedes estudian con diligencia las Escrituras porque piensan que en ellas hallan la vida eterna. ¡Y son ellas las que dan testimonio en mi favor! [...] "Si le creyeran a Moisés, me creerían a mí, porque de mí escribió él".

En esta situación, "las Escrituras" que los oyentes de Jesús han estado estudiando con diligencia son, por supuesto, el Antiguo Testamento. En esta declaración, Jesús no estaba simplemente hablando por hablar. Esta es una declaración audaz de la verdad. La Biblia hebrea, de principio a fin, fue escrita acerca de Jesús. En el Antiguo Testamento, los israelitas tenían un sacerdote, un profeta y un rey. En Jesús tenemos los tres. En el Antiguo Testamento había sacrificios para expresar un compromiso con el Señor y hubo sacrificios para lograr la comunión con Dios. Hubo sacrificios para llevar la paz y sacrificios para lograr el perdón del pecado. Tenemos todas estas cosas en Jesucristo. ¿Cómo podría haber sabido Moisés, cuando levantó la serpiente de bronce en el desierto, que estaba sosteniendo una profecía física de cómo Jesucristo también sería levantado en la cruz? ¿Estaban David, José y otros conscientes de que los mismos acontecimientos de sus vidas estaban prefigurando la vida y la enseñanza del Mesías? Y hablando de representar una obra de teatro, ¿qué pasa con los levitas y los sacerdotes que servían en el tabernáculo y más tarde en el templo? No tenían idea de que Dios había establecido con cuidado todos los detalles de la construcción y la ceremonia de modo que serían ambos símbolos y presagios de la realidad celestial que tenemos en Jesucristo. No solo las personas en el Antiguo Testamento representaban una obra de teatro; ¡incluso los accesorios fueron cuidadosamente elegidos! Sin revelar más pistas, baste decir que este es el esquema del libro.

ALGUNAS DEFINICIONES

Antes de lanzar la descripción de la miríada de formas en que el Antiguo Testamento anticipa el Nuevo, será útil definir algunos términos técnicos que se utilizarán a lo largo del libro. Uno de los términos que describen cómo el Antiguo Testamento conduce inexorablemente al Nuevo es **presagiar.** El *Diccionario de la lengua española (DLE)* define el verbo "presagiar" como "Anunciar o prever [una cosa] induciéndola de presagios". El sustantivo "presagio", según el *DLE,* es una "señal que indica, previene y anuncia un suceso". Un presagio, pues, es un objeto, un evento, una persona o una situación que significa o representa algo de mayor importancia que ha de venir en el futuro. Vamos a ver un gran número de objetos, eventos y personas en el Antiguo Testamento que Dios usó para presagiar enseñanzas y eventos significativos en el Nuevo. Muchas veces, Dios usa un objeto físico o situación para prefigurar una verdad espiritual. Si uno puede demostrar que estos presagios en el Antiguo Testamento son ejemplos legítimos, no solo una coincidencia, y si se puede suponer que los que actuaron o escribieron estos acontecimientos no tenían ni idea de lo que estaban prefigurando, entonces uno se queda con una indicación clara de que las Escrituras del Antiguo Testamento son inspiradas por Dios. Esto es exactamente lo que Pedro afirmó.

Como verbos, las palabras presagiar y prefigurar se pueden utilizar indistintamente. **Prefigurar** significa que representa simbólicamente un objeto, concepto o idea en el futuro. La distinción entre un presagio y una prefigura es que, en general, en una prefigura, lo anticipado por esta tiene una correspondencia casi exacta a ella, mientras que un presagio representa un concepto más grande o amplio que el original. Por ejemplo, vamos a ver que Moisés es una prefigura de la vida de Jesucristo, mientras que el maná en el desierto es un presagio del ministerio de Jesús.

Similar al concepto de presagio son los términos **tipo y antitipo.** Un tipo, de acuerdo con el *DLE,* es un "símbolo representativo de algo figurado". Es una persona o cosa considerada como el símbolo de alguien o algo que aún está por aparecer. Un antitipo es lo que corresponde a, o es presagiado en, el tipo. Un ejemplo específico que se utiliza para un tipo y antitipo es que Jerusalén es el tipo del cielo. En una vieja máquina de escribir, la pieza de metal que golpea la página es el tipo, mientras que la imagen que se muestra en la página es el antitipo. Veremos muchos pares de tipo y antitipo en el Antiguo y el Nuevo Testamento.

Otro término que se relaciona con presagiar es **símbolo.** La palabra "símbolo" tiene un significado más amplio que "presagio". Una de las definiciones del *DLE* para la palabra "símbolo" es un "elemento u objeto material que [...] se considera representativo de una entidad, de una idea, de una cierta condición". Un símbolo, entonces, como un tipo o presagio, representa otra cosa, generalmente más grande que ella misma. La diferencia básica entre un símbolo y un presagio es que un símbolo representa algo que es real, en el presente, mientras que un presagio representa algo que está en el futuro. Un símbolo es una representación, mientras que un presagio es una anticipación. Veremos muchos personas y objetos del Antiguo Testamento que Dios usa como símbolos, cuyo significado es completamente claro y más plenamente conocido en el Nuevo Testamento.

Como ejemplo de esta distinción, se podría mencionar la

historia de Moisés poniendo la serpiente de bronce en un poste (Números 21:4-9), permitiendo que el pueblo de Dios se salvara de la muerte cuando fueran mordidos por serpientes venenosas. En este caso, Moisés sostenía un presagio (una anticipación) de la obra salvadora de Jesucristo. Al mismo tiempo, se podría llamar la serpiente en el poste un símbolo, ya que representaba a Jesús (Juan 3:14), quien era una realidad presente incluso en el momento que Moisés levantó la serpiente.

Otro término que se relaciona con "símbolo" y "presagio" es **profecía.** Examinaremos toda una serie de profecías del Antiguo Testamento que anticiparon eventos registrados en el Nuevo Testamento, algunos generales y otros muy específicos. Cabe señalar que el uso moderno y occidental de la palabra "profecía" es muy diferente del sentido normal que se da en la Biblia. Para los judíos, un profeta no era tanto el que predecía el futuro (un previsor), sino que él o ella era un instrumento utilizado por Dios para revelar su voluntad a su pueblo (un predicador). Los profetas de Israel fueron los que hablaron de Dios. Ellos fueron sus mensajeros. En general, su misión era doble: dar advertencias de juicio sobre Israel y sus enemigos, y animar a la gente de Dios a arrepentirse de su dureza de corazón y de su pecado. En el Antiguo Testamento, entonces, una profecía en su sentido más general fue una declaración de "esto es lo que dice el Señor".

Sin embargo, está claro que los profetas hicieron predicciones de eventos futuros que afectarían al pueblo de Dios. Ellos predijeron acontecimientos específicos, tanto en lo que sería para ellos un futuro próximo como un futuro lejano. Sus predicciones para el futuro cercano fueron proporcionadas por Dios como una prueba de la validez de su clamor al oficio de profeta, por lo que los judíos podrían decidir por sí mismos si su mensaje era o no de Dios.[2]

> "Tal vez te preguntes: '¿Cómo podré reconocer un mensaje que no provenga del SEÑOR?' Si lo que el profeta proclame en nombre del SEÑOR no se cumple ni se realiza, será señal de que su mensaje no proviene del SEÑOR. Ese profeta habrá hablado con presunción. No le temas". (Deuteronomio 18:21-22)

El mensaje dado por los profetas a Israel fue de gran importancia para los judíos. Sin embargo, nuestra atención se centrará en las predicciones increíblemente específicas entregadas por los profetas del Antiguo Testamento respecto de aquellos eventos que se desarrollan en el Nuevo Testamento. En el contexto de este libro, a continuación, la palabra "profecía" se utiliza en su sentido más estrecho. Una profecía será una predicción específica, escrita o hablada, de eventos que se encuentran claramente cumplidos en el futuro para la persona que hace la predicción.

El tema de este libro es que el Antiguo Testamento es un misterio. Sus enseñanzas, eventos, personas, declaraciones, ceremonias y celebraciones, desde el más mínimo detalle hasta los temas más amplios, son presagios, símbolos, profecías de la realidad mayor que se revela en el Nuevo Testamento y en su personaje principal, Jesucristo. ¿Es todo esto una coincidencia o un resultado de la suerte? ¿O es, en realidad, la manera utilizada por Dios para demostrar que la Biblia completa puede ser confiable y que nos puede llevar a una verdadera relación con él? Mientras se observa la relación profética entre el Antiguo y el Nuevo Testamento, como se muestra de manera tan evidente que los acontecimientos de la vida de Jesús eran una parte del plan eterno de Dios, uno puede ver que él realmente es *"el Cordero que fue sacrificado desde la creación del mundo"* (Apocalipsis 13:8).

Nota del autor: Habrá varios momentos en este libro en el que voy a señalar ejemplos de la terquedad de los judíos o de su falta de voluntad para escuchar a quienes son enviados con un mensaje para ellos y así sucesivamente. El autor solicita al lector que no interprete en tales comentarios algún tipo de sentimiento negativo hacia el pueblo judío en general. Es mi creencia que los judíos no eran más pecaminosos o difíciles de convencer que cualquier otro pueblo que habría estado en las mismas circunstancias ni entonces ni ahora. El hecho es que los judíos eran el pueblo escogido de Dios. Entonces e incluso ahora, ocuparon un lugar especial en el corazón de Dios. Pablo habló con vehemencia contra los cristianos judaizantes (por ejemplo, en Gálatas 5:1-12), pero él expresa el amor más sincero y compasivo por sus compañeros judíos, incluso hacia aquellos que aún no habían llegado a Cristo. Las palabras de Pablo en Romanos 9:1-5 son algunos de los pasajes más conmovedores y emocionales en toda la Biblia:

Digo la verdad en Cristo, no miento [...] De ellos son los patriarcas, y

de ellos se traza el linaje humano de Cristo, que es Dios sobre todo, bendito
por los siglos! Amén. (vv. 1, 5)

Jesús también tuvo palabras fuertes para los maestros judíos hipócritas. Por ejemplo, en Mateo 23:1-36 se pueden encontrar algunas de las declaraciones más fuertes que tenemos de Jesús. Sin embargo, él siguió sus palabras que condenaban la hipocresía de los fariseos con una declaración maravillosamente compasiva sobre sus amados compañeros judíos:

"¡Jerusalén, Jerusalén, que matas a los profetas y apedreas a los que se te envían! ¡Cuántas veces quise reunir a tus hijos, como reúne la gallina a sus pollitos debajo de sus alas, pero no quisiste!" (Mateo 23:37).

Jesús tenía un lugar especial en su corazón para el pueblo escogido de Dios, y podemos asumir que lo tiene en la actualidad. No se debe interpretar como un rechazo del pueblo judío en general el hecho de que Dios ofreció un nuevo pacto, sino como una oferta de una mejor manera de llegar a Dios. Todo el tenor del Nuevo Testamento es de esperanza, comprensión y compasión por los judíos, especialmente para aquellos que eran ciudadanos comunes que no era necesariamente maestros de la Ley. Es un hecho que muchos judíos aceptaron a Jesús, y algunos lo hacen hoy en día también. Probablemente más judíos fueron ganados para Jesús, en términos de porcentajes, que entre cualquier otro pueblo en los dos primeros siglos. Si bien es cierto que muchos judíos cayeron en la idolatría, también es cierto que los judíos, como pueblo, eran mucho menos idólatras que sus vecinos. He tratado de evitar en este libro cualquier declaración o incluso un tono que denote cualquier falta de respeto hacia el pueblo judío. Si he fallado en este intento, me disculpo de antemano por mi error.

Notas ____

1. La película *El show de Truman*, protagonizada por Jim Carrey, puede servir como un ejemplo de este tipo de juego. En esta película, el personaje de Jim Carrey está viviendo, sin saberlo, en un enorme escenario de película, con todos los acontecimientos de su vida creados por un productor que no se ve.

2. Se puede suponer que muchas, o la mayoría, de las predicciones a corto plazo que los profetas hicieron como prueba de su oficio no se encuentran en las escrituras del Antiguo Testamento. Algunos ejemplos de aquellas que aparecen en el Antiguo Testamento se encuentran en mi libro sobre apologética: John Oakes, *Razones para creer: Un manual de evidencias cristianas.* (disponible de www.ipibooks.com)

CAPÍTULO UNO

Prefiguras históricas

De hecho, todo lo que se escribió en el pasado se escribió para enseñarnos, a fin de que, alentados por las Escrituras, perseveremos en mantener nuestra esperanza.

Romanos 15:4

Los Israelitas se habían estado quejando de nuevo. *"Comenzaron a hablar contra Dios y contra Moisés: '¿Para qué nos trajeron ustedes de Egipto a morir en este desierto? ¡Aquí no hay pan ni agua! ¡Ya estamos hartos de esta pésima comida!'"* (Números 21:5). De repente, un gran número de serpientes venenosas aparecieron entre las personas que estaban quejándose. No sorprende que las personas ahora lamentaran su falta de fe y decidieran que el arrepentimiento era el camino que debían seguir, pero ¿cómo lidiar con las serpientes? Tras la instrucción de Dios, Moisés hizo una réplica en bronce de una serpiente y la levantó en un poste. Todos los que fueron mordidos por una serpiente y que luego miraron hacia la víbora sostenida en el poste fueron sanados milagrosamente.

Se trata de un relato notable con lecciones poderosas. Para los israelitas, había que aprender de esta situación. Se pueden extraer lecciones sobre la propensión humana hacia la rebelión y nuestra tendencia asombrosa de olvidar las grandes dádivas de Dios. También se puede ver una lección dramática acerca de la voluntad de Dios para perdonar a los que acuden a él en busca de ayuda.

Eso está muy bien, pero en el Nuevo Testamento, lo que pasó en el desierto alrededor de 1430 a. C. se convierte en una prefigura histórica del poder salvador de Jesucristo. Como Jesús mismo dijo: *"Como levantó Moisés la serpiente en el desierto, así también tiene que ser levantado el Hijo del hombre, para que todo el que crea en él tenga vida eterna"* (Juan 3:14). Cuando Dios le pidió hacer una réplica de una serpiente y sostenerla delante del pueblo, Moisés debió haber tenido la tentación de cuestionar a Dios. "Tú dijiste que la idolatría está mal. Me dijiste que destruyera el becerro de oro. ¿Cómo me puedes pedir que haga una imagen de una serpiente para que la gente la mire? ¿No se sentirán tentados a convertir esta serpiente en un ídolo?".

Cuando Moisés levantó la serpiente, sabía que estaba obedeciendo el mandato de Dios para que su pueblo fuera salvo. Lo que él no sabía era que estaba sosteniendo un símbolo físico del Mesías. La serpiente en esta historia es claramente un símbolo de pecado. Cuando las personas son mordidas por la "serpiente venenosa" conocida como el pecado, es fatal. *"Porque la paga del pecado es muerte, mientras que la dádiva de Dios es vida eterna en Cristo Jesús, nuestro Señor"* (Romanos 6:23) y *"De hecho, no hay distinción, pues todos han pecado y están privados de la gloria de Dios, pero por su gracia son justificados gratuitamente mediante la redención que Cristo Jesús efectuó"* (Romanos 3:22-24).

Si uno continúa leyendo en Romanos 3, se descubre que el único antídoto para el veneno del pecado es confiar en el Mesías, Jesucristo. Él es quien fue sujetado en ese poste en el desierto. En este acto de Moisés en el desierto, tenemos tanto un símbolo de Cristo como un presagio de su gracia salvadora.

Pero ¿por qué levantó una serpiente? ¿Cómo puede una serpiente, símbolo del pecado, representar a Jesucristo, el Hijo de Dios? *"Al que no cometió pecado alguno, por nosotros Dios lo trató como pecador, para que en él recibiéramos la justicia de Dios"* (2 Corintios 5:21). Jesús se hizo pecado por nosotros. Él tomó todos nuestros pecados y, al hacerlo, se convirtió en nuestra justicia. Se convirtió en el antídoto para el veneno del pecado. ¡Qué cuadro tan hermoso de la gracia de Dios y del poder salvador de la sangre de Cristo!

Aquí está el punto central: Cuando Jesús se refirió a lo que Moisés había hecho en el desierto más de catorce siglos antes de que comenzara su ministerio, él estaba haciendo algo más que simplemente decir que la serpiente podría servir como un símbolo de lo que puede suceder cuando la gente lo mira. Lo que Jesús nos estaba diciendo es que Dios le dijo a Moisés que sostuviera la serpiente porque de antemano sabía que, muchos siglos después, representaría el poder salvador de Jesucristo. No es que Jesús estuviera hurgando en la historia para encontrar eventos interesantes que podrían servir como ejemplos de sus enseñanzas. Dios hizo que Moisés sostuviera la serpiente, a sabiendas de que más de un milenio más tarde, se convertiría en un símbolo de la obra salvadora de Cristo. El punto es que Dios causó el evento específicamente para que nos pudiera servir a nosotros quienes leemos el Nuevo Testamento. Nos sirve como una figura profética del Mesías. En su poder soberano, Dios entró en la historia humana para proveer un símbolo y el mensaje sobre su plan de enviar un Mesías para salvarnos del pecado.

Permíteme darte un ejemplo para mostrar cuán única y sorprendente es la intervención de Dios. Es una práctica humana común usar un acontecimiento histórico del pasado como símbolo de una idea mayor. Por ejemplo, los estadounidenses utilizan los actos heroicos de los *Minutemen* en Lexington y Concord como un símbolo de heroísmo y el espíritu americano de independencia de la tiranía. Los actos de estos patriotas sirven como un gran símbolo del ideal americano. Cambiemos este escenario. Imaginemos a alguien que quiera tener un símbolo muy ordenado del espíritu de América. Imagínese que esta persona se dice a sí mismo: "Ya sé lo que haré; voy a meterme en mi máquina del tiempo, regresar al año 1774, hablar con un grupo de los rebeldes y ayudarles a formar un plan para que puedan servir a las generaciones posteriores de los estadounidenses como un símbolo de la lucha por la libertad". Uno puede ver de inmediato que este escenario no funcionará. Es imposible volver atrás en la historia para crear una situación ideal que se puede utilizar posteriormente como un símbolo de un concepto.

Es cierto, pero en esencia, esto es lo que Dios hizo, tanto en la historia como en su palabra inspirada. Dios, sabiendo que el Hijo vendría como un Mesías salvador, hizo que Moisés levantara la serpiente y así sanó milagrosamente a quienes fueran mordidos por las serpientes al mirarla en ese momento, salvándolos de los efectos de su veneno. Dios sabía que el evento sería registrado. De hecho, Dios hizo que se registrara en el Antiguo Testamento. ¿Puede haber alguna evidencia mayor de que la Biblia es la Palabra, inspirada por Dios? ¿Puede haber alguna evidencia mayor de que Dios tenía un plan desde el principio para ofrecer la salvación a los que miran a su Hijo Jesús?

Si la historia de Moisés sosteniendo la serpiente en el desierto fuera el único ejemplo, se podría argumentar que esta es una coincidencia fortuita. En el párrafo anterior, se hizo una declaración bastante grande. De hecho, se hicieron dos afirmaciones, y estas apoyan el tema central del libro. En primer lugar, en el acontecimiento de la serpiente en el desierto, vemos la mano de Dios dirigiendo los acontecimientos en la historia de su pueblo, Israel. Podemos ver a Dios haciendo que su pueblo viva dramas que nos sirven como un símbolo de su gracia salvadora en Jesucristo. En segundo lugar, aquí se afirma que Dios no solo causó los eventos en cuestión, él también hizo que estos eventos se registraran en el Antiguo Testamento. En otras palabras, los prefiguras y presagios en la historia del Antiguo Testamento proporcionan una prueba positiva de que la Biblia es la palabra inspirada de Dios.

Para el escéptico (y es de esperar que todos seamos escépticos hasta cierto punto), el ejemplo citado anteriormente no serviría como prueba suficiente para aceptar esta afirmación. Es la suma de la evidencia la que hace el caso. En este capítulo vamos a examinar muchos ejemplos de Dios entrando en la historia para crear un símbolo, tipo o presagio que más tarde nos serviría como una lección, *"pues a nosotros nos ha llegado el fin de los tiempos"* (1 Corintios 10:11). El Antiguo Testamento mismo y los eventos registrados en él sirven como un presagio de lo que tenemos en Cristo.

Antes de pasar a algunos de estos ejemplos, consideremos la Biblia y, sobre todo, el Antiguo Testamento, como historia. Entre las religiones del mundo, el judaísmo y el cristianismo son únicos porque sus enseñanzas y teología están inmersas en la historia. La Biblia es un registro de eventos históricos: la historia de Dios creando un pueblo a quien y a través de quien enviar al Mesías. La historia tiene lugar durante miles de años. Sin el registro de Dios trabajando en la historia, el Nuevo Testamento no tiene sentido. Si la historia registrada en el Antiguo Testamento no es cierta, entonces los cientos de antitipos en el Nuevo Testamento pierden gran parte o la totalidad de su poder para enseñar.[3] Ninguna de las otras religiones, ni el hinduismo, el budismo, el islam, el confucionismo, o el bahaísmo, encuentran sus enseñanzas elaboradas con la historia del ser humano.

Los historiadores analizan la historia humana para encontrar ejemplos de eventos y temas relacionados que parecen contar una historia sobre la condición humana. Para hacerlo, el historiador debe descubrir inductivamente algún tipo de patrón de comportamiento humano en el mosaico de la historia registrada.

El estudiante de la Biblia tiene un trabajo mucho más fácil. La Biblia tiene un tema y una serie de eventos estrechamente relacionados, no porque el historiador esté buscando un patrón, sino porque la mano todopoderosa de Dios estaba interviniendo en la historia para crear un relato que nos puede enseñar sobre él. *"Todo eso les sucedió para servir de ejemplo, y quedó escrito para advertencia nuestra, pues a nosotros nos ha llegado el fin de los tiempos"* (1 Corintios 10:11). Dios hizo que estas cosas sucedieran, se aseguró de que se registraran en su palabra, e inspiró a los escritores del Nuevo Testamento para usarlos como ejemplos que nos enseñan. ¡Todo un plan audaz!

GÉNESIS

I. Adán y Eva

Comencemos por el principio. Considera a Adán y Eva. Es cierto que este es un instancia un poco arriesgada para empezar. La Biblia es el libro más preciso de la historia antigua, sin rival.[4] Habiendo dicho esto, los primeros once capítulos de Génesis cubren eventos que se produjeron antes que cualquier registro escrito existiera (es decir, fuera de la Biblia). El material histórico/arqueológico verificable en el Antiguo Testamento comienza con la vida de Abraham en Génesis capítulo doce. La fe de uno en la confiabilidad de la historia de Adán y Eva se basa en la evidencia muy fuerte de la confiabilidad del Antiguo Testamento en general, mas no en la confirmación histórica. El Antiguo Testamento comienza con un gran ejemplo de un tipo en las personas de Adán y Eva. Aquí se supone que el lector está familiarizado con esta historia, pero si no es así, por favor, lee Génesis capítulo tres. Cuando Adán y Eva "cayeron" en Génesis tres, en un sentido muy real, nos representaban a todos. Adán y Eva son el tipo. Tú y yo somos el antitipo. La historia de Adán y Eva es la historia de cada uno de nosotros. Adán y Eva fueron creados para tener una relación íntima con Dios. Dios no solo les dio libertad, sino que también les dio opciones que tenían consecuencias. Por desgracia, Adán y Eva abusaron de esa elección, así como todos nosotros lo hacemos. El resultado de esa elección fue la muerte, no la muerte física inmediata como ellos quizás habían estado anticipando (la serpiente creó mucha confusión aquí), sino la muerte y la separación de Dios eran el resultado eventual de su elección al confiar en su propia sabiduría sobre la advertencia amorosa de Dios. ¿Alguien se siente identificado con este escenario? ¿No es esta, en una única, simple y hermosa historia, la condición humana? Muchos miles de libros, poemas, canciones, obras y similares han sido producidos por la gente para expresar la condición humana; sin embargo, Dios lo hizo perfecto en el comienzo de la Biblia usando la más simple de las historias.

Lo mejor de esta historia es que en realidad pasó; sin embargo, sirve como una representación exacta de la relación de cada persona con Dios. Dios nos está enseñando en esta historia y está sentando las bases desde el principio para el mensaje del Nuevo Testamento de nuestra necesidad de Cristo Jesús. *"Por medio de un solo hombre el pecado entró en el mundo, y por medio del pecado entró la muerte; fue así como la muerte pasó a toda la humanidad, porque todos pecaron"* (Romanos 5:12).

El tipo y antitipo que se encuentra en Eva y, especialmente, en Adán se desarrolla aún más. Cuando Dios crea un símbolo histórico/prefigura/tipo, es capaz de hacerlo en capas y en muchos niveles.

> Sin embargo, desde Adán hasta Moisés la muerte reinó, incluso sobre los que no pecaron quebrantando un mandato, como lo hizo **Adán, quien es figura de aquel que había de venir.**
>
> Pero la transgresión de Adán no puede compararse con la gracia de Dios. Pues si por la transgresión de un solo hombre murieron todos, ¡cuánto más el don que vino por la gracia de un solo hombre, Jesucristo, abundó para todos! Tampoco se puede comparar la dádiva de Dios con las consecuencias del pecado de Adán. El juicio que lleva a la condenación fue resultado de un solo pecado, pero la dádiva que lleva a la justificación tiene que ver con una multitud de transgresiones. Pues si por la transgresión de un solo hombre reinó la muerte, con mayor razón los que reciben en abundancia la gracia y el don de la justicia reinarán en vida por medio de un solo hombre, Jesucristo.
>
> Por tanto, así como una sola transgresión causó la condenación de todos, también un solo acto de justicia produjo la justificación que da vida a todos. Porque así como por la desobediencia de uno solo muchos fueron constituidos pecadores, también por la obediencia de uno solo muchos serán constituidos justos. (Romanos 5:14-19, énfasis añadido)

Dios usa a Adán como un tipo de Jesús de una manera muy especial. Son lo mismo y, sin embargo, son opuestos. Nota las palabras enfatizadas: *"Adán, quien es figura de aquel que había de venir"*. El que vendrá, en este caso, es Jesucristo. Este es uno de los pasajes más profundos de la escritura. Libros enteros se podrían escribir sobre este pasaje y, de hecho, se ha hecho. Mantengamos las cosas simples: del mismo modo que el pecado de Adán estableció un modelo y produjo un resultado terrible para todos los que le seguirían, así la vida perfecta y el sacrificio de Jesús establecieron un patrón y produjeron un resultado maravilloso para todos aquellos que se aparten del pecado de Adán, y vayan a la justicia de Jesucristo. Aquí hay una verdad profunda. Dios hizo que un evento ocurriera en el pasado distante que más tarde serviría como un tipo de su gracia salvadora en Jesucristo. En un sentido muy real, la vida de Adán sirve como una profecía viviente del antitipo, Jesucristo.

Todavía hay más profecía en la historia de Adán y Eva. El tema de la profecía mesiánica se reservará para un capítulo posterior, pero es difícil no hablar de lo que es, casi seguramente, la primera profecía mesiánica en el Antiguo Testamento. Esta se encuentra en Génesis 3:15. En este pasaje, Dios habla a la serpiente, Satanás, dándole una sentencia por haber engañado a Eva:

> "Pondré enemistad entre tú y la mujer,
>   y entre tu simiente y la de ella;
> su simiente te aplastará la cabeza,
>   pero tú le morderás el talón".

Esta es una profecía acerca de Jesús, la descendencia de la mujer, el "él" en este pasaje. Satanás hará algún daño a la obra de Dios en Jesucristo. Herirá el talón de la descendencia, pero el Mesías finalmente aplastará la obra de Satanás a través de su sacrificio voluntario en la cruz y su resurrección de entre los muertos. Desde el comienzo de la caída de la humanidad, Dios tenía un plan para lidiar con el problema del pecado. Sí, las consecuencias de los pecados de Eva y Adán eran terribles, pero Dios tenía un plan desde el principio para enviar un salvador para aplastar la cabeza de Satanás que tentó a Adán y Eva y que todavía nos tienta a nosotros hoy

II. Noé y el diluvio

El diluvio de Noé (que fue realmente el diluvio de Dios) es uno de los eventos más importantes registrados en el Antiguo Testamento. Esta historia está inundada con los tipos que encuentran su cumplimiento en el Nuevo Testamento. De hecho, es el punto que señala Pedro en 2 Pedro 2:4-9:

> Dios no perdonó [...]al mundo antiguo cuando mandó un diluvio sobre los impíos, aunque protegió a ocho personas, incluyendo a Noé, predicador de la justicia. [...] Todo esto demuestra que el Señor sabe librar de la prueba a los que viven como Dios quiere, y reservar a los impíos para castigarlos en el día del juicio.

Por supuesto, la historia de Noé y su familia se sostiene por sí sola, brindando excelentes lecciones a los judíos que la lean. Además, cuando Dios provocó el diluvio, estaba creando un tipo cuyo antitipo es el día del juicio. De hecho, Pedro usa el tipo (la inundación) para explicar cómo será el antitipo (el día del juicio) en 2 Pedro 3:3-7.

> Ante todo, deben saber que en los últimos días vendrá gente burlona que, siguiendo sus malos deseos, se mofará: "¿Qué hubo de esa promesa de su venida? Nuestros padres murieron, y nada ha cambiado desde el principio de la creación". Pero intencionalmente olvidan que desde tiempos antiguos, por la palabra de Dios, existía el cielo y también la tierra, que surgió del agua y mediante el agua. Por la palabra y el agua, el mundo de aquel entonces pereció inundado. Y ahora, por esa misma palabra, el cielo y la tierra están guardados para el fuego, reservados para el día del juicio y de la destrucción de los impíos.

Toda enseñanza espiritual en el Nuevo Testamento tiene una especie de presagio físico en el Antiguo. El día del juicio no es una excepción. Aquellos que se burlaban de Noé mientras construía el arca son un presagio de aquellos que se burlan de la idea de la segunda venida de Jesús hoy. Cuando Jesús regrese, como cuando empezó a llover en el tiempo de Noé, será demasiado tarde para prepararse para el juicio inminente.

Hay más detalles sobre el presagio del diluvio de Noé. Hay un rayo de luz en la nube de la inundación. El mismo rayo de luz se encuentra en el Nuevo Testamento que enseña sobre el día del juicio. En esta horrible inundación que limpió la tierra de personas pecadoras, unas pocas fueron salvadas a través del agua. Como sucedió con el tipo, así será también con el antitipo. Solo unos pocos, a saber, Noé y su núcleo familiar, se salvaron de la inundación a través de su fe y obediencia a los mandatos de Dios. Del mismo modo, con el segundo juicio, solo unos pocos serán salvados, esta vez a través del agua del bautismo. El agua del diluvio es un símbolo de la limpieza que Dios lleva a cabo en nosotros a través del bautismo.

> En los tiempos antiguos, en los días de Noé, desobedecieron, cuando Dios esperaba con paciencia mientras se construía el arca. En ella solo pocas personas, ocho en total, se salvaron mediante el agua, la cual simboliza el bautismo que ahora los salva también a ustedes. El bautismo no consiste en la limpieza del cuerpo, sino en el compromiso de tener una buena conciencia delante de Dios. Esta salvación es posible por la resurrección de Jesucristo, quien subió al cielo y tomó su lugar a la derecha de Dios, y a quien están sometidos los ángeles, las autoridades y los poderes. (1 Pedro 3:20-22)

Así como Jesús resucitó de entre los muertos, Noé y su familia fueron resucitados sobre las aguas y salvados a través de su fiel obediencia Dios. En la historia de Noé tenemos los horrores del día del juicio y la gloria de la salvación en las aguas del bautismo. Esto trae a la mente la declaración en Romanos 15:4: *"De hecho, todo lo que se escribió en el pasado se escribió para enseñarnos, a fin de que, alentados por las Escrituras, perseveremos en mantener nuestra esperanza"*. Hay advertencia, pero también hay esperanza en la historia del diluvio.

III. Abraham, Ismael e Isaac

Podrían escribirse volúmenes solo sobre el tema de la vida de Abraham como un presagio y como un tipo de las enseñanzas fundamentales del Nuevo Testamento. A través de su fe, Abraham se convirtió en el *"padre de una multitud de naciones"* (Génesis 17:5). También se convirtió en el padre de todos aquellos que, por la fe, reciben la promesa de la vida eterna en Jesucristo. Dios usó a Abraham como el tipo quizás más importante en el Antiguo Testamento. Abraham es un tipo de todos aquellos que serían salvos por fe bajo el nuevo pacto. El antitipo de Abraham es cualquiera que es salvado por la fe, por la sangre de Jesús.

> Hemos dicho que a Abraham se le tomó en cuenta la fe como justicia. ¿Bajo qué circunstancias sucedió esto? ¿Fue antes o después de ser circuncidado? ¡Antes, y no después! Es más, cuando todavía no estaba

circuncidado, recibió la señal de la circuncisión como sello de la justicia que se le había tomado en cuenta por la fe. Por tanto, Abraham es padre de todos los que creen, aunque no hayan sido circuncidados, y a estos se les toma en cuenta su fe como justicia. Y también es padre de aquellos que, además de haber sido circuncidados, siguen las huellas de nuestro padre Abraham, quien creyó cuando todavía era incircunciso. (Romanos 4:9-12)

Abraham es el tipo de los que se salvan, no por haber nacido judío y no por la circuncisión física, sino por la fe y por haber nacido de nuevo en Cristo. Abraham fue un ejemplo viviente y andante, y una prueba de que somos justificados por la fe. Con el fin de llevar su punto al origen, Pablo recuerda a sus lectores que Abraham es el tipo, no solo de las naciones, sino también de los judíos que aceptarían a Jesucristo como salvador, *"aquellos que, además de haber sido circuncidados, siguen las huellas de nuestro padre Abraham, quien creyó"*.

Pablo deja muy claro su punto en Romanos 4:16-17:

Es el padre (el precursor, también el tipo) que tenemos en común delante de Dios, tal como está escrito: "Te he confirmado como padre de muchas naciones". Así que Abraham creyó en el Dios que da vida a los muertos y que llama las cosas que no son como si ya existieran.

Cuando Dios vio la fe de Abraham, también nos vio a nosotros. Dios vio a Abraham dispuesto a dejar su vida de lujo para deambular por el desierto al creer en la promesa de un hijo, a pesar de que su cuerpo estaba como muerto; y, una vez que lo hubo recibido, Dios lo vio dispuesto a renunciar a su hijo prometido. Cuando vio a Abraham haciendo estas cosas, en su corazón Dios vio a todos aquellos que en el futuro vivirían lo que Abraham presagió: una vida de fe en Dios. Cuando Dios acreditó la fe de Abraham como justicia, él estaba, con un presagio vicario, haciendo lo mismo para nosotros.

Hay muchos más presagios que se encuentran en la vida de Abraham. Considera el nacimiento de sus hijos. A Sara se le había prometido un hijo a pesar de su esterilidad y de su avanzada edad. Desafortunadamente, ella vaciló en su fe y envió a Agar para que se acostara con Abraham. Le dijo: *"Acuéstate con mi esclava Agar. Tal vez por medio de ella podré tener hijos"* (Génesis 16:2). Esta unión infiel dio lugar al nacimiento de Ismael. Ismael es un tipo de la nación de Israel y del antiguo pacto. El tipo se revela en el hecho de que tanto Ismael como el pueblo de Israel, los judíos, fueron el resultado del nacimiento natural. Ismael es un tipo de Israel, pero Isaac sirve como un tipo de la iglesia. A pesar de su infidelidad, Dios bendijo a Sara con el hijo de la promesa, Isaac. Esta escena es un sorprendente presagio de la gracia de Dios hacia nosotros. El hijo prometido Isaac es un presagio de la adopción prometida de la iglesia como familia espiritual de Dios. Al igual que con Isaac, los discípulos de Jesucristo se convierten en el pueblo de Dios a través de un nacimiento milagroso, tanto el nacimiento milagroso de Jesús como el renacimiento milagroso en el bautismo (hablamos más de eso a continuación).

Sería justo decir que el pueblo judío no estaría fácilmente dispuesto a verse a sí mismos como el antitipo de Ismael. Esto es especialmente cierto porque los descendientes de Ismael se convirtieron en sus enemigos tradicionales, el pueblo árabe. Algunos de los países árabes han sido los enemigos declarados de Israel incluso hasta el día de hoy. Sin embargo, Dios, en su sabiduría y conocimiento previo, convirtió a Ismael, el hijo por descendencia natural, en un tipo de Israel. Por supuesto, las noticias para los judíos no son del todo malas, porque la promesa de salvación —de circuncisión espiritual y adopción en la familia espiritual de Isaac— también está disponible para los judíos, si vienen al Mesías, Jesucristo.

Pablo proporciona más detalles sobre la naturaleza del presagio que Dios creó en Ismael e Isaac:

> Díganme ustedes, los que quieren estar bajo la ley: ¿por qué no le prestan atención a lo que la ley misma dice? ¿Acaso no está escrito que Abraham tuvo dos hijos, uno de la esclava y otro de la libre? El de la esclava nació por decisión humana, pero el de la libre nació en cumplimiento de una promesa.
>
> Ese relato puede interpretarse en sentido figurado (cómo símbolos o presagios): estas mujeres representan dos pactos. Uno, que es Agar, procede del monte Sinaí y tiene hijos que nacen para ser esclavos. Agar representa el monte Sinaí en Arabia, y corresponde a la actual ciudad de Jerusalén, porque junto con sus hijos vive en esclavitud. Pero la Jerusalén celestial es libre, y ésa es nuestra madre. [...] Ustedes, hermanos, al igual que Isaac, son hijos (antitipos) por la promesa. Y así como en aquel tiempo

el hijo nacido por decisión humana persiguió al hijo nacido por el Espíritu, así también sucede ahora. Pero ¿qué dice la Escritura? ¡Echa de aquí a la esclava y a su hijo! El hijo de la esclava jamás tendrá parte en la herencia con el hijo de la libre. Así que, hermanos, no somos hijos (antitipos) de la esclava sino de la libre. (Gálatas 4:21-31)

Después de que Agar quedó embarazada, Sara se llenó de amargura y celos. Ella hizo huir a Agar al desierto. Un ángel se le apareció a Agar y le dijo que regresara a someterse a Sara, diciendo de Ismael:

> "Será un hombre indómito como un asno salvaje.
> Luchará contra todos, y todos lucharán contra él;
> y vivirá en conflicto con todos sus hermanos". (Génesis 16:12)

¿Se podría haber pronunciado alguna profecía más exacta sobre las naciones árabes? Es profundamente irónico que Ismael se convirtiera en el padre físico de los pueblos árabes, pero Dios lo convirtió en un tipo bíblico de la nación de Israel.

Dios juzgó a su primer hijo, el Israel físico, y en su lugar bendijo a su hijo menor, el Israel espiritual prometido: la iglesia del Nuevo Testamento. Trece años después, nació el hijo de la promesa: Isaac. Poco después, en un ataque de celos, Sara dijo a Abraham: *"¡Echa de aquí a esa esclava y a su hijo! El hijo de esa esclava jamás tendrá parte en la herencia con mi hijo Isaac"* (Génesis 21:10). Poco sabía Sara, cuando actuaba movida por sus celos, que actuó como un presagio de lo que ocurriría más de dieciocho siglos después. Cuarenta años después del nacimiento de la iglesia de Cristo en el día de Pentecostés, Jerusalén fue destruida, y el sistema de sacrificios del antiguo pacto terminó para siempre en 70 d. C. Dios juzgó a su primer hijo, Israel físico, y en su lugar bendijo al más joven, el hijo de la promesa, el Israel espiritual: la iglesia del Nuevo Testamento.

¿Existe alguna posibilidad de que todo esto sea solo un conjunto de eventos al azar? ¿Podrían los escritores del Nuevo Testamento simplemente haber explorado las diferentes historias en el Antiguo Testamento hasta encontrar las apropiadas para exponer sus puntos teológicos? De nuevo, si solo hubiera uno o dos ejemplos de este tipo de cosas, esto podría ser una conclusión razonable, pero el peso de la evidencia está aumentando, ¡y tenemos un largo camino por recorrer!

En 1 Corintios 10:11, Pablo dice que *"todo eso les sucedió para servir de ejemplo, y quedó escrito para advertencia nuestra"*. Pablo afirma que Dios hizo que los acontecimientos en la vida de Abraham, Isaac, Moisés y otros ocurrieran de manera específica con el fin de enseñarnos cómo vivir. Haríamos bien en estudiar la vida de Abraham e imitar su fe para que podamos ser sus hijos.

Pero todavía hay mucho más en la vida de Abraham que sirve como un presagio de lo que vendrá. Considera la llamada que hace Dios a Abraham, pidiéndole que sacrifique a su hijo. ¡Qué maravillosa imagen de lo que Dios ha hecho por nosotros al estar dispuesto a sacrificar a su propio hijo! Cuando Dios dijo: *"¡Abraham!"*, uno seguramente no lo habría culpado si hubiera respondido: "¡Vete y déjame en paz!". El llamado de Dios a Abraham a menudo implicaba sacrificio. En lugar de eso, Abraham dijo: *"Aquí estoy"*. Entonces, Dios dijo: *"Toma a tu hijo, el único que tienes y al que tanto amas …"* (Génesis 22:1-4). ¿Es esto un presagio? ¿Cómo podría alguien negar que es así? Dios envió a su Hijo y, como Abraham, estaba dispuesto a sacrificar a su único Hijo por nosotros. ¿Entendieron los judíos la verdadera naturaleza, el profundo simbolismo sobre nuestra relación con él, tras esta increíble historia? La mayoría de ellos probablemente no.

Teníamos una necesidad. *"La paga del pecado es muerte"* (Romanos 6:23), y *"sin derramamiento de sangre no hay perdón"* (Hebreos 9:22). La necesidad era un sacrificio de sangre. En esta historia desgarradora, podemos ver la respuesta de Abraham ante el llamado a sacrificar a su único hijo. *"Abraham se levantó de madrugada y ensilló su asno"*. Ante este sorprendente presagio, ¿cualquier persona puede razonablemente afirmar que la vida de Jesús fue solo un accidente, o tal vez que Dios estaba haciendo las cosas a medida que avanzaba? Desde el principio, Dios tenía un plan para enviar a su único Hijo para salvar a la humanidad y lo llevó a cabo inexorablemente.

Abraham estaba dispuesto a renunciar a su hijo, su único hijo. En esta historia tenemos un tipo y un antitipo. Abraham, el padre de Isaac, es el tipo. El antitipo es Dios, el Padre de todos nosotros. Cuando Abraham viajó esos tres días largos hasta el Monte Moria, sin saberlo, estaba demostrando la voluntad de Dios de sacrificar lo que es más cercano y querido, por nuestro bien.

En esta escena dramática, Isaac también sirve como un tipo.

Dios permitió que el hijo de Abraham también se presentara como un presagio del Hijo de Dios. Un aspecto de esta increíble historia, que a menudo se pierde, se ve en el comportamiento de Isaac. ¿Cómo se sintió Isaac sobre todo esto? No sabemos cuándo se dio cuenta de lo que estaba sucediendo, pero en algún momento, dijo: *"¡Padre!" [...] "Aquí tenemos el fuego y la leña [...]; pero ¿dónde está el cordero para el holocausto?"* (Génesis 22:7). Jesús fue llevado como un cordero al sacrificio, al igual que Isaac. Abraham no tuvo que noquear a Isaac o arrastrarlo sobre la pila de madera. Ambos hijos se ofrecieron voluntariamente como sacrificio.

No es solo un accidente que Dios llamara a Abraham a viajar todo el camino hasta el Monte Moria. ¿Por qué el Monte Moria? Moria resulta ser la misma colina en la que el templo se construiría más tarde. El lugar donde Abraham ofreció a su hijo es ahora parte de la ciudad de Jerusalén, donde fue condenado Jesús. Está a poca distancia del lugar donde Jesús fue sacrificado por nuestro pecado. Dios le pidió a Abraham que viviera una obra de teatro en el mismo escenario que tenía previsto utilizar mil ochocientos años más tarde para recrear lo que hizo Abraham al ofrecer a su hijo. Abraham no sabía esto. Él simplemente obedecía a Dios. El escritor de Génesis tampoco estaba al tanto del increíble simbolismo futuro que estaba registrando cuando escribió estas palabras. ¿Abraham quería sacrificar a su hijo? ¿Quería Dios sacrificar a su Hijo? ¿Isaac quería ser sacrificado? *"No sea lo que yo quiero, sino lo que quieres tú"* (Mateo 26:39). Jesús fue un sacrificio renuente pero dispuesto, como lo fue Isaac.

Ya hemos visto que, desde la perspectiva de Dios, el pecado requiere un sacrificio de sangre. Cuando Abraham levantó el cuchillo, la vida de Isaac se perdió. En el último momento, Dios proveyó milagrosamente un cordero para que Isaac no tuviera que morir. Sin Jesús, estamos destinados a la muerte debido a nuestros pecados. Afortunadamente para nosotros, *"como éramos incapaces de salvarnos, en el tiempo señalado Cristo murió por los malvados"* (Romanos 5:6). Dios usa eventos históricos para ilustrar su relación con nosotros.

IV. Sodoma y Gomorra

Cuando Dios juzgó a las ciudades de Sodoma y Gomorra, el simbolismo no fue sutil. Incluso para aquellos que prácticamente no saben casi nada de la Biblia, los nombres de Sodoma y Gomorra tienen implicaciones fuertes. La palabra "sodomía" se deriva de esta historia. ¡Dios es serio sobre el pecado! Debemos recordar que lo que Dios hizo a estas ciudades, *"todo eso sucedió para servirnos de ejemplo, a fin de que no nos apasionemos por lo malo, como lo hicieron ellos"* (1 Corintios 10:6).

Las ciudades de Sodoma y Gomorra son tipos del horror del pecado. La situación en estas ciudades era tan mala que era prácticamente imposible, incluso para una persona con un buen corazón, permanecer sin corrupción.

> Aún no se habían acostado cuando los hombres de la ciudad de Sodoma rodearon la casa. Todo el pueblo sin excepción, tanto jóvenes como ancianos, estaba allí presente. Llamaron a Lot y le dijeron:
> "¿Dónde están los hombres que vinieron a pasar la noche en tu casa? ¡Échalos afuera! ¡Queremos acostarnos con ellos!" (Génesis 19:4-5)

¿Es el punto de esta historia el horror del pecado específico en el que los hombres de Sodoma querían participar? Eso puede ser un punto de la historia, pero el punto principal es la capacidad de penetración del pecado y cómo podemos corrompernos, si nos permitimos sumergirnos en un entorno donde las personas se han entregado al pecado.

Si la ciudad de Sodoma es un símbolo de pecado, entonces, lo qué paso con la ciudad es un presagio también. *"Condenó las ciudades de Sodoma y Gomorra, y las redujo a cenizas, poniéndolas como escarmiento para los impíos"* (2 Pedro 2:6). El mensaje de Sodoma y Gomorra es que el pecado sin arrepentimiento no quedará sin castigo. Nada menos que el maestro mismo, Jesucristo, fue quien predicó este mensaje.

> "Lo mismo sucedió en tiempos de Lot: comían y bebían, compraban y vendían, sembraban y edificaban. Pero, el día en que Lot salió de Sodoma, llovió del cielo fuego y azufre y acabó con todos". (Lucas 17:28-29)

A menudo, Dios permite que el pecado de las personas quede sin castigo por un tiempo. Hace esto con el fin de darles la oportunidad de entrar en razón. En el caso de Sodoma y Gomorra, Dios decidió crear para nosotros un ejemplo gráfico de lo que está reservado para los malvados que abusan de su paciencia.

La historia de Sodoma y Gomorra no es todo pesimismo. Incluso en la hora más oscura, cuando el pecado parece estar en control total, el amor y la gracia de Dios está trabajando. Entre el horror que era Sodoma, había un hombre justo. Lot no tenía por qué estar allí; debería haberse mudado de ese lugar mucho tiempo antes. En esta historia, lo relevante es que Lot es un tipo. Lot representa a aquellos que permanecerían justos en un mundo malvado y depravado que aprovecha cada oportunidad para arrastrarnos hacia abajo. Lot no era perfecto, pero todavía se aferraba a su relación con Dios. Al igual que con Lot, es con aquellos de nosotros que estamos dispuestos a no contaminarnos con el mundo. Lot es el remanente andrajoso pero sobreviviente. Lot es el que llega al cielo, pero en las palabras de Pablo, *"como quien pasa por el fuego"* (1 Corintios 3:15). Lot es el discípulo de Jesús que ahí anda a duras penas. ¡Andar pendiendo de un hilo no es muy grande, pero es mucho mejor que renunciar! Abraham es más grande que Lot, ¡pero Lot igualmente llega al cielo! Eso tiene importancia para nosotros. Es revelador que Dios llamara a Lot, una persona que apenas lo logró, un hombre justo (2 Pedro 2:7).

La esposa de Lot también es un tipo. Como es típico, Dios puede hacer que hasta el más mínimo detalle de la historia represente una gran verdad y nos enseñe acerca de una relación con él. *"Pero la esposa de Lot miró hacia atrás, y se quedó convertida en estatua de sal"* (Génesis 19:26). La esposa de Lot es un presagio de aquellos que dejan su vida de pecado, que se convierten en un discípulo de Jesús, pero más tarde vuelven atrás. ¿Qué está tratando Dios de enseñarnos acerca de volver a nuestra antigua vida de pecado después de decidir seguirlo? Jesús lo expresó simplemente: *"¡Acuérdense de la esposa de Lot!"* (Lucas 17:32).

Esta historia sucedió realmente; no es una fábula.[5] En la historia de Sodoma y Gomorra tenemos pecado y el juicio de Dios sobre el pecado. También tenemos la gracia de Dios. Las mismas llamas que destruyen a muchos pueden purificar al que apenas se escapa. Vemos la oportunidad de escapar de una vida de pecado. Sin embargo, en esa oportunidad también hay una advertencia. Dejar tu vida de pecado no es suficiente. *"Nadie que mire atrás después de poner la mano en el arado es apto para el reino de Dios"* (Lucas 9:62). Una vez más, un evento en el Antiguo Testamento prefigura una enseñanza en el Nuevo.

V. Jacob y Esaú

Dios dio otra lección objetiva acerca de su relación con nosotros a través de la vida de los gemelos Jacob y Esaú. De hecho, incluso antes de nacer, estos dos nos enseñan acerca de la soberanía de Dios. Según la costumbre de Israel, el primogénito recibía una doble porción de la herencia de su padre. En este caso, el padre era Isaac, que estaba en el linaje directo de Jesucristo. El nacimiento de Esaú y Jacob representa una bifurcación importante en el camino para el plan de Dios de bendecir a la humanidad a través de la descendencia de Abraham. En un presagio de lo que vendrá, como Esaú salió de su madre Rebeca primero, Jacob lo agarró del talón. ¡Jacob no estaba dispuesto a conceder cualquier cosa a su hermano mayor! A partir de ese momento, Jacob pasó su vida tratando de arrebatarle a Esaú lo que en justicia pertenecía al primogénito.

Dios usó a Esaú como un tipo de Israel y el antiguo pacto, mientras que Jacob es un tipo cuyo antitipo es la iglesia del nuevo pacto. Israel fue primero, y era, por derecho, el primogénito de Dios. Sin embargo, Dios, en su voluntad soberana, eligió tomar el derecho del primogénito y dárselo a los gentiles: a aquellos que se convierten en hijos de Dios por la sangre de Cristo. Cientos de años antes de que Dios estableciera el primer pacto en el Monte Sinaí, presagió que un pacto posterior lo reemplazaría.

Dios demostró y profetizó este hecho en la vida de Jacob y Esaú. La historia de Esaú vendiendo su primogenitura por un plato de lentejas es proverbial. Cuando Esaú llegó a casa hambriento de un viaje de caza, Jacob lo engañó para que cambiara su derecho como hijo primogénito. En una declaración que hiciera eco a través de la historia humana, Esaú dijo:

> "¿De qué me sirven los derechos de primogénito?"
>
> "Véndeme entonces los derechos bajo juramento", insistió Jacob.
>
> Esaú se lo juró, y fue así como le vendió a Jacob sus derechos de primogénito. Jacob, por su parte, le dio a Esaú pan y guiso de lentejas.
>
> Luego de comer y beber, Esaú se levantó y se fue. De esta manera menospreció sus derechos de hijo mayor. (Génesis 25:32-34)

Los judíos bajo el antiguo pacto que leen esta historia se identifican a sí mismos con Jacob. Desde el principio, Dios tenía una intención diferente. Pablo explica lo que Dios tenía en mente en Romanos 9:10-13:

> Sucedió que los hijos de Rebeca tuvieron un mismo padre, que fue nuestro antepasado Isaac. Sin embargo, antes de que los mellizos nacieran, o hicieran algo bueno o malo, y para confirmar el propósito de la elección divina, no en base a las obras, sino al llamado de Dios, se le dijo a ella: "El mayor servirá al menor". Y así está escrito: "Amé a Jacob, pero aborrecí a Esaú".

Pablo cita Génesis 25:23 y Malaquías 1:2-3 y aplica la historia a los cristianos gentiles y los judíos que no aceptan la fe en Jesucristo. La aplicación de la historia de Jacob y Esaú a la teología del Nuevo Testamento se trata de manera detallada en Romanos. Dios escogió a Israel en primer lugar, pero sustituye el antiguo pacto (Esaú, la ley de Moisés) con el nuevo (Jacob, la ley de Cristo). Siempre fue la intención de Dios hacer que el primero fuera el siervo de este último.

Esto es exactamente lo que sucedió con Jacob y Esaú. De hecho, decimos Jacob y Esaú, no Esaú y Jacob, a pesar de que Esaú nació primero. Esaú perdió más que el derecho del primogénito por las maquinaciones de Jacob. Génesis 27 registra los medios engañosos por los cuales Jacob, alentado por su madre, fingió ser su velludo gemelo mayor, trayendo el plato favorito de su padre mientras este estaba cerca de la muerte. Jacob se aprovechó de la ceguera de Isaac, engañándolo para que le diera su bendición final. Como Isaac dijo:

> "Le di mi bendición, y bendecido quedará."
> Al escuchar Esaú las palabras de su padre, lanzó un grito aterrador y, lleno de amargura, le dijo: "¡Padre mío, te ruego que también a mí me bendigas!" (Génesis 27:33-34)

Esaú suplicó por lo menos algún tipo de bendición, pero:

> Isaac le respondió: "Ya lo he puesto por señor tuyo: todos sus hermanos serán siervos suyos; lo he sustentado con trigo y con vino. ¿Qué puedo hacer ahora por ti, hijo mío?" (Génesis 27:37)

Incluso hoy en día, la bendición de Dios se encuentra bajo los hijos de Jacob, los adoptados en la familia de Dios por medio de la sangre de Cristo.

No es de extrañar que Esaú estuviera celoso de su hermano. En una escena que es un presagio de cómo la iglesia primitiva fue tratada por la comunidad judía, Rebeca dijo a su hijo favorito Jacob: *"Mira, tu hermano Esaú está planeando matarte para vengarse de ti. Por eso, hijo mío, obedéceme: Prepárate y huye en seguida a Jarán, a la casa de mi hermano Labán"* (Génesis 27:42-43).

No es solo una coincidencia que el segundo hijo recibiera la bendición. Dios interviene en la historia y en familias con el fin de llevar a cabo su plan maestro para bendecir a todas las personas a través de Abraham y su descendiente, Jesucristo. Una vez más, podemos ver eventos del Antiguo Testamento que presagian una verdad fundamental que se encuentra en el Nuevo Testamento. Hay una serie de lecciones que aprender de la historia de Jacob y Esaú (recuerda, Pablo dijo que estas cosas ocurrieron como ejemplos para nosotros). Es instructivo notar que Jacob estaba lejos de ser perfecto. Dios no escogió a Jacob porque era mucho más justo que Esaú. Es lo mismo con cualquier persona que es salva bajo el nuevo pacto. Ninguno de nosotros es mejor que los que están perdidos. Es solo la gracia de Dios que nos da acceso a la bendición de Jacob: vida abundante en Cristo. No hay ningún motivo para jactarse aquí.

Recuerda también que Esaú una vez tuvo la bendición de Dios. En Hebreos 12:16-17, Dios nos advierte que no seamos *"como Esaú, quien por un solo plato de comida vendió sus derechos de hijo mayor. Después, como ya saben, cuando quiso heredar esa bendición, fue rechazado: No se le dio lugar para el arrepentimiento, aunque con lágrimas buscó la bendición"*.

Muchos han perdido de vista las bendiciones que tienen en la familia de Dios y han vendido su salvación por cosas tan insignificantes como una sola comida: un mejor trabajo, una aventura de una noche, una mejor reputación y cosas por el estilo. Es posible perder la salvación. Tomemos advertencia de Esaú.

Hay una gran cantidad de simbolismos contenidos en el resto del relato de Génesis. Se podría mencionar el simbolismo contenido en el incidente de Jacob luchando con el ángel (Génesis 32:22-32). Dios tenía en mente una enseñanza del Nuevo Testamento cuando le cambió el nombre a Jacob por el de Israel. La vida de José, el hijo favorito de Jacob, es una increíble prefigura de Cristo, pero lo dejaremos para un capítulo posterior. Es hora de considerar el éxodo del pueblo de Dios de Egipto.

EL ÉXODO

I. Esclavitud en Egipto

Cuando la familia de Jacob se trasladó a Egipto para escapar de la hambruna en Canaán, poco sabían ellos que estaban comenzando una saga que crearía una imagen increíblemente vívida de todas las etapas por las cuales Dios busca una relación con cada uno de nosotros. Recuerda que el tema de toda la Biblia es el deseo de Dios y el plan de tener una relación con cada uno de nosotros. Toda la historia de Israel es la actuación de una obra compleja que muestra el plan de Dios de tener una relación con nosotros por toda la eternidad.

Cuando Jacob y sus once hijos con sus esposas, hijos y criados huyeron a Egipto, en un principio parecía ser una decisión sabia. Si los hijos de Jacob no hubiesen ido a Egipto, el plan de Dios para llevar al Mesías a través de los descendientes de Abraham no habría llegado a buen término. Al principio, los israelitas florecieron en Egipto. Se convirtieron en quizás el único segmento no egipcio más grande de la población en Egipto. Finalmente, por codicia y por temor a que los hijos de Israel pudieran rebelarse y establecer su propio poder independiente en el delta del Nilo, los faraones iniciaron una política de someter a Israel a la esclavitud. Israel terminó en una servidumbre brutal.

Dios usa la esclavitud de Israel en Egipto como un tipo. A través del Nuevo Testamento, la servidumbre en Egipto se utiliza como símbolo de la servidumbre de un individuo al pecado. Israel en Egipto es un símbolo de cualquier individuo en la esclavitud del pecado antes de que sean liberados de esta por la sangre de Cristo. Como dijo Jesús: *"Ciertamente les aseguro que todo el que peca es esclavo del pecado"* (Juan 8:34).

Los egipcios pusieron capataces para que oprimieran a los israelitas. Les impusieron trabajos forzados, tales como los de edificar para el faraón las ciudades de almacenaje Pitón y Ramsés. Pero cuanto más los oprimían, más se multiplicaban y se extendían, de modo que los egipcios llegaron a tenerles miedo; por eso les imponían trabajos pesados y los trataban con crueldad. (Éxodo 1:11-13)

En verdad, el pecado es un maestro de tareas brutal. Nos esclaviza y nos hace participar en pensamientos, actitudes y actos que jamás pensamos que haríamos.

Si hay una cosa que Dios aborrece, es cuando las personas que él creó son esclavas del pecado. Cuando vivimos en pecado, no estamos en comunión con Dios. Cuando Dios vio a su pueblo clamando bajo la miseria de la esclavitud en Egipto, le envió a un salvador. Fuimos esclavizados al pecado. En respuesta, Dios envió a un salvador, Jesucristo. Israel fue esclavizado en Egipto. En respuesta, Dios envió a Moisés para liberarlos de su cautiverio. Hay una relación clara de tipo/antitipo aquí. Dios decidió hacer algo sobre el problema de la esclavitud (pecado) y eligió a Moisés como "salvador" de Israel.

Dios apartó a Moisés desde el nacimiento. Debido a que Moisés es una prefigura del Mesías, discutiremos este aspecto más adelante en detalle. Mira, sin embargo, lo que Dios le dijo a Moisés:

"Ciertamente he visto la opresión que sufre mi pueblo en Egipto. Los he escuchado quejarse de sus capataces, y conozco bien sus penurias. Así que he descendido para librarlos del poder de los egipcios y sacarlos de ese país, para llevarlos a una tierra buena y espaciosa, tierra donde abundan la leche y la miel. Me refiero al país de los cananeos, hititas, amorreos, ferezeos, heveos y jebuseos. Han llegado a mis oídos los gritos desesperados de los israelitas, y he visto también cómo los oprimen los egipcios. Así que disponte a partir. Voy a enviarte al faraón para que saques de Egipto a los israelitas, que son mi pueblo.". (Éxodo 3:7-10)

Dios se niega a dejar que su pueblo continúe sufriendo en la esclavitud, del mismo modo que no puede aceptar que seamos esclavos del pecado. Cuando Dios escuchó su clamor, él tenía que hacer algo, por lo que envió un salvador.

A través del ministerio de Moisés y por el gran poder de Dios, Israel escapó de la esclavitud. (Los eventos de la Pascua son una parte importante de los medios por los cuales Dios liberó a Israel. La Pascua como un presagio será tratado en el capítulo siete). Pero ¿cómo escaparon de Egipto y de las garras del faraón? ¿Cómo vamos a escapar de la vida de pecado? Gracias a diez plagas, el corazón del faraón se ablandó lo suficiente para dejar ir al pueblo de Dios. Pero Satanás no se rinde fácilmente, y tampoco lo hizo el faraón. Cuando el faraón se dio cuenta de que estaba perdiendo su gran grupo de mano de obra gratuita, decidió llamar a su ejército y perseguir a Israel a través del desierto para traerlos de vuelta. El pecado no solo es irracional, sino que a menudo también es terco. Siguiendo la dirección de Dios, Moisés condujo al pueblo directamente contra las aguas del Mar Rojo.[6]

Moisés debe haberse preguntado por qué Dios lo condujo a una trampa mortal. "Dios, ¿a dónde me ha llevado haber puesto mi confianza en ti?". En realidad, Dios lo llevó a lo que era un maravilloso presagio de cómo escapamos de una vida de pecado.

En uno de los milagros más memorables en la Biblia, cuando Moisés levantó las manos sobre el agua, el Mar Rojo se abrió. Israel pudo escapar de la esclavitud en Egipto pasando por el medio de este gran cuerpo de agua. Las aguas del Mar Rojo son el tipo, y las aguas del bautismo son el antitipo. ¿Es una coincidencia que Dios hiciera que su pueblo escapara de la esclavitud en Egipto a través del agua? Cuando parecía que Moisés y el pueblo estaban perdidos en el desierto, Dios los guiaba justo donde él quería. Igual que, en el bautismo, somos lavados de los pecados que nos esclavizan, cuando la gente escapó por el mar, el ejército egipcio, los esclavizadores de Israel, fueron literalmente quitados. ¡Esto no es por casualidad!

Tipo en el Antiguo Testamento	Antitipo en el Nuevo Testamento
Esclavitud en Egipto	Perdido, esclavo al pecado
Deambulando en el desierto	Salvo, pero viviendo la vida de un discípulo
Entrada en la tierra prometida	Entrada en el cielo

> No quiero que desconozcan, hermanos, que nuestros antepasados
> estuvieron todos bajo la nube y que todos atravesaron el mar. Todos ellos
> fueron bautizados en la nube y en el mar para unirse a Moisés. Todos
> también comieron el mismo alimento espiritual y tomaron la misma
> bebida espiritual, pues bebían de la roca espiritual que los acompañaba, y
> la roca era Cristo. (1 Corintios 10:1-4)

Ser bautizado en Moisés al pasar milagrosamente a través del Mar Rojo debe haber causado una impresión duradera en los judíos. Ser bautizado en Cristo (Gálatas 3:27) también es una experiencia que cambia la vida.[7] Hay un patrón aquí. Cuando Dios salva a su pueblo, hay una tendencia recurrente que involucra el agua. Esto lo vemos en el diluvio de Noé y en la huida de Israel de Egipto, y esto no será la última vez. Otro tema recurrente en los eventos de salvación para Israel es que se requiere fe para ser "salvado".

Después de escapar a través del Mar Rojo, la nación de Israel, bajo la dirección de su "salvador" Moisés, viajó al Monte Sinaí, donde recibieron la Ley. Esto es cuando se dio el antiguo pacto. Israel había escapado de la esclavitud. Ahora se establecerían en una relación con su Dios. Este también es un presagio de una ocurrencia en el Nuevo Testamento. Cuando uno es bautizado en Cristo, esa persona entra en una nueva relación con Dios a través de Cristo. Mucho se dirá en el Capítulo Cinco sobre la Ley de Moisés y las formas en las que provee un presagio de lo que tenemos en Cristo.

II. Deambulando en el desierto

Después del Sinaí, Israel deambuló por el desierto durante cuarenta años. ¿Qué estuvieron haciendo todo este tiempo? Hay varias respuestas posibles a esta pregunta, pero de una cosa podemos estar seguros: cuando Israel andaba por el desierto, estaba actuando como un presagio para nosotros. El deambular por el desierto es un presagio de la vida de un cristiano. Nos habla de ser un seguidor (discípulo) de Jesús. Cuando uno es bautizado en Cristo, no deja de inmediato la tierra y va al cielo. Cuando Israel salió de Egipto, todavía no estaban preparados para entrar en la tierra prometida. De hecho, la esclavitud en Egipto, deambular por el desierto y entrar en la tierra prometida son tipos de unos aspectos de la relación con Dios que uno tiene bajo el nuevo pacto, como se ilustra en la tabla a la izquierda.

¿Cuál fue el propósito de deambular por el desierto? Al final de los cuarenta años, justo antes de entrar en la tierra prometida, ¡Dios proporcionó una respuesta a esta muy buena pregunta!

> "Cumple fielmente todos los mandamientos que hoy te mando, para que vivas, te multipliques y tomes posesión de la tierra que el SEÑOR juró a tus antepasados. Recuerda que durante cuarenta años el SEÑOR tu Dios te llevó por todo el camino del desierto, y te humilló y te puso a prueba para conocer lo que había en tu corazón y ver si cumplirías o no sus mandamientos. Te humilló y te hizo pasar hambre, pero luego te alimentó con maná, comida que ni tú ni tus antepasados habían conocido, con lo que te enseñó que no solo de pan vive el hombre, sino de todo lo que sale de la boca del SEÑOR. Durante esos cuarenta años no se te gastó la ropa que llevabas puesta, ni se te hincharon los pies. Reconoce en tu corazón que, así como un padre disciplina a su hijo, también el SEÑOR tu Dios te disciplina a ti". (Deuteronomio 8:1-5)

¡Qué gran descripción de la vida de un seguidor de Jesús! La vida de un cristiano se compone de una serie de oportunidades para aprender a confiar en Dios. Los israelitas no estaban listos para entrar en la tierra prometida porque todavía no habían aprendido a confiar en Dios. Si el pueblo de Dios, al salir de Egipto, hubiera ido directamente a Canaán, habrían sido tentados más allá de lo que podrían aguantar (1 Corintios 10:13) al confiar en su propio poder para salvarse. En cambio, Dios los envió al desierto durante cuarenta años. El desierto al sur de Canaán nunca podría suplir las necesidades físicas de dos millones de personas. Israel se vio obligado a confiar en Dios tanto para la comida como para el agua.

El mensaje para aquellos bajo el nuevo pacto es claro. Si sentimos que hemos "llegado" después de haber sido salvados por la sangre de Jesús, nos estamos engañando a nosotros mismos. Constantemente debemos ser entrenados para confiar en Dios para nuestra agua y alimento espiritual, o nunca vamos a entrar en la tierra prometida espiritual: el cielo.

Uno puede imaginar cómo, al principio, el pueblo de Israel estaba contento de ser conducido por la columna de fuego en el desierto. Se asombraron y animaron al recibir sus alimentos del cielo en forma de maná y al obtener su agua de una roca. Más tarde, sin embargo, el asombro se apagó y estas bendiciones parecían normales todos los días; el pueblo deseaba volver a Egipto.

"¡Quién nos diera carne! ¡Cómo echamos de menos el pescado que comíamos gratis en Egipto! ¡También comíamos pepinos y melones, y puerros, cebollas y ajos! Pero ahora, tenemos reseca la garganta; ¡y no vemos nada que no sea este maná!" (Números 11:4-6)

¿Se les olvidó que habían sido esclavos en Egipto? Se dijeron a sí mismos que la comida en Egipto era gratis. Es cierto, pero era gratis ¡solo porque eran esclavos y no tenían dinero! ¿Se les olvidó que trabajaban catorce horas al día, siete días a la semana? ¿Se les olvidó que el faraón había decretado que todos los hijos varones de Israel serían asesinados? Sí, lo hicieron. Los seguidores de Jesús deben recordar que Israel en el desierto es el tipo, pero los cristianos son el antitipo. Es realmente inspirador ver algunos de los tipos y antitipos en el Antiguo y el Nuevo Testamento, pero cuando el antitipo eres tú mismo, es una buena razón para prestar atención. Hay que tener mucho cuidado para no ser como estas personas malagradecidas. Responderemos igual que ellos, si no tomamos la advertencia ofrecida por este episodio desafiante. Debemos confiar en Dios, no en nosotros mismos, para llegar al cielo, y debemos seguir apreciando las bendiciones diarias que tenemos por estar en una relación con Dios.

Este es el mensaje de Hebreos 3:14-4:2; en realidad, es el mensaje de todo el libro de Hebreos (ve también Hebreos 2:1-4, 6:4-12, 10:35-39):

Hemos llegado a tener parte con Cristo, con tal que retengamos firme hasta el fin la confianza que tuvimos al principio. Como se acaba de decir:

"Si ustedes oyen hoy su voz,

no endurezcan el corazón,

como sucedió en la rebelión".

Ahora bien, ¿quiénes fueron los que oyeron y se rebelaron? ¿No fueron acaso todos los que salieron de Egipto guiados por Moisés? ¿Y con quiénes se enojó Dios durante cuarenta años? ¿No fue acaso con los que pecaron, los cuales cayeron muertos en el desierto? ¿Y a quiénes juró Dios que jamás entrarían en su reposo, sino a los que desobedecieron? Como podemos ver, no pudieron entrar por causa de su incredulidad.

Cuidémonos, por tanto, no sea que, aunque la promesa de entrar en su reposo sigue vigente, alguno de ustedes parezca quedarse atrás. Porque a nosotros, lo mismo que a ellos, se nos ha anunciado la buena noticia; pero el mensaje que escucharon no les sirvió de nada, porque no se unieron en la fe a los que habían prestado atención a ese mensaje.

"La promesa […] sigue vigente" debido a la relación tipo/antitipo entre el Antiguo y el Nuevo Testamento. Recuerda, *"aquellos cuerpos que cayeron en el desierto"* son los que se convierten en discípulos, reciben el Espíritu Santo, y más tarde vuelven atrás. Nunca entran en la tierra prometida. Ellos nunca entran al cielo. ¡Podría sucederle a cualquier persona que no pone atención al mensaje!

Una enseñanza común en el mundo cristiano es que una vez que una persona es salvada por la sangre de Jesús, es imposible que esa persona pierda su salvación. Sin embargo, el tipo establecido por Dios deja claro que una vez que alguien entra en la libertad implícita en una relación con Dios al dejar la esclavitud del pecado (Egipto), es muy posible perder esa salvación al volver, en sentido figurado, a Egipto. La salida de Egipto no implica necesariamente entrar en la tierra prometida. Del mismo modo, dejar la vida de pecado no significa que una persona no puede volver a ella, perdiendo así su oportunidad de entrar en la tierra prometida: el cielo.[8]

¿Qué tienen que hacer los seguidores de Jesús para mantener su caminar con Dios? Veamos el tipo, deambulando por el desierto, para encontrar la respuesta. Israel necesitaba comida y agua. Dios proveyó los alimentos en forma de maná. A estas alturas, el lector no se sorprenderá de que el maná era un presagio también. Después de realizar el milagro de la multiplicación de pan para una multitud en el desierto, a Jesús se le pidió que hiciera otro milagro. En cambio, Jesús aprovechó la oportunidad para enseñarles acerca de sí mismo:

> "¿Y qué señal harás para que la veamos y te creamos? ¿Qué puedes hacer?", insistieron ellos. "Nuestros antepasados comieron el maná en el desierto, como está escrito: 'Pan del cielo les dio a comer'".
>
> "Ciertamente les aseguro que no fue Moisés el que les dio a ustedes el pan del cielo", afirmó Jesús. "El que da el verdadero pan del cielo es mi Padre. El pan de Dios es el que baja del cielo y da vida al mundo".
>
> "Señor", le pidieron, "danos siempre ese pan".
>
> "Yo soy el pan de vida", declaró Jesús. "El que a mí viene nunca pasará hambre, y el que en mí cree nunca más volverá a tener sed". (Juan 6:30-35)

El maná es el tipo, y Jesús es el antitipo. Para el cristiano, Jesús es el alimento espiritual. Al igual que con Israel en el desierto, para quienes el maná era todo lo que tenían para comer, Jesús es nuestro único alimento espiritual. Este concepto es fácil de entender, pero difícil de poner en práctica. Los cristianos, al igual que los hijos de Israel, son muy tentados todos los días a olvidar de dónde viene su alimento espiritual.

Jesús tenía toda la razón en recordar a los judíos que no fue Moisés quien les dio el pan. ¡Cayó del cielo mientras Moisés dormía! Sin embargo, Dios usó a Moisés como su agente para sacar agua de una roca para la gente.

> Acamparon en Refidín, pero no había allí agua para que bebieran, así que altercaron con Moisés.
>
> "Danos agua para beber", le exigieron. [. . .]
>
> Clamó entonces Moisés al SEÑOR, y le dijo: "¿Qué voy a hacer con este pueblo? ¡Solo falta que me maten a pedradas!".
>
> "Adelántate al pueblo", le aconsejó el SEÑOR, "y llévate contigo a algunos ancianos de Israel, pero lleva también la vara con que golpeaste el Nilo. Ponte en marcha, que yo estaré esperándote junto a la roca que está en Horeb. Aséstale un golpe a la roca, y de ella brotará agua para que beba el pueblo".
>
> Así lo hizo Moisés, a la vista de los ancianos de Israel. (Éxodo 17:1-2, 4-6)

Las aguas de Meribá son el tipo, pero ¿cuál es el antitipo en este caso? Es el Espíritu Santo que Dios derrama sobre todos los que creen. Como dijo Jesús:

> "¡Si alguno tiene sed, que venga a mí y beba! De aquel que cree en mí, como dice la Escritura, brotarán ríos de agua viva".
>
> Con esto se refería al Espíritu que habrían de recibir más tarde los que creyeran en él. Hasta ese momento el Espíritu no había sido dado, porque Jesús no había sido glorificado todavía. (Juan 7:37-39)

Mientras deambularon por el desierto, el pueblo hebreo tuvo todas sus necesidades físicas cubiertas directamente por Dios. Para aquellos que han sido llamados por Jesús a salir de su antigua vida para caminar en el "desierto" con él, todas sus necesidades espirituales, su comida y bebida espiritual, se satisfacen en Jesucristo y en el Espíritu Santo. El desafío, por supuesto, es no perder de vista este hecho y actuar diariamente en consecuencia. Por desgracia, los israelitas no hicieron esto, y todos, salvo Josué y Caleb, cayeron en el desierto. ¡No sigamos su ejemplo!

III. Entrando a la tierra prometida

Después de haber deambulado por el desierto durante cuarenta años, Dios había refinado un pueblo que era más o menos fiel y confiaba en él. ¡Por fin, estaban listos para entrar en la tierra prometida! Este fue el cumplimiento de la promesa dada a Abraham, varios cientos de años antes:

> "Abram, levanta la vista desde el lugar donde estás, y mira hacia el norte y hacia el sur, hacia el este y hacia el oeste. Yo te daré a ti y a tu descendencia, para siempre, toda la tierra que abarca tu mirad". (Génesis 13:14-15)

Entrar en la tierra prometida representa la victoria para el pueblo escogido de Dios. Esto fue el máximo nivel. La tierra prometida de Canaán era bastante buena. De hecho, más que buena; era increíble.

> "El SEÑOR tu Dios te conduce a una tierra buena: tierra de arroyos y de fuentes de agua, con manantiales que fluyen en los valles y en las colinas; tierra de trigo y de cebada; de viñas, higueras y granados; de miel y de olivares; tierra donde no escaseará el pan y donde nada te faltará; tierra donde las rocas son de hierro y de cuyas colinas sacarás cobre". (Deuteronomio 8:7-9)

El tipo era bastante bueno, pero el antitipo es mucho mejor. Dios prometió a Israel que iba a darle todo lo que necesitara en la tierra prometida. Sin embargo, Canaán era solo un presagio de algo mucho más grande. La tierra prometida física de Israel es un presagio de la tierra prometida espiritual: el cielo. La meta de Dios para Israel era que ellos habitaran en la tierra para experimentar una vida bendecida y realizada en comunión con él. De eso se trataba la tierra prometida. Y eso es de lo que se trata el cielo. Como Jesús dijo:

> "No se angustien. Confíen en Dios, y confíen también en mí. En el hogar de mi Padre hay muchas viviendas; si no fuera así, ya se lo habría dicho a ustedes. Voy a prepararles un lugar. Y si me voy y se lo preparo,

vendré para llevármelos conmigo. Así ustedes estarán donde yo esté". (Juan 14:1-3)

La tierra prometida era un lugar para experimentar las bendiciones de Dios. Era un lugar para descansar seguro en los brazos de Dios. Eso es lo que será el cielo para aquellos que entran en la tierra prometida celestial. Sin embargo, Dios quiere recordarnos, una vez más, que tenemos que hacer todo lo posible por entrar en ese reposo.

> Todavía falta que algunos entren en ese reposo, y los primeros a quienes se les anunció la buena noticia no entraron por causa de su desobediencia. Por eso, Dios volvió a fijar un día, que es "hoy", cuando mucho después declaró por medio de David lo que ya se ha mencionado:
> "Si ustedes oyen hoy su voz,
> no endurezcan el corazón".
> Si Josué les hubiera dado el reposo, Dios no habría hablado posteriormente de otro día. Por consiguiente, queda todavía un reposo especial para el pueblo de Dios; porque el que entra en el reposo de Dios descansa también de sus obras, así como Dios descansó de las suyas. Esforcémonos, pues, por entrar en ese reposo, para que nadie caiga al seguir aquel ejemplo de desobediencia. (Hebreos 4:6-11)

El pueblo de Dios claramente no podía entrar en Canaán por su propio poder, así como nosotros tampoco podemos llegar al cielo por nuestra propia fuerza. Sin embargo, Dios quiere que hagamos todo lo posible por aferrarnos a él, para que no caigamos en el desierto. Nuestro esfuerzo no es suficiente para entrar en el cielo, pero sin esfuerzo, no vamos a llegar a la tierra prometida.

Dios usó a Moisés para guiar al pueblo hasta los límites de Canaán. Sin embargo, Dios no había terminado la enseñanza de su pueblo acerca de confiar en él. El pueblo de Dios estaba justo en la frontera de la tierra prometida, pero había un pequeño problema: un río. El Jordán estaba en el nivel de inundación. Dios quería proporcionar un recordatorio más de que solo podían entrar en Canaán por su poder milagroso. Naturalmente, lo mismo se aplica para el antitipo. Nadie va a entrar al cielo por su propio poder. Se requiere una respuesta personal, pero el esfuerzo humano no es suficiente para salvarse. No es como si los judíos pudieran haber salido corriendo para saltar el Jordán en época de crecidas. El escenario estaba listo para otro milagro (y otro presagio).

> Cuando el pueblo levantó el campamento para cruzar el Jordán, los sacerdotes que llevaban el arca del pacto marcharon al frente de todos. Ahora bien, las aguas del Jordán se desbordan en el tiempo de la cosecha. A pesar de eso, tan pronto como los pies de los sacerdotes que portaban el arca tocaron las aguas, estas dejaron de fluir y formaron un muro que se veía a la distancia, más o menos a la altura del pueblo de Adán, junto a la fortaleza de Saretán. A la vez, dejaron de correr las aguas que fluían en el mar del Arabá, es decir, el Mar Muerto, y así el pueblo pudo cruzar hasta quedar frente a Jericó. (Josué 3:14-16)

Así como el pueblo de Dios había requerido un "salvador", Moisés, para dejar la esclavitud en Egipto, requería un salvador para entrar en la tierra prometida. Esta nueva representación anticipada del Mesías era Josué. Vemos un tema recurrente, ya que el pueblo de Dios entra en una relación de pacto con Dios en la tierra prometida pasando a través del agua.

El tipo es la tierra prometida. El antitipo es el cielo. Podemos aprender del tipo, que el cielo es un lugar donde podemos vivir en comunión con Dios. Es la meta de Dios hacernos su pueblo para que podamos vivir con él. Desde el presagio, vemos que el cielo es un lugar en el que seremos bendecidos más allá de nuestros sueños más descabellados. Canaán representa el cielo; un lugar donde podremos descansar con Dios de nuestro trabajo.

IV. En Canaán: Un símbolo mixto

Una vez que el pueblo de Dios entró en la tierra prometida, el tipo cambió. Por lo tanto, el antitipo también cambió. Hasta el momento en que el pueblo de Dios entró en Canaán, Dios lo estaba usando como un símbolo de nuestro descanso sabático con él en el cielo. Una vez que los israelitas realmente entraron en la tierra bajo Josué, el tipo (estar en Canaán) ya no se ajusta al antitipo (estar en el cielo). A pesar de que Canaán era verdaderamente un lugar en el que fluía leche y miel, no fue una caminata fácil para Israel conquistar y ocupar la tierra. Desde el comienzo del libro de Josué hasta todo el resto de los libros históricos de la Biblia, vivir en la tierra prometida se convierte en un tipo, no de los cielos, sino de la iglesia: el reino de Dios.[9] Vamos a ver mucho más sobre esto en el Capítulo Nueve. Las batallas corporativas de Israel con sus vecinos se convertirán en un símbolo de nuestra batalla individual con el pecado. Los reyes de Israel, especialmente David, se convertirán en un símbolo del rey en el cielo: Jesucristo.[10]

Debido a que el simbolismo asociado a Canaán cambia, dependiendo de dónde se encuentre históricamente en la Biblia, es fácil confundirse. Con el fin de ayudar a mantener las cosas en orden, es útil pensar en la tierra prometida como un símbolo del cielo en el Pentateuco (los primeros cinco libros del Antiguo Testamento) y, desde el libro de Josué hasta el resto de la Biblia, pensar en Israel durante su establecimiento en Canaán como un símbolo del reino de Dios nuestra relación personal con él.

Con esto en mente, se hace más fácil entender el simbolismo de la travesía del río Jordán. Como Israel fue bautizado en Moisés cuando pasaron por las aguas del Mar Rojo, así fueron bautizados en Josué cuando pasaron por las aguas del Jordán. Es cierto que esto nunca se afirma en el Nuevo Testamento, pero el simbolismo es bastante obvio.

Si uno no está completamente convencido de esta afirmación, lo que Dios le ordenó a Israel que hiciera inmediatamente después de pasar a través del Jordán lo dejará más claro.

> En aquel tiempo, el SEÑOR le dijo a Josué: "Prepara cuchillos de pedernal, y vuelve a practicar la circuncisión entre los israelitas". Así que Josué hizo los cuchillos y circuncidó a los varones israelitas en la colina de Aralot. (Josué 5:2-3)

Aunque Dios había ordenado a todos los varones de Israel que fueran circuncidados al octavo día, durante los cuarenta años de deambular en el desierto, los judíos no habían circuncidado a sus hijos varones. ¿A qué se debe esto? Dios puede haber tenido una serie de razones, pero da la casualidad de que, al hacerlo, Dios hizo que los eventos en Guibea Aralot fueran un tipo de uno de los conceptos importantes en el Nuevo Testamento.

La circuncisión es un tipo cuyo antitipo es el bautismo. Para el niño hebreo, la circuncisión lo hacía parte de Israel. Bajo el antiguo pacto, los judíos nacían en una relación con Dios. Para el varón israelita, esta relación se consumaba en el octavo día, cuando el niño era circuncidado. Bajo el nuevo pacto, uno nace de nuevo en el reino de Dios mediante el bautismo.

> En él fueron circuncidados, no por mano humana, sino con la circuncisión que consiste en despojarse del cuerpo pecaminoso. Esta circuncisión la efectuó Cristo. Ustedes la recibieron al ser sepultados con él en el bautismo. En él también fueron resucitados mediante la fe en el poder de Dios, quien lo resucitó de entre los muertos. (Colosenses 2:11-12)

Pablo deja muy claro que la circuncisión es el tipo, mientras que el bautismo es el antitipo. El bautismo es la circuncisión espiritual. Para los judíos, la circuncisión se produce poco después del nacimiento, mientras que el bautismo es un renacimiento. Como dijo Jesús: *"Yo te aseguro que quien no nazca de agua y del Espíritu no puede entrar en el reino de Dios"* (Juan 3:5). Israel tenía que ser circuncidado con el fin de entrar en el tipo, que es Canaán, un tipo del reino de Dios. La circuncisión era una señal física de ser parte del Israel físico. No se requería fe por parte de quien la recibía. Los que vienen a Dios por medio de la fe en Cristo Jesús deben entrar en el reino espiritual de Dios a través de la circuncisión espiritual, que es el bautismo.

Para entrar en Canaán, el pueblo de Dios tenía que pasar a través del agua y tuvieron que ser circuncidados. ¿Podría Dios haber creado un simbolismo más claro que este? Lo que hace que el evento y su simbolismo sea más sorprendente es que, cuando Israel actuó esta obra para nosotros, ellos no tenían idea de la importancia de sus actos. Era un misterio para ellos, pero el misterio es revelado en el Nuevo Testamento. Cuando los escritores del Antiguo Testamento registraron esta historia, ellos tampoco tenían idea de cómo Dios iba a convertir todo esto en una dramática representación de la forma en que entramos en una relación con él bajo el nuevo pacto.

La entrada de las doce tribus en la tierra prometida provee más prefiguras. Ya hemos visto que *"tan pronto como los pies de los sacerdotes que portaban el arca tocaron las aguas, estas dejaron de fluir"* (Josué 3:15-16). Se necesitó mucha fe para que los levitas que llevaban el arca marcharan directamente hacia el río en el nivel de inundación. En el momento que el arca llegó al río, el agua se detuvo. Esto no era algún tipo de fenómeno natural que Dios, de alguna manera, usó para detener el flujo del río. Este fue un acontecimiento sobrenatural. Veremos en el capítulo sobre el tabernáculo que el arca es un tipo de la presencia de Dios. Dios estaba mostrando a Israel y a nosotros que es solo su poder el que puede dividir las aguas, lo que nos permite la libertad para entrar en su presencia. Es lo mismo con el antitipo de las aguas del Jordán: *"después de haber sido sepultados con él en el bautismo y resucitados con él a través de su fe en el poder de Dios"*. Tanto en el tipo como en el antitipo, Dios nos está diciendo que solo a través de una combinación de su poder y nuestra fe podemos pasar a través de las aguas para tener una relación con él.[11]

Considera una prefigura más que se desprende de la entrada del pueblo escogido de Dios en la tierra prometida. ¿Quién fue el que condujo al Israel físico a la presencia de Dios? Fue Josué. Como veremos en el capítulo dos, Josué es un tipo de Cristo. El nombre hebreo Josué es el nombre arameo *Yeshua*, trasliterado al griego como *Jesous*. Supongo que se podría argumentar que es una coincidencia, pero teniendo en cuenta todos los otros paralelismos entre el Antiguo Testamento y el Nuevo, se puede detectar la obra de Dios, incluso hasta en los nombres involucrados. El nombre de aquel que llevó al pueblo de Dios en una relación de pacto con Dios en la tierra prometida en el Antiguo Testamento es el mismo de quien conduce al pueblo de Dios a una relación con él bajo el nuevo pacto.

En la historia de la entrada de Israel en la tierra prometida bajo la mano de Josué, la Biblia ha presagiado el lugar del bautismo, de la fe, de la fuerza de Dios y de la obra de Jesús para relacionar a las personas con él.

CAUTIVERIO Y SALVACIÓN DEL PUEBLO DE DIOS

Hay una gran cantidad de tipos y antitipos encontrados a través de los períodos de los jueces y de los dos reinos. Estos serán tratados en otros capítulos. Los judíos no deberían haberse sorprendido de que, al darle la espalda a Dios, esto resultaría nuevamente en cautiverio y la esclavitud similar a lo que habían experimentado en Egipto. Dios les profetizó esto en términos muy claros y gráficos. En sus palabras de despedida al pueblo, Moisés dijo a Israel que si eran infieles a su Dios y no obedecían todas sus órdenes y decretos:

> "El SEÑOR hará que tú y el rey que hayas elegido para gobernarte sean deportados a un país que ni tú ni tus antepasados conocieron. Allí adorarás a otros dioses, dioses de madera y de piedra. Serás motivo de horror y objeto de burla y de ridículo en todas las naciones a las que el SEÑOR te conduzca. [...]
>
> "Tal será tu sufrimiento durante el sitio de la ciudad que acabarás comiéndote el fruto de tu vientre, ¡la carne misma de los hijos y las hijas que el SEÑOR tu Dios te ha dado!
>
> "El SEÑOR te dispersará entre todas las naciones, de uno al otro extremo de la tierra. [...]En esas naciones no hallarás paz ni descanso. El SEÑOR mantendrá angustiado tu corazón; tus ojos se cansarán de anhelar, y tu corazón perderá toda esperanza". (Deuteronomio 28:36-37, 53, 64-65)

Trágicamente, esta profecía se cumplió en todos sus detalles. A pesar de la advertencia de Moisés en Deuteronomio y pese a los repetidos esfuerzos de Dios para advertir a su pueblo, continuaron rebelándose contra él. Se apartaron de los mandamientos de la Ley de Moisés, volviéndose a los ídolos de sus vecinos paganos. En repetidas ocasiones, Dios trató de evitar que "se perdieran" mediante el envío de reyes y jueces para "salvarlos". Además de esto, envió predicadores de la rectitud: profetas como Elías, Isaías, Jeremías y muchos otros. Por desgracia, a pesar de las repetidas llamadas de amor que hacía Dios por su pueblo para volver a él, la gran mayoría de Israel se endureció ante su pecado.

Poco después de la muerte de Salomón, hijo de David, el reino se dividió por la rebelión de Jeroboam. El reino del norte, o Samaria, fue extremadamente idólatra desde el principio. Ellos adoraban a las imágenes de Aserá. Establecieron santuarios de Baal. No hicieron caso de las solicitudes de Elías y Eliseo, de modo que Dios cumplió sus palabras para ellos. Samaria, la capital del reino del norte, fue destruida por los ejércitos asirios bajo Senaquerib en 722 a. C. De los que no murieron en el conflicto, la mayoría fueron deportados como esclavos y esparcidos por todo el Imperio asirio. Israel estaba de nuevo en la esclavitud.

El reino del sur, Judá, fue más fiel, al menos en apariencia. El templo estaba en Jerusalén, la capital de Judá. Muchos de los judíos más fieles emigraron al sur. Con el tiempo, sin embargo, incluso Judá se corrompió, volviéndose a la idolatría y toda forma de rebelión orgullosa contra Dios. Fiel a su palabra en Deuteronomio, así como para muchas otras advertencias, Dios envió a Nabucodonosor, rey de Babilonia, para devorar y destruir a Judá. Después de repetidos ataques y deportaciones, Jerusalén fue finalmente capturada y quemada, y su muro fue destruido, en 586 a. C. Una vez más, miles fueron deportados como esclavos a Babilonia y otras ciudades del imperio. Al mismo tiempo, lo más importante, el templo fue destruido y el sacrificio por el pecado en Jerusalén en el templo llegó a su fin. Dios ya no moraba con su pueblo.

¡Qué horrible presagio para contemplar! ¿Cuál es el mensaje de Dios en este giro de acontecimientos? Para los judíos, por supuesto, el mensaje es que Dios odia el pecado y la rebelión. En este caso, el tipo es el regreso de Israel a la esclavitud. El antitipo es cualquiera que tome a Jesucristo como Señor, entrando así en una relación con Dios. El mensaje es que una vez que entramos en una relación con Dios a través de Jesucristo, si nos volvemos de nuevo a nuestros antiguos caminos, Dios nos devolverá a la misma esclavitud de la que venimos. Y, si el tipo es exacto, la segunda esclavitud es peor que la primera. Dios usó la vida de decenas de miles de judíos en la época de Senaquerib y Nabucodonosor para enseñarnos una lección. ¡Que esa lección no desaparezca! Las palabras de Pedro describen el antitipo:

> Si, habiendo escapado de la contaminación del mundo por haber conocido a nuestro Señor y Salvador Jesucristo, vuelven a enredarse en ella y son vencidos, terminan en peores condiciones que al principio. Más les hubiera valido no conocer el camino de la justicia, que abandonarlo después de haber conocido el santo mandamiento que se les dio. En su caso ha sucedido lo que acertadamente afirman estos proverbios: "El perro vuelve a su vómito, y la puerca lavada, a revolcarse en el lodo". (2 Pedro 2:20-22)

Recuerda las palabras de Pablo: *"Todo eso sucedió para servirnos de ejemplo, a fin de que no nos apasionemos por lo malo, como lo hicieron ellos"* (1 Corintios10:6). En medio del mensaje muy aleccionador, asegurémonos de tomar claramente la lección del tipo y el antitipo. No es como si Israel hubiera pecado una vez y se fuera al cautiverio. No es como si tuviéramos que vivir en el miedo mortal diario de perder nuestra salvación. El Nuevo Testamento nos asegura, y la prefiguración en el Antiguo Testamento nos demuestra, que mientras permanezcamos fieles, Dios no nos apartará de su presencia por algunos reveses pecaminosos. De hecho, incluso una ofensa mayor no nos va a enviar de nuevo en cautiverio al pecado. Dios apeló a Israel una y otra vez. Envió mensajeros a sus vidas, les dio varias oportunidades, escuchó sus arrepentimientos en el lecho de muerte, y aun así retuvo su juicio. Él hará lo mismo con aquellos bajo el nuevo pacto. Sin embargo, la gracia de Dios no es ilimitada cuando le damos la espalda. La destrucción de Samaria y Jerusalén son crudos recordatorios de este hecho.

La destrucción y la deportación de Israel y Judá no son ejemplos únicos en la historia de la humanidad. Muchos pueblos antiguos experimentaron tal cosa. Sin embargo, la restauración de Israel y su regreso a la tierra prometida es otra cosa completamente distinta. Una vez más, Dios había profetizado a su pueblo casi mil años antes de estos eventos:

> "Cuando recibas todas estas bendiciones o sufras estas maldiciones de las que te he hablado, y las recuerdes en cualquier nación por donde el SEÑOR tu Dios te haya dispersado; y cuando tú y tus hijos se vuelvan al SEÑOR tu Dios y le obedezcan con todo el corazón y con toda el alma, tal como hoy te lo ordeno, entonces el SEÑOR tu Dios restaurará tu buena fortuna y se compadecerá de ti. ¡Volverá a reunirte de todas las naciones por donde te haya dispersado! Aunque te encuentres desterrado en el lugar más distante de la tierra, desde allá el SEÑOR tu Dios te traerá de vuelta, y volverá a reunirte. Te hará volver a la tierra que perteneció a tus antepasados, y tomarás posesión de ella". (Deuteronomio 30:1-5)

Cuando Dios propone, él también dispone. Después de setenta años de cautiverio, como fue profetizado por Jeremías (Jeremías 25:8-12), Dios usó a Ciro, el persa, para destruir el imperio de Babilonia. Cuando Ciro hubo acabado con Babilonia, permitió que los cautivos de Israel volvieran a Jerusalén para reconstruir el templo y para restablecer el culto allí. Los capítulos uno y dos de Esdras registran el decreto de Ciro y la lista de exiliados que volvió a repoblar Jerusalén y restablecer el sacrificio sacerdotal. No hay prácticamente ningún paralelo en la historia de un poder conquistador que le haya permitido a las personas anteriormente despojadas viajar grandes distancias para regresar a su tierra con el fin de restaurar su identidad y religión nacionales.

¿Qué nos dice la restauración histórica de Israel a la tierra prometida? Teniendo en cuenta el cumplimiento de la profecía, podemos aprender de esto que el Antiguo Testamento es inspirado por Dios y que Dios gobierna las naciones. Dios hizo que Moisés profetizara la restauración de Israel al arrepentirse, casi mil años antes de que ocurriera. Él también levantó a Ciro y le puso en su corazón enviar a los hijos de Israel de regreso a su tierra natal.

Hay otra lección aquí también. En este caso, Israel y su relación con Dios es el tipo, mientras que los cristianos, de manera individual, en su relación con Dios son el antitipo. La cautividad de Israel bajo Asiria y Babilonia nos dice que es posible que Dios retire su bendición, pero el milagroso retorno de los judíos dispersos por todo el Imperio babilónico muestra que Dios hará todo lo posible para que tengamos la oportunidad de regresar. Si lo dejamos a él, nos dejará ir. Podemos perder nuestra estrecha relación con él. Sin embargo, podemos volver. Esto nos recuerda la parábola de la oveja perdida:

> "¿Qué les parece? Si un hombre tiene cien ovejas y se le extravía una de ellas, ¿no dejará las noventa y nueve en las colinas para ir en busca de la extraviada? Y, si llega a encontrarla, les aseguro que se pondrá más feliz por esa sola oveja que por las noventa y nueve que no se extraviaron. Así también, el Padre de ustedes que está en el cielo no quiere que se pierda ninguno de estos pequeños". (Mateo 18:12-14)

Si Dios se toma la molestia de establecer un símbolo profético de su voluntad de llevarnos de regreso, si Dios lleva de nuevo a un Israel arrepentido después de que se apartó de él para ir tras la grosera idolatría y otros tipos de pecado, entonces ciertamente no debemos abandonar a cualquiera que haya dejado a Dios.

CONCLUSIÓN

Muchos teólogos y críticos de la Biblia en los últimos años han afirmado que el mensaje esencial y la teología del Antiguo y el Nuevo Testamento son radicalmente diferentes entre sí. Por ejemplo, algunos han acusado que el Antiguo Testamento describe a Dios como enojado y crítico, mientras que el Nuevo Testamento visualiza a un Dios que es amoroso y lleno de gracia. Algunos podrían ir tan lejos como para afirmar que estos dos puntos de vista de Dios son tan opuestos que los dos testamentos no pueden justificarse teológicamente entre sí. ¿Esta afirmación resiste un escrutinio cuidadoso?

Puede haber algo de verdad en la afirmación de que uno encuentra una revelación progresiva de Dios a su pueblo en la Biblia. En los primeros libros del Antiguo Testamento, la naturaleza de la salvación por la gracia y los conceptos del cielo y el infierno se enseñan principalmente por presagio más que por declaración directa. Gradualmente, a medida que uno se mueve a través del Antiguo Testamento, la doctrina de la resurrección y el día del juicio se hace más clara, sobre todo en el libro de Daniel. Finalmente, Dios completa su revelación a la humanidad acerca de su naturaleza y acerca de la resurrección final, el cielo y el infierno en el Nuevo Testamento.

Puede ser cierto que la revelación de Dios es progresiva, pero la afirmación de que la imagen de Dios y su relación con el hombre es diferente en el Antiguo y en el Nuevo Testamento simplemente no está de acuerdo con los hechos. Cuando uno mira el simbolismo de los acontecimientos que sucedieron a Adán y Eva, Noé, Abraham, Isaac, Jacob, José, Moisés, Josué y al pueblo de Israel, surge una imagen clara. Desde el principio, Dios tenía un plan. Al observar los tipos y prefiguras en el Antiguo Testamento, uno encuentra un mensaje tan claro como el agua: Dios siempre ha querido una relación íntima con nosotros y siempre tuvo un plan para lidiar con el problema del pecado que destruye esta relación. El costo humano de tener una relación con Dios siempre ha implicado una decisión de abandonar una vida de esclavitud del pecado y de aferrarse a Dios mediante la fe, confiando en él para bendecir nuestras vidas. El costo siempre ha incluido sacrificio de parte de Dios. En el siguiente capítulo, veremos cómo se desarrolla este plan en forma de un Mesías, enviado por Dios a su pueblo Israel.

Notas ____

3. La evidencia de la confiabilidad histórica de la Biblia está, en general, fuera del alcance de este libro. Para revisar material que trata esta pregunta, ve John Oakes, *Razones para creer,* disponible en www.ipibooks.com, y Randall Price, *Las piedras claman* (Miami, Florida: Spanish House, 2000).

4. Nuevamente, ve muchos ejemplos que apoyan esta afirmación en mi libro *Razones para creer*.

5. Para la evidencia arqueológica que apoya la exactitud histórica de la historia bíblica de Sodoma y Gomorra, ve John M. Oakes, *Razones para creer*, disponible en www.ipibooks.com.

6. Literalmente, el Mar de los Juncos. Existe cierta controversia sobre si este era el Mar Rojo, los lagos amargos al norte del Mar Rojo, o incluso el Golfo de Aqaba. El simbolismo detrás de este cruce no se ve afectado en ningún caso.

7. Hay una creencia común en algunas denominaciones cristianas que señalan que el bautismo en agua es solo un símbolo del perdón que ya se ha producido cuando uno "acepta" a Cristo. Esta doctrina viola muchas claras enseñanzas de la Biblia; también viola el tipo/antitipo que Dios lo estableció. En este caso, el símbolo/presagio es el bautismo de Moisés a Israel en el Mar Rojo. El cumplimiento de ese símbolo en el Nuevo Testamento es la verdadera limpieza que se produce mediante las aguas del bautismo para aquellos que han decidido volverse a Cristo. Cuando Israel pasó a través de las aguas, escapó de Egipto en ese punto. ¡No era una especie de símbolo de lo que ya había ocurrido! El bautismo no es un símbolo. Es una limpieza.

8. Por ejemplo, Hebreos 6:4-12; Hebreos 10:26-31, 35-39.

9. Es común suponer que la iglesia de Cristo en la tierra es el reino de Dios. De hecho, el reino de Dios es un concepto mucho más grande, que abarca mucho más que la iglesia. El reino es Dios reinando en el corazón del individuo. El reino de Dios es el cielo. El reino de Dios es la iglesia. Para decirlo en una forma que es quizás un poco simple: la iglesia es parte del reino de Dios, pero el reino es algo mucho más grande. Esto se discutirá con más detalle en el Capítulo Nueve.

10. Una buena discusión de Israel en Canaán como un presagio de una relación con Dios en Jesucristo se encuentra en Satterthwaite, Hess y Wenham, *The Lord's Annointed* (el ungido del Señor) (Grand Rapids, Michigan: Baker, 1995), Capítulos 3 y 4.

11. Los que enseñan que el bautismo del Nuevo Testamento es solo un símbolo de algo que ya ha sucedido deberían tomar nota. Dios es consistente en la enseñanza a través de presagios de que es su poder el que actúa en el agua. El ser bautizado no es una "obra" humana, como dirían algunos, sino un acto de presentación y una expresión de fe. Al igual que con las aguas del Jordán, el trabajo lo hace Dios.

CAPÍTULO DOS

Prefiguras del Mesías

"Así como tres días y tres noches estuvo Jonás en el vientre de un gran pez, también tres días y tres noches estará el Hijo del hombre en las entrañas de la tierra".

Mateo 12:40

Uno de los milagros más increíbles registrados en el Antiguo Testamento fue cuando Jonás estuvo tres días y tres noches, milagrosamente preservado, dentro de un enorme pez. Jonás era un profeta cuya vida le enseñó a Israel muchas lecciones acerca de la naturaleza de Dios. De Jonás, los judíos aprendieron que cuando Dios le ordena a uno de sus profetas que hable, es muy serio y no acepta un "no" por respuesta. También aprendieron que Dios hará todo lo posible para asegurarse de que su mensaje sea predicado. Dios proveyó milagrosamente una tormenta masiva y un pez muy inusual tanto para dar un fuerte mensaje a Jonás como para preservar su vida. Una de las grandes lecciones del libro de Jonás es que Dios ama a los gentiles, así como a los judíos. Sin duda, esto fue una lección difícil de digerir, no solo para Jonás, sino también para todo el pueblo judío.

El libro de Jonás tenía mucho que enseñar a su público principal, la nación de Israel. Durante la fiesta de Yom Kipur, los judíos leen todo el libro de Jonás durante el servicio de la tarde como un recordatorio del juicio de Dios y la necesidad de arrepentimiento. Sin embargo, con la entrada de Jesucristo en el escenario mundial, gran parte del mensaje oculto del libro de Jonás (el misterio), salió a la luz. Jonás era una prefigura viviente del Mesías, Jesucristo.

Jesús dejó en claro que veía a Jonás como una prefigura de su propia vida y ministerio. Cuando los fariseos presionaron a Jesús para que realizara un milagro público, respondió:

"¡Esta generación malvada y adúltera pide una señal milagrosa! Pero no se le dará más señal que la del profeta Jonás. Porque así como tres días y tres noches estuvo Jonás en el vientre de un gran pez, también tres días y tres noches estará el Hijo del hombre en las entrañas de la tierra". (Mateo 12:39-40)

Jonás estuvo tres días y noches enterrado en un enorme pez. Al final de ese tiempo, fue escupido a tierra seca. En un paralelo inconfundible, Jesús pasó tres días y tres noches en el corazón de la tierra. Jonás fue preservado durante tres días y fue milagrosamente liberado de su presunta tumba. Jesús también fue liberado de la muerte al tercer día y milagrosamente liberado de su tumba cuando el ángel movió la piedra. ¿Coincidencia? ¡No! Jonás era un profeta, un portavoz de Dios. Además de eso, su vida fue una profecía viviente. Él estaba viviendo una prefigura de la vida y, en este caso, la muerte del Mesías.

Estar tres días y noches en el vientre del gran pez no es el único aspecto de la vida y el ministerio de Jonás que prefigura los de Jesucristo. Considera su nacimiento. Jonás nació en Galilea, en Gathefer en el territorio de la tribu de Zabulón. Esta ciudad está muy cerca de Nazaret, donde Jesús fue criado. Una de las críticas a Jesús durante su ministerio era que el Mesías no podía venir de Galilea. Los judíos de Judea tuvieron muchos prejuicios en contra de sus hermanos campesinos allá en Galilea. *"¿Cómo puede el Cristo venir de Galilea? ¿Acaso no dice la Escritura que el Cristo vendrá de la descendencia de David, y de Belén, el pueblo de donde era David?"* (Juan 7:41-42). Al criticar a Nicodemo, se burlaron de él: *"¿No eres tú también de Galilea?"* protestaron. *"Investiga y verás que de Galilea no ha salido ningún profeta"* (Juan 7:52). No solo tenían prejuicios, sino que también estaban equivocados. Se olvidaron de Jonás. De hecho, Dios había profetizado a través de Isaías más de siete siglos antes:

> En el pasado Dios humilló a la tierra de Zabulón y a la tierra de Neftalí; pero en el futuro honrará a Galilea, tierra de paganos, en el camino del mar, al otro lado del Jordán. [...] Gobernará sobre el trono de David y sobre su reino, para establecerlo y sostenerlo con justicia y rectitud desde ahora y para siempre. (Isaías 9:1, 7)

Tanto Jesús como Jonás son recordatorios para los judíos de que Dios alejará su enfoque de Jerusalén.

Otro de los detalles en la vida de Jonás que sirve como una

prefigura de la vida de Cristo es por qué terminó en el vientre del enorme pez en primer lugar. Mientras estaba en el barco en huida a Tarsis, estalló una gran tormenta que amenazaba con destruir la nave de transporte en el que Jonás había subido, con todos sus ocupantes. En una escena que recuerda a los guardias echando suertes sobre la ropa de Jesús, los marineros en el barco echaron suertes para ver cuál de ellos era el responsable de su peligro. La suerte cayó sobre Jonás. En ambos casos, un entierro de tres días fue precedido por un acto de echar suertes. Debido a este descubrimiento, y por sugerencia de Jonás, lo arrojaron por la borda. Jonás fue asesinado por sus enemigos (al menos eso pensaron) de modo que lograron ser salvados de la muerte. De hecho, Jonás ofreció voluntariamente su vida para salvarlos. A medida que la historia se desarrolla, el paralelo con la muerte salvadora de Jesús se hace evidente. *"Tomaron a Jonás y lo lanzaron al agua, y la furia del mar se aplacó"*. Jonás, como Jesús, calmó la ira de Dios cuando fue sacrificado con el fin de salvar a los gentiles que habían estado en el barco con él. Una vez más, ¿es esta coincidencia, o bien es Dios creando una prefigura milagrosa de la obra del Mesías, Jesucristo? Que el lector decida.

Otro presagio de Jesús que se encuentra en Jonás es que, a diferencia de los otros profetas de Israel, Jonás ofreció arrepentimiento y una relación con Dios a los gentiles. ¿Es una coincidencia que el profeta que era una prefigura de Cristo sea también quien rompió los tabúes arraigados del judaísmo para llevar el arrepentimiento a Nínive? ¿Fue idea de Jonás? ¡Definitivamente no! Cuando Dios le pidió a Jonás que fuera a Nínive, que queda hacia el este, a predicar el arrepentimiento (y, presumiblemente, la salvación), Jonás huyó a Tarsis, ¡la ciudad más occidental del mundo conocido! Jonás era un profeta renuente. Jesús no era tan reacio.

> "Así como Jonás fue una señal para los habitantes de Nínive, también lo será el Hijo del hombre para esta generación. [...] Los ninivitas se levantarán en el día del juicio y condenarán a esta generación; porque ellos se arrepintieron al escuchar la predicación de Jonás, y aquí tienen ustedes a uno más grande que Jonás". (Lucas 11:30, 32)

Una vez más, en esta declaración, Jesús reconoce que él es el cumplimiento de la prefigura establecida en Jonás. A través de Jonás, Dios estaba diciendo a los judíos que su Mesías ofrecería arrepentimiento y el perdón a los gentiles. Dios tuvo que preparar los corazones y las mentes de los judíos para esta enseñanza revolucionaria. Por si alguien aún busca una coincidencia en esto, debe tener en cuenta que las personas que registraron esta historia de Dios estrechando la mano hacia los gentiles eran en esencia extremadamente prejuiciosos contra los gentiles. Los judíos fueron muy resistentes ante la idea de alcanzar a los gentiles, incluso hasta la primera generación de la iglesia del Nuevo Testamento. Para convencer al apóstol Pedro de ofrecer la salvación a los gentiles, Dios tuvo que golpearlo teológicamente de un lado de la cabeza (ve Hechos 10). A pesar de este prejuicio arraigado, Dios hizo que este relato de la prefigura mesiánica de Jonás predicando el arrepentimiento a los ninivitas se incluyera en el Antiguo Testamento.

Jonás es el primero de varios ejemplos de prefiguras mesiánicas que examinaremos. Ya se han hecho dos afirmaciones sorprendentes sobre el Antiguo Testamento. La primera es que el tema del Antiguo Testamento es "el Mesías ha de venir". La segunda es que el Antiguo Testamento está lleno de presagios y prefiguras de las enseñanzas del Nuevo Testamento. Si ambos son verdad, entonces es lógico pensar que el Antiguo Testamento debe estar repleto de prefiguras de la venida del Mesías. Si uno explora el Antiguo Testamento en busca de personas cuyas vidas Dios modeló en prefiguras simbólicas de la vida y obra de Jesucristo, ciertamente no será decepcionado.

Al preparar las prefiguras de la vida y ministerio de Jesucristo, Dios dejó fuera muy pocos detalles. Como descubriremos, Dios nos ha dado presagios simbólicos en las figuras del Antiguo Testamento de algunos de los más pequeños detalles de la vida del Mesías que, a los ojos de Dios, fue *"sacrificado desde la creación del mundo"* (Apocalipsis 13:8).

Al crear una teocracia (gobierno religioso) para su pueblo, Dios les dio tres oficios para proveer liderazgo espiritual y político. Israel tenía profetas, sacerdotes y reyes. Los profetas eran portavoces de Dios, proporcionando advertencias y estímulos para mantener a Israel en el camino correcto. Los sacerdotes proveyeron alguna enseñanza espiritual, pero su función principal era interceder por los pecados del pueblo de Dios. Deberían llevar a cabo los sacrificios rituales para mantener a la nación de Israel en comunión con su Dios. Los reyes de Israel deberían dar un ejemplo espiritual a las personas. Sin embargo, su función principal era dirigir el gobierno y proteger al pueblo de Dios de sus enemigos.

Los tres roles presagian lo que tenemos en el Mesías. Dios combinó las tres funciones —profeta, sacerdote y rey— en un solo hombre, Jesucristo. Algunos de aquellos en el Antiguo Testamento que son presagios del Mesías eran profetas, como Jonás. Otros, como veremos, eran sacerdotes. Otros fueron reyes (o jueces o gobernadores, dependiendo de la configuración política).[1] Lo sorprendente es que Dios pudo combinar los tres aspectos proféticos del ministerio dado a su pueblo en una increíble persona: Jesús de Nazaret.

I. ADÁN

Adán es único como una prefigura del Mesías. En lugar de ser una copia de Cristo, es, en cierto sentido, la imagen espejo del Mesías. Como el teólogo alemán Leonard Goppelt lo dijo: "Adán y Cristo están relacionados entre sí como un negativo fotográfico a su impresión positiva o como un molde al plástico moldeado por él".[12] Lo que hizo Adán, Jesús deshizo. Sin embargo, incluso en esto, los dos son paralelo.

Adán fue el primogénito de la humanidad física, mientras que Jesús es el primogénito de la resurrección (Colosenses 1:18). En otras palabras, Jesús es el primero en ser levantado de entre los muertos para la vida eterna. Ambos eran el producto de una creación milagrosa. Mientras que Adán fue el primer ser humano en pecar (bueno, técnicamente fue el segundo) y, por lo tanto, trajo la muerte a todos los seres humanos, Jesús fue el primer ser humano que no pecó y, por lo tanto, trajo la liberación de la muerte. En ambos casos, el acto de una sola persona tuvo un efecto sobre toda la humanidad. Como Pablo lo dijo:

> Así como una sola transgresión causó la condenación de todos, también un solo acto de justicia produjo la justificación que da vida a todos. Porque así como por la desobediencia de uno solo (Adán) muchos fueron constituidos pecadores, también por la obediencia de uno solo (Jesucristo) muchos serán constituidos justos. (Romanos 5:18-19)

Pablo afirma el asunto con Adán de manera bastante simple. Llama a Adán *"figura* (prefigura) *de aquel que había de venir"* (Romanos 5:14).

Los capítulos 5 al 7 de Romanos son de una lectura muy contundente, pero la esencia del mensaje es que la consecuencia del pecado de Adán no podía ser deshecha por la Ley de Moisés, por lo que un segundo Adán, Jesucristo, tuvo que venir para deshacer el efecto destructor del pecado de Adán.

La relación tipológica entre Adán y Jesús también es discutida por Pablo en 1 Corintios 15:20-23:

> Lo cierto es que Cristo ha sido levantado de entre los muertos, como primicias de los que murieron. De hecho, ya que la muerte vino por medio de un hombre, también por medio de un hombre viene la resurrección de los muertos. Pues así como en Adán todos mueren, también en Cristo todos volverán a vivir, pero cada uno en su debido orden: Cristo, las primicias; después, cuando él venga, los que le pertenecen.

Parece que, para Pablo, el buscar tipos en el Antiguo Testamento para explicar las enseñanzas del Nuevo Testamento es un modo común de exégesis bíblica. En otras palabras, Pablo está diciendo que, dado que la muerte vino a la humanidad por un solo hombre en el Antiguo Testamento, no hay que sorprenderse de que la solución del problema llegara a través de la vida de un solo hombre bajo el nuevo pacto.

II. MELQUISEDEC

Melquisedec es una de las figuras más intrigantes y misteriosas de toda la Biblia. También es una prefigura del Mesías. Se nos presenta a Melquisedec en Génesis 14 cuando se encuentra con Abraham mientras aún se llamaba Abram:

> Melquisedec, rey de Salén (Jerusalén) y sacerdote del Dios altísimo, le ofreció pan y vino. Luego bendijo a Abram con estas palabras:
>
> "¡Que el Dios altísimo,
>   creador del cielo y de la tierra,
>   bendiga a Abram!
> ¡Bendito sea el Dios Altísimo,
>   que entregó en tus manos a tus enemigos!"
>
> Entonces Abram le dio el diezmo de todo. (Génesis 14:18-20)

Como ya se ha mencionado, Jesús combina en una sola persona profeta, sacerdote y rey. Melquisedec era sacerdote y rey. Melquisedec era el rey temporal de la ciudad física de Jerusalén, mientras que Jesús es el rey espiritual de la Jerusalén espiritual. Cuando se le preguntó sobre el tema, Jesús dijo a Poncio Pilato: *"Mi reino no es de este mundo"* (Juan 18:36).

Tan grandioso como fue Abraham, tenemos en este misterioso personaje Melquisedec uno mayor que Abraham. Citaremos los pasajes relevantes en Hebreos:

> Este Melquisedec, rey de Salén y sacerdote del Dios Altísimo, salió al encuentro de Abraham, que regresaba de derrotar a los reyes, y lo bendijo. Abraham, a su vez, le dio la décima parte de todo. El nombre Melquisedec significa, en primer lugar, "rey de justicia" y, además, "rey de Salén", esto es, "rey de paz". No tiene padre ni madre ni genealogía; no tiene comienzo ni fin, pero a semejanza del Hijo de Dios, permanece como sacerdote para siempre.
>
> Consideren la grandeza de ese hombre, a quien nada menos que el patriarca Abraham dio la décima parte del botín. Ahora bien, los descendientes de Leví que reciben el sacerdocio tienen, por ley, el mandato de cobrar los diezmos del pueblo, es decir, de sus hermanos, aunque estos también son descendientes de Abraham. En cambio, Melquisedec, que no era descendiente de Leví, recibió los diezmos de Abraham y bendijo al que tenía las promesas. Es indiscutible que la persona que bendice es superior a la que recibe la bendición. En el caso de los levitas, los diezmos los reciben hombres mortales; en el otro caso, los recibe Melquisedec, de quien se da testimonio de que vive. Hasta podría decirse que Leví, quien ahora recibe los diezmos, los pagó por medio de Abraham, ya que Leví estaba presente en su antepasado Abraham cuando Melquisedec le salió al encuentro. (Hebreos 7:1-10)

Melquisedec, en sentido figurado, era como Jesús. Jesús es el Príncipe de paz (Isaías 9:6); Melquisedec era rey de Salén, o Salem. Salem en hebreo es *shalom,* lo que significa paz. Melquisedec era, literalmente, el príncipe de paz. Melquisedec, como Jesús (y diferente de los sacerdotes descendientes de Leví), es un sacerdote para siempre. Al parecer, como Enoc (Génesis 5:23-24), Melquisedec no murió. Según el escritor de Hebreos, cuando Abraham se inclinó ante Melquisedec y le hizo un tributo del botín de guerra que había ganado, estaba haciendo un tributo, en sentido figurado, al Melquisedec espiritual, Jesucristo.

Hay muchos más paralelismos entre Jesús y Melquisedec. Los sacerdotes levitas eran sacerdotes por ser descendientes de Aarón. Por el contrario, Jesús, como Melquisedec, era un sacerdote por designación directa de Dios. El escritor de Hebreos señala que:

> ¿Si hubiera sido posible alcanzar la perfección mediante el sacerdocio levítico (pues bajo este se le dio la ley al pueblo), ¿qué necesidad había de que más adelante surgiera otro sacerdote, según el orden de (prefigurado por) Melquisedec y no según el de Aarón? Porque cuando cambia el sacerdocio, también tiene que cambiarse la ley. [...] Y lo que hemos dicho resulta aún más evidente si, a semejanza de Melquisedec, surge otro sacerdote que ha llegado a serlo no conforme a un requisito legal respecto a linaje humano, sino conforme al poder de una vida indestructible. Pues de él se da testimonio:
>
> "Tú eres sacerdote para siempre,
> según el orden de Melquisedec. [...]
>
> "El Señor ha jurado,
> y no cambiará de parecer:
> "Tú eres sacerdote para siempre".
>
> Por tanto, Jesús ha llegado a ser el que garantiza un pacto superior.
> (Hebreos 7:11-22)

El escritor de Hebreos cita Salmos 110:4, demostrando que no está inventando a conveniencia la conexión entre Melquisedec y el Mesías. David mencionó proféticamente la misma conexión más de mil años antes.

Dios nos estaba profetizando a través de Melquisedec que el Mesías, el sacerdote definitivo de Dios, no sería uno por descendencia natural; es decir, no sería de linaje aarónico. Como de costumbre, el presagio en el Antiguo Testamento es muy preciso en su representación de la realidad del Nuevo Testamento que prefigura. Con Melquisedec, Dios nos estaba diciendo, incluso antes de que se estableciera el sacerdocio de Aarón, que un sacerdocio mayor lo reemplazaría más tarde, en el orden de Melquisedec. Dios sabía y nos reveló, incluso antes de que el primer pacto fuera establecido, que tendría que ofrecer un segundo pacto. Esto es algo bastante profundo, pero eso es lo que Dios hizo por medio de Melquisedec.

Por cierto, ¿notaste en Génesis 14:18, citado más arriba, qué fue lo que Melquisedec llevó como ofrenda para bendecir a Abraham? Llevó pan y vino. Esto, también, es una prefigura de la ofrenda del sacrificio del cuerpo y la sangre de Jesús. El escritor de Génesis no tenía idea de qué tan precisa era la imagen del Mesías que estaba representando. El misterio se revela en Jesucristo.

De Melquisedec nos enteramos de que el Mesías sería sacerdote y rey; que iba a ser el rey de Jerusalén; que iba a traer un sacerdocio, no por descendencia natural, sino por elección divina; que ofrecería su cuerpo y sangre, y que traería un nuevo pacto. ¡Qué gran imagen de Jesús tenemos en Melquisedec!

III. JOSÉ

Como ya se ha señalado en el Capítulo Uno, podríamos mencionar tanto a Abraham como a su hijo Isaac como tipos del Mesías. En lugar de esto, vamos a saltar un poco de historia para llegar hasta José. José es una de las prefiguras mesiánicas más claras. Los paralelos entre los acontecimientos de las vidas de José y de Jesús no dejarán ninguna duda de que Dios tenía un plan para enseñarnos acerca de Jesús a través de su antepasado José.

José era el undécimo hijo de Jacob, hijo de Isaac. Dios había cambiado el nombre de Jacob a Israel. La nación judía, finalmente, fue nombrada Israel al proceder de su "padre" Israel. José era el hijo favorito de Jacob (Génesis 37:3). Así que Jacob fue el padre físico del Israel físico, y José era su hijo favorito. Del mismo modo, Dios es el Padre espiritual del Israel espiritual, y Jesús es su Hijo favorito y único. José cuidaba ovejas (Génesis 37:2), mientras que Jesús es el buen pastor (Juan 10:14). José fue traicionado y vendido para ser esclavo en Egipto por sus hermanos por veinte monedas de plata. Jesús fue traicionado y vendido por uno de sus apóstoles por treinta monedas de plata.

José fue llevado a Egipto por Dios para protegerlo de los celos de sus hermanos. *"Yo soy José, el hermano de ustedes, a quien vendieron a Egipto. Pero ahora, por favor, no se aflijan más ni se reprochen el haberme vendido, pues en realidad fue Dios quien me mandó delante de ustedes para salvar vidas"* (Génesis 45:4-5). Del mismo modo, Jesús fue llevado a Egipto para ser protegido de los celos de Herodes, quien trató de matarlo (Mateo 2:14-15).

Muchos otros detalles de la vida de Jesús se presagian en la vida de José. Dios profetizó a través de sus sueños que José reinaría sobre sus hermanos. *"¿De veras crees que vas a reinar sobre nosotros, y que nos vas a someter?"* (Génesis 37:8). Eso es exactamente lo que sucedió. Cuando Dios levantó a José, sus hermanos, efectivamente, se inclinaban ante él, llamándolo señor (Génesis 44:16). Del mismo modo, Jesús, aunque nacido en una familia humilde, fue levantado por Dios para convertirse en el Mesías y rey de los verdaderos hijos de Abraham.

> Y, al manifestarse como hombre,
>   humilló a sí mismo
> y se hizo obediente hasta la muerte,
>   ¡y muerte de cruz!
> Por eso Dios lo exaltó hasta lo sumo
>   y le otorgó el nombre
>   que está sobre todo nombre,
> para que ante el nombre de Jesús
>   se doble toda rodilla
> en el cielo y en la tierra
>   y debajo de la tierra,
> y toda lengua confiese que Jesucristo es el Señor,
>   para gloria de Dios Padre. (Filipenses 2:8-11)

Los hermanos de José concibieron un plan para matarlo por los celos que sentían (Génesis 37:17-20). De modo semejante, los hermanos israelitas de Jesús concibieron un plan para matarlo, y los celos era claramente uno de los motivos. Dios convirtió la trama de los hermanos de José para matarlo en una oportunidad para salvar a Israel y su familia y, por tanto, salvar a toda la nación de Israel. A pesar de que José había sido vendido como esclavo sin tener ninguna culpa, Dios milagrosamente lo elevó desde la cárcel para convertirse en el segundo al mando de todo Egipto. A partir de esta posición exaltada, José pudo salvar a su familia de una terrible hambruna que golpeó la tierra:

> Desde hace dos años la región está sufriendo de hambre, y todavía faltan cinco años más en que no habrá siembras ni cosechas. Por eso

> Dios me envió delante de ustedes: para salvarles la vida de manera
> extraordinaria y de ese modo asegurarles descendencia sobre la tierra.
> (Génesis 45:6-7)

Estas palabras proféticas ciertamente suenan a través del tiempo. Los paralelismos entre Jesús y José son sorprendentes. Jesús, también, fue tomado desde una posición de honor para vivir en una situación muy humilde con el propósito de salvar al Israel espiritual. Dios utilizó el intento exitoso de los líderes judíos de fomentar la ejecución de Jesús *"para salvarles la vida de manera extraordinaria y de ese modo asegurarles descendencia sobre la tierra".*

Nota aún más detalle aquí. José fue enviado a la esclavitud en Egipto, una prefigura de estar "en pecado" en el Nuevo Testamento, sin culpa ninguna, para que pudiera salvar a Israel. Del mismo modo, Pablo dijo de Jesús: *"Al que no cometió pecado alguno, por nosotros Dios lo trató como pecador, para que en él recibiéramos la justicia de Dios"* (2 Corintios 5:21).

Cuando José se reveló a sus hermanos, desde su perspectiva, estaban recibiéndolo de entre los muertos. Israel ya había llorado a su hijo muerto (Génesis 37:34). Esta es una prefigura de la resurrección de Jesucristo. A pesar de que sus hermanos habían concebido un complot para matarlo y lo habían vendido como esclavo, José reconoció que Dios había usado sus celos para salvar a Israel y, por tanto, perdonó a sus hermanos. *"Abrazó José a su hermano Benjamín, y comenzó a llorar. [...] Luego José, bañado en lágrimas, besó a todos sus hermanos"* (Génesis 45:14-15). Al igual que con José, así es con Jesús: *"Padre [...] perdónalos, porque no saben lo que hacen"* (Lucas 23:34).

Para resumir, José, así como Jesús, dejó su posición a la mano derecha de su Padre para asumir la posición más baja como esclavo, pero fue levantado por Dios a la mano derecha del rey. José era el salvador del Israel físico, mientras que Jesús es el salvador del Israel espiritual. El escritor (o los escritores) de Génesis no tenía idea de que estaba registrando una increíble prefigura de la vida de Jesús en la historia de José.

IV. MOISÉS

Otro sorprendente paralelo entre una figura del Antiguo Testamento y la vida de Jesucristo se encuentra en Moisés. De todos los patriarcas, los judíos tienen a Moisés en muy alta estima. Es difícil para este autor imaginar cómo los judíos modernos que leen la historia del ministerio de Moisés para Israel no logran comprender que toda su vida fue un presagio de Jesucristo. De hecho, Dios le dijo a Moisés que *"levantaré entre sus hermanos (Israel) un profeta como tú (un antitipo de ti); pondré mis palabras en su boca, y él les dirá todo lo que yo le mande. Si alguien no presta oído a las palabras que el profeta proclame en mi nombre, yo mismo le pediré cuentas"* (Deuteronomio 18:17-19). Dios le estaba diciendo al profeta Moisés que su vida era un presagio del gran Profeta que enviaría a Israel.

Para demostrar que Moisés es una prefigura de Jesucristo, volvamos al comienzo de su vida. *"El faraón, por su parte, dio esta orden a todo su pueblo: ¡Tiren al río a todos los niños hebreos que nazcan! A las niñas, déjenlas con vida"* (Éxodo 1:22). Es difícil pasar por alto el paralelo que aquí se encuentra con el nacimiento de Jesús. Cuando Herodes averiguó de los magos que un rey nació en Belén, *"mandó matar a todos los niños menores de dos años en Belén y en sus alrededores, de acuerdo con el tiempo que había averiguado de los sabios"* (Mateo 2:16). Es sorprendente notar que, en el caso tanto de Herodes como del faraón, Dios utilizó incluso los que eran enemigos suyos de corazón duro para cumplir su plan para bendecir al mundo. En ambos casos, los celos de un rey por su propio poder casi causaron la muerte del salvador de Israel cuando era un bebé.

Tal vez se podría argumentar que el paralelo entre los nacimientos del salvador del Israel físico (Moisés) y el salvador del Israel espiritual (Jesús) es solo una coincidencia, ¡pero esto sería una coincidencia increíble! Al examinar los otros paralelos entre estos dos hombres, una coincidencia ya no será una explicación razonable. En el caso tanto del infante Moisés como del niño Jesús, Dios los protegió de los que buscaban matarlos.

Es muy interesante ver cómo Dios salvó a Jesús de sus perseguidores:

> Cuando ya se habían ido, un ángel del Señor se le apareció en sueños a José y le dijo: "Levántate, toma al niño y a su madre, y huye a Egipto. Quédate allí hasta que yo te avise, porque Herodes va a buscar al niño para matarlo".

> Así que se levantó cuando todavía era de noche, tomó al niño y a su madre, y partió para Egipto, donde permaneció hasta la muerte de Herodes. De este modo se cumplió lo que el Señor había dicho por medio del profeta: "De Egipto llamé a mi hijo". (Mateo 2:13-15)

En este caso, Mateo está citando al profeta Oseas (Oseas 11:1). Esta interesante profecía de Oseas mira hacia atrás a lo que Dios había hecho para salvar a Israel de la esclavitud, y mira hacia el futuro y lo que Dios haría para salvar a Israel de la esclavitud espiritual del pecado. Dios llamó a su Hijo de Egipto, tanto cuando Moisés condujo a Israel[13] a través del Mar Rojo como cuando Jesús salió de Egipto después de la muerte de Herodes. Una vez más, vemos que Dios hizo a Moisés una prefigura del Mesías.

El autor de Hebreos, sin duda, vio un paralelismo entre Jesús y Moisés. Así como Moisés era el más fiel en toda la casa de Dios en la tierra (Israel), Jesús fue fiel a quién lo nombró cabeza de la casa espiritual de Dios (Hebreos 3:2). Al igual que con otras relaciones de tipo/antitipo, el antitipo es mayor que el tipo: *"Jesús ha sido estimado digno de mayor honor que Moisés, así como el constructor de una casa recibe mayor honor que la casa misma"* (Hebreos 3:3). El escritor de Hebreos dice específicamente que la fe de Moisés como siervo de Dios era una profecía del futuro ministerio de Jesús, *"para dar testimonio de lo que Dios diría en el futuro"* (Hebreos 3:5).

Los paralelismos entre Moisés y Jesús son numerosos. Como ya hemos visto, ambos eran profetas. Ambos fueron levantados por Dios de la pobreza a dirigir una nación: uno, una nación física y el otro, un reino espiritual. Por el diseño milagroso de Dios, cuando la madre de Moisés lo escondió en las cañas junto al Nilo para salvarlo de la muerte de manos de los agentes del faraón, Moisés fue encontrado por la hija del faraón y criado por su familia. Moisés se crio como hijo adoptivo del gobernante más poderoso en el mundo en ese momento. ¿Qué hizo Moisés con su exaltada posición? La abandonó con el fin de identificarse a sí mismo con su pueblo humilde y esclavizado.

Al igual que con el tipo, así es con el antitipo:

> La actitud de ustedes debe ser como la de Cristo Jesús, quien, siendo por naturaleza Dios, no consideró el ser igual a Dios como algo

a qué aferrarse.

Por el contrario, se rebajó voluntariamente, tomando la naturaleza de siervo y haciéndose semejante a los seres humanos.

Y, al manifestarse como hombre, se humilló a sí mismo y se hizo obediente hasta la muerte, ¡y muerte de cruz! (Filipenses 2:5-8)

Tanto Moisés como Jesús voluntariamente renunciaron a una exaltada posición, uno como Hijo del Rey de los cielos, y el otro como hijo del rey más poderoso en la tierra, para servir entre un pueblo esclavizado con el fin de salvarlos de su esclavitud. Moisés vino a salvar de la esclavitud física, pero Jesús vino a salvar de la esclavitud espiritual. Seguimos viendo este patrón repetidas veces en el Antiguo Testamento. Dios usa un ejemplo físico en el Antiguo Testamento para prefigurar una realidad espiritual en el Nuevo Testamento.

Dios Padre preparó a Jesús para su ministerio en Israel al enviarlo al desierto por cuarenta días. Durante este tiempo, él se puso a prueba tanto física como espiritualmente (Lucas 4:1-12). A medida que Dios preparó a Moisés para su ministerio en Israel, fue enviado al desierto por cuarenta años de pruebas (Hechos 7:30). Es cierto que Moisés necesitaba mucho más tiempo en el desierto para ser refinado para su ministerio, pero observa el número cuarenta en ambos casos.

Debido a que Moisés era inseguro y torpe de boca, Dios designó a Aarón para preparar el camino. *"¿Qué hay de tu hermano Aarón, el levita? […] Tú hablarás con él y le pondrás las palabras en la boca"* (Éxodo 4:14-15). Dios hizo que Aarón fuera el profeta (portavoz) de Moisés: *"Tu hermano Aarón será tu profeta"* (Éxodo 7:1). Jesús tenía su primo, Juan el Bautista, como portavoz y profeta para preparar el camino: *"Vino un hombre llamado Juan. Dios lo envió como testigo para dar testimonio de la luz"* (Juan 1:6-7). O como Isaías profetizó acerca de Juan el Bautista,

> Una voz proclama:
> "Preparen en el desierto
>   un camino para el SEÑOR;
> enderecen en la estepa
>   un sendero para nuestro Dios". (Isaías 40:3)

Moisés tuvo su Aarón y Jesús tuvo su Juan el Bautista. Moisés demostró su comisión de Dios mediante la realización de milagros delante de los judíos (Éxodo 4:29-31). Jesús demostró su derecho a hablar en nombre de Dios mediante la realización de milagros (Juan 10:37-38; Hechos 2:22).

Israel fue bautizado en Moisés cuando pasó por el Mar Rojo, dejando la esclavitud en Egipto (1 Corintios 10:2). Los seguidores de Jesús son bautizados en Cristo para ser liberados de su esclavitud al pecado (Hechos 2:38; Romanos 6:3-7). Moisés les dio pan (maná) en el desierto como alimento físico (aunque, como señaló Jesús en Juan 6:32, realmente era el Padre, no Moisés, quien dio el maná). Jesús cumplió la profecía contenida en este presagio al producir pan físico y espiritual. Jesús produjo milagrosamente pan suficiente para alimentar a cinco mil hombres, además de los que estaban con ellos (Juan 6:1-13). Al producir pan físico, Jesús demostró su autoridad para hacer la declaración de ser el pan de vida, el alimento espiritual para el pueblo de Dios: *"Yo soy el pan de vida. […] El que a mí viene nunca pasará hambre"* (Juan 6:35).

La nación de Israel que Moisés condujo por el desierto contó con unos dos millones de almas. El pueblo de Dios necesitaba tanto pan como agua en el desierto.

> Así que altercaron con Moisés.
> "Danos agua para beber", le exigieron. [...]
> Clamó entonces Moisés al SEÑOR, y le dijo:
> "¿Qué voy a hacer con este pueblo? ¡Solo falta que me maten a pedradas!
> "Adelántate al pueblo", le aconsejó el SEÑOR "y llévate contigo a algunos ancianos de Israel, pero lleva también la vara con que golpeaste el Nilo. Ponte en marcha, que yo estaré esperándote junto a la roca que está en Horeb. Aséstale un golpe a la roca, y de ella brotará agua para que beba el pueblo". (Éxodo 17:2, 4-6)

Dios usó a Moisés para dar agua al pueblo de Dios. Jesús vivía en una zona que tenía mucha agua, por lo que no produjo milagrosamente agua física, pero en respuesta a la mujer junto al pozo, quien estaba sedienta espiritualmente, dijo:

"Todo el que beba de esta agua volverá a tener sed [...] pero el que beba del agua que yo le daré no volverá a tener sed jamás, sino que dentro de él esa agua se convertirá en un manantial del que brotará vida eterna". (Juan 4:13-14)

Naturalmente, la mujer le pidió a Jesús que le diera esta agua. En Juan 7:37-39 se nos enseña que el don del Espíritu es el agua que Jesús dará a todos los que creen en él. Continuando con el patrón Antiguo Testamento-Nuevo Testamento, el tipo mesiánico dio a Israel agua física, mientras que el Cristo da a sus seguidores agua espiritual para beber.

Los paralelismos entre Moisés y Jesús

MOISÉS	JESÚS
Faraón trató de matarlo	Herodes trató de matarlo
Llamado por Dios para salir de Egipto	Llevado de Egipto
Cuarenta años en el desierto para preparar su ministerio	Cuarenta días en el desierto para preparar su ministerio
Dejó su posición con el rey de Egipto para habitar con los israelitas	Salió de la mano derecha del Padre para vivir con los judíos
Sacó a Israel de la esclavitud en Egipto	Sacó a Israel espiritual del pecado
Aarón le preparó el camino	Juan el Bautista le preparó el camino
Bautizó a Israel en el Mar Rojo con el fin de liberarlo	Manda el bautismo en agua para la liberación del pecado
Dio el maná en el desierto (en cierta forma)	Da pan espiritual a todos los que tienen hambre
Dio agua al pueblo en el desierto	Da agua espiritual (el Espíritu Santo)
Habló con Dios en el Monte Sinaí	Habló con Dios en el Monte Hermón
Ofreció su lugar con Dios para expiar el pecado del pueblo	Ofreció su lugar con Dios para expiar el pecado del pueblo

Moisés y Jesús fueron los dos alpinistas. Moisés viajó al Monte Sinaí, donde Dios le habló directamente. En una ocasión, Moisés llevó a Aarón con él cuando habló con Dios (Éxodo 19). En otra ocasión, habló con Dios cara a cara en la montaña. Cuando regresó, su cara irradiaba una luz brillante (Éxodo 34:29-35). Su rostro resplandecía tanto que pusieron un velo sobre él para que la gente pudiera mirarlo. De modo semejante, Jesús viajó con Pedro, Santiago y Juan *"a una montaña alta. Allí [Jesús] se transfiguró en presencia de ellos; su rostro resplandeció como el sol, y su ropa se volvió blanca como la luz. En esto, aparecieron Moisés y Elías conversando con Jesús"* (Mateo 17:1-3). La montaña que subieron para hablar con Dios era probablemente el Monte Hermón, en los Altos del Golán. Moisés llegó a ver el cumplimiento de la profecía que Dios había obrado a través de él durante catorce siglos antes.

Considera un paralelo más entre Moisés y el segundo Moisés, Jesucristo. Mientras Moisés estaba en el Sinaí, recibiendo la Ley de Dios, la gente se dedicaba a la juerga y a adorar un becerro de oro que habían construido con sus propias manos. Moisés regresó de estar en comunión con Dios para hacer frente a un pueblo infiel que se estaba entregando al más grave de los pecados. Estaba tan molesto que rompió las dos tablas en las que Dios había escrito milagrosamente los Diez Mandamientos. Aarón trató de echar culpas, pero Moisés hizo lo contrario.

> Volvió entonces Moisés para hablar con el SEÑOR, y le dijo:
> "¡Qué pecado tan grande ha cometido este pueblo al hacerse dioses de oro! Sin embargo, yo te ruego que les perdones su pecado. Pero, si no vas a perdonarlos, ¡bórrame del libro que has escrito!" (Éxodo 32:31-32)

Moisés no había pecado en esta situación; sin embargo, ofreció renunciar a su lugar con Dios en el cielo para hacer expiación por el pecado del pueblo. ¡Qué corazón de sacrificio para un pueblo que definitivamente no se lo merecía! ¿Te recuerda a alguien?

Moisés es un presagio obvio del Mesías, Jesucristo. Los que escribieron los detalles de su vida no tenían idea de la profecía que estaban registrando. En Moisés, Dios nos dijo que su salvador sacaría a la gente del pecado, traería bautismo para el perdón del pecado, proporcionaría comida y bebida espiritual, ofrecería su vida para salvar al pueblo de Dios, y muchas otras cosas.

V. JOSUÉ

A causa del pecado de rebelión de Moisés en el desierto,[14] él no pudo entrar con el pueblo de Dios a la tierra prometida. No pudo completar el presagio mesiánico que Dios había previsto. Sin embargo, Dios eligió proporcionar un tipo del Cristo para traer a su pueblo a la tierra prometida. Escogió al segundo al mando de Moisés, Josué.

Desde su nombre, ya tenemos un indicio de que Josué es un presagio de Jesús. ¡Los dos salvadores de Israel tenían el mismo nombre! *Yeshua* es el nombre arameo por el cual Jesús fue llamado por sus contemporáneos. *Jesous* es el equivalente griego en el Nuevo Testamento. El nombre arameo *Yeshua* es una transliteración del nombre hebreo *Yehoshúa*. Este nombre significa "Jehová salva". ¿Podría existir un nombre más apropiado para un presagio del Salvador del mundo?

Hay algunas similitudes entre Moisés y Josué como prefiguras del Mesías. Al igual que Moisés condujo al pueblo de Dios por el desierto una vez que los ha sacado de la esclavitud en Egipto, Josué condujo a Israel en la tierra prometida. Jesucristo nos conduce al cielo. Hebreos 4:8-11 describe el trabajo en paralelo de Josué y Jesús:

> Si Josué[15] les hubiera dado el reposo, Dios no habría hablado posteriormente de otro día. Por consiguiente, queda todavía un reposo especial para el pueblo de Dios; porque el que entra en el reposo de Dios descansa también de sus obras, así como Dios descansó de las suyas. Esforcémonos, pues, por entrar en ese reposo, para que nadie caiga al seguir aquel ejemplo de desobediencia.

El punto del escritor de Hebreos es que, al igual que Josué no podía permitir que Israel reposara hasta que conquistaran a la tierra prometida, nosotros que estamos en Cristo no podemos descansar de nuestro trabajo para Dios hasta que estemos seguros en la tierra prometida espiritual del cielo.

Al igual que Moisés bautizó a Israel en el Mar Rojo con el fin de sacarlos de la esclavitud en Egipto, Josué bautizó a Israel en el río Jordán con el fin de entrar en la tierra prometida. Del mismo modo, aquellos que siguen a Jesús son bautizados en él para ser liberados del pecado.

Con el fin de identificarse a sí mismos como pueblo de Dios, Josué hizo que todos los varones de Israel fueran circuncidados inmediatamente después de cruzar el Jordán antes de que se les permitiera conquistar la tierra. No podían entrar en su descanso sin ser circuncidados. Del mismo modo, Jesús ordenó la circuncisión espiritual, que es el bautismo,

> que consiste en despojarse del cuerpo pecaminoso. Esta circuncisión la efectuó Cristo. Ustedes la recibieron al ser sepultados con él en el bautismo. En él también fueron resucitados mediante la fe en el poder de Dios, quien lo resucitó de entre los muertos. (Colosenses 2:11-12)

En el bautismo, una persona entra en una nueva vida: *"Mediante el bautismo fuimos sepultados con él en su muerte, a fin de que, así como Cristo resucitó por el poder del Padre, también nosotros llevemos una vida nueva"* (Romanos 6:4). Después de que Israel fue circuncidado bajo las órdenes de Josué, ellos también entraron en una nueva vida con Dios en Canaán.

Como una prefigura de Jesús de Nazaret, Josué nos recuerda que el Mesías ha de ser un salvador del pueblo de Dios y que va a ofrecernos un descanso de nuestra estancia en el desierto.

VI. LOS JUECES

Un tema discernible a través del Antiguo y el Nuevo Testamento es el plan de Dios para salvar a su pueblo. Parece que el pueblo de Dios siempre se mete en problemas y que necesita un "salvador". Esto fue especialmente cierto durante el período en la historia de Israel conocido como "el tiempo de los jueces". Ya se ha indicado que la relación entre la nación de Israel y Dios durante el tiempo que estuvieron en la tierra prometida es un tipo de nuestra relación individual con Dios. Si esto es así, entonces el tiempo de los jueces representa un aspecto, en gran parte negativo, de nuestro comportamiento para con Dios. Durante el período de los jueces, Israel fue consistentemente infiel. Dios había hecho milagros sorprendentes para Israel bajo el liderazgo de las prefiguras mesiánicas de Moisés y Josué. A pesar de esto, poco después de la muerte de Josué, el pueblo de Israel dejó de dar crédito a Dios por sus tremendas bendiciones.

> También murió toda aquella generación, y surgió otra que no conocía al SEÑOR ni sabía lo que él había hecho por Israel. Esos israelitas hicieron lo que ofende al SEÑOR y adoraron a los ídolos de Baal. Abandonaron al SEÑOR, Dios de sus padres, que los había sacado de Egipto, y siguieron a otros dioses —dioses de los pueblos que los rodeaban—, y los adoraron, provocando así la ira del SEÑOR. (Jueces 2:10-12)

Existe una clara advertencia para nosotros aquí. Recuerda de nuevo las palabras de 1 Corintios 10:11-12: *"Todo eso les sucedió para servir de ejemplo, y quedó escrito para advertencia nuestra, pues a nosotros nos ha llegado el fin de los tiempos. Por lo tanto, si alguien piensa que está firme, tenga cuidado de no caer"*. Desde los acontecimientos históricos del período de los jueces, podemos aprender que, si alguien olvida que es salvado por la gracia de Dios, perderá su agradecimiento, se olvidará de la fuente de sus bendiciones, y será finalmente superado por el pecado, tal vez terminando peor que antes. El patrón de los jueces es que, cuando Israel se olvidó de dar gracias a Dios, pronto volvieron a los ídolos, y Dios les permitió ser esclavizados una vez más por los pueblos que los rodeaban.

> Entonces el SEÑOR se enfureció contra los israelitas y los entregó en manos de invasores que los saquearon. Los vendió a sus enemigos que tenían a su alrededor, a los que ya no pudieron hacerles frente. Cada vez que los israelitas salían a combatir, la mano del SEÑOR estaba en contra de ellos para su mal, tal como el SEÑOR se lo había dicho y jurado.[16] Así llegaron a verse muy angustiados. (Jueces 2:14-15)

La situación para Israel rápidamente se convirtió en desesperada. El tipo es Israel, el antitipo somos nosotros. Cuando alguien que ha hecho un compromiso con Dios le da la espalda, él permitirá que esa persona sea esclavizada de nuevo al pecado. Israel se convirtió en esclavo de sus enemigos una y otra vez. También podemos, nuevamente, llegar a ser esclavos del mismo pecado del que nos arrepentimos cuando iniciamos nuestra relación con Dios.

Pero ese no es el punto principal de este capítulo. El punto es que, cada vez que el pueblo de Dios se metió en problemas y cada vez que, en su miseria, se pusieron a gritar a su Padre, Dios siempre envió un salvador: una prefigura del Mesías a salvarlos de su esclavitud al pecado.

> Entonces el SEÑOR hizo surgir caudillos que los libraron del poder de esos invasores [...] Cada vez que el SEÑOR levantaba entre ellos un caudillo (una prefigura del Mesías), estaba con él. Mientras ese caudillo vivía, los libraba del poder de sus enemigos, porque el SEÑOR se compadecía de ellos al oírlos gemir por causa de quienes los oprimían y afligían. (Jueces 2:16-18)

Dios se duele profundamente cuando nos ve esclavizados al pecado, al igual que lo fue Israel. Su respuesta es enviar un salvador. El simbolismo de los jueces de Israel es bastante fácil de ver.

Considera a Gedeón. *"Los israelitas hicieron lo que ofende al Señor, y él los entregó en manos de los madianitas durante siete años"* (Jueces 6:1). Dios envió a Gedeón para salvar a su pueblo.

"¡El Señor está contigo, guerrero valiente! [...] Ve con la fuerza que tienes, y salvarás a Israel del poder de Madián. Yo soy quien te envía" (Jueces 6:12, 14). Luego está Jefté, quien salvó a Israel de la esclavitud de los amonitas (Jueces 11). Y sí, Débora, también, es un tipo del Mesías. Ningún líder masculino se pudo encontrar para salvar a Israel de mano de Jabín, un rey cananeo. Dios quiso salvar a su pueblo, por lo que escogió a Débora como un tipo de Cristo.

Sansón es el más conocido de los tipos mesiánicos en los jueces. Varios paralelismos entre Sansón y Jesús pueden ser observados. Lo más famoso es que Sansón salvó a Israel del enemigo filisteo que los había esclavizado. En su acto final, Sansón dio su vida para salvar a Israel de sus enemigos filisteos.

> Gritó: "¡Muera yo junto con los filisteos!" Luego empujó con toda su fuerza, y el templo se vino abajo sobre los jefes y sobre toda la gente que estaba allí. Fueron muchos más los que Sansón mató al morir que los que había matado mientras vivía. (Jueces 16:30)

Por supuesto, Sansón no estaba al tanto del simbolismo mesiánico cuando se ofreció voluntariamente su vida para salvar a su pueblo de la esclavitud humillante bajo los filisteos.

VII. SAMUEL

Los paralelismos entre Samuel y Jesús se pueden encontrar desde el momento de su nacimiento. Ana había sido estéril durante muchos años. Ella clamó a Dios en el templo, prometiendo dedicar su hijo a Dios. *"Señor Todopoderoso, si te dignas a mirar la desdicha de esta sierva tuya, y si en vez de olvidarme te acuerdas de mí y me concedes un hijo varón, yo te lo entregaré para toda su vida, y nunca se le cortará el cabello"* (1 Samuel 1:11). Dios le concedió su deseo y, a pesar de ser estéril durante años, milagrosamente dio a luz a un niño. Tanto Sansón como Jesús nacieron de sus madres por la obra milagrosa de Dios. María no era estéril, pero el nacimiento de su hijo fue milagroso. Ella dedicó su hijo a Dios desde su nacimiento. Como Sansón (y simbólicamente, como Jesús) Samuel era un nazareo, consagrado a Dios desde su nacimiento.

Como se dijo anteriormente, en Jesús, Dios combinó los papeles bíblicos de sacerdote, profeta y rey. Samuel era un profeta: *"Y todo Israel, desde Dan hasta Beerseba, se dio cuenta de que el Señor había confirmado a Samuel como su profeta"* (1 Samuel 3:20). Era también un sacerdote: *"Samuel, que todavía era joven, servía al Señor bajo el cuidado de Elí"* (1 Samuel 3:1). Samuel también sirvió como un juez y gobernador, el equivalente más cercano a un rey que tenía Israel en ese momento: *"Fue en Mizpa donde Samuel comenzó a gobernar a los israelitas"* (1 Samuel 7:6). Como profeta, Samuel, igual que Jesús, pronunció las palabras de Dios a Israel. Como sacerdote ungido, Samuel, igual que Jesús, intercedió por el pueblo de Dios, solo que lo hizo en un tabernáculo terrenal, no en el celestial en el que Jesús sirve. Como juez, Samuel llevó a Israel y los rescató de las naciones que los esclavizaron.

VIII. DAVID

Si fuera posible volver atrás en el tiempo al siglo antes del nacimiento de Jesús y pedir ya sea a un judío común o a uno de sus maestros que señale a quién usó Dios como un presagio del Mesías en la Biblia, la mayoría, si no todos, habrían respondido que el rey David sería el modelo de Dios para el Ungido. Para el judío, David representó la personificación del Mesías como Rey ungido de Israel. La palabra hebrea para "ungido" es *mašíah,* de la cual obtenemos la palabra griega mesías, o ungido. Cuando los judíos vieron a Jesús obrando estupendos milagros, preguntaron lo que sería natural preguntarse como judío: *"¿No será este el Hijo de David?"* (Mateo 12:23). Es decir, estaban cuestionando si Jesús podía ser el Mesías, el Hijo prometido de David.

Con el fin de verificar la afirmación de que los judíos considerarían a David como el modelo o tipo del Mesías, considera Ezequiel 37:24-25:

> "Mi siervo David será su rey, y todos tendrán un solo pastor. Caminarán según mis leyes, y cumplirán mis preceptos y los pondrán en práctica. Habitarán en la tierra que le di a mi siervo Jacob, donde vivieron sus antepasados. Ellos, sus hijos y sus nietos vivirán allí para siempre, y mi siervo David será su príncipe eterno".

El profeta Ezequiel no estaba hablando del rey David, que había gobernado más de cuatrocientos años antes de que él escribiera esta profecía. Estaba hablando del Hijo de David: Jesucristo, quien será príncipe sobre el Israel espiritual para siempre en un reino celestial.

Ezequiel describe el antitipo de David, el Mesías, como el pastor. Por supuesto, David era un pastor. Él estaba dispuesto a dar su vida por sus ovejas. *"Cuando un león o un oso viene y se lleva una oveja del rebaño, yo lo persigo y lo golpeo hasta que suelta la presa"* (1 Samuel 17:34-35). Jesús dijo: *"Yo soy el buen pastor. El buen pastor da su vida por las ovejas"* (Juan 10:11). Tanto David como Jesús dieron su vida por sus ovejas.

David nació en Belén. Jesús nació en Belén también. Este paralelismo entre Jesús y David no debería ser una gran sorpresa, ya que el Mesías es llamado el Hijo de David en el Antiguo Testamento. Los descendientes de David tendían a nacer en el hogar ancestral de Isaí, que era Belén (aunque Dios tuvo que hacer arreglos para que Augusto llamara a un censo con el fin de asegurarse de que Jesús naciera en Belén). David era hijo de Isaí. Jesús, el Mesías, es llamado la raíz de Isaí (Isaías 11:10). Él era un descendiente directo de David.

Al igual que Jesús, David fue apartado y ungido por Dios desde una edad muy joven: *"El Señor ya está buscando un hombre más de su agrado y lo ha designado gobernante de su pueblo"* (1 Samuel 13:14). En su juventud, David fue ungido como rey de Israel por Samuel. Era, literalmente, el ungido, o el mesías, de Israel. "Samuel tomó el cuerno de aceite y ungió al joven en presencia de sus hermanos. Entonces el Espíritu del Señor vino con poder sobre David, y desde ese día estuvo con él" (1 Samuel 16:13). El Espíritu descendió sobre David cuando fue ungido. Del mismo modo, el Espíritu descendió sobre Jesús cuando fue bautizado en el Jordán por Juan el Bautista. *"Juan declaró: 'Vi al Espíritu descender del cielo como una paloma y permanecer sobre él'"* (Juan 1:32).

Por supuesto, cualquier prefigura mesiánica habría salvado a Israel. David hizo esto más de una vez. El más conocido es cuando, como un simple joven, mató a Goliat y liberó a Israel de los ejércitos de los filisteos.

> "Hoy mismo el SEÑOR te entregará en mis manos; y yo te mataré y te cortaré la cabeza. Hoy mismo echaré los cadáveres del ejército filisteo a las aves del cielo y a las fieras del campo, y todo el mundo sabrá que hay un Dios en Israel. Todos los que están aquí reconocerán que el SEÑOR salva sin necesidad de espada ni de lanza. La batalla es del SEÑOR, y él los entregará a ustedes en nuestras manos". (1 Samuel 17:46-47)

Una vez más, Dios envía a su mesías, su salvador, a Israel. Aquí vemos repetirse el patrón de que Dios usa una prefigura del Mesías en el Antiguo Testamento para salvar a Israel de sus enemigos. El patrón prepara al lector del Nuevo Testamento para entender que el Mesías va a salvar a la gente de Dios de sus enemigos espirituales: las fuerzas del mal y las consecuencias del pecado.

Esta no fue la única vez que David "salvó" a Israel. Otra se registra en 2 Samuel 24. Debido al orgullo propio y falta de fe de David, este había llamado a un censo de Israel. Este pecado personal de David por no confiar en Dios hizo caer sobre Jerusalén un ángel vengador, y una plaga estalló en Jerusalén. Cuando el ángel estaba a punto de destruir Jerusalén, David intervino, ofreciendo un sacrificio en la parcela de Arauna. Este sacrificio fue ofrecido en el sitio donde el templo fue eventualmente construido. Era la misma montaña en la que Abraham ofreció a Isaac como sacrificio. Cuando se le ofreció un reembolso por su sacrificio, David respondió: *"No voy a ofrecer al Señor mi Dios holocaustos que nada me cuesten"* (2 Samuel 24:24). David ofreció un sacrificio que salvó a Israel de la destrucción, y lo mismo hizo su antitipo.

David era el rey del Israel físico; Jesús es el rey del Israel espiritual. David conquistó y entró en Jerusalén como un rey. Jesús entró en Jerusalén como un rey, montado en un asno. David salió de Jerusalén y conquistó todos los enemigos de Israel. El reino terrenal de Jesús comenzó en Jerusalén. Como Jesús dijo a sus apóstoles: *"En su nombre se predicarán el arrepentimiento y el perdón de pecados a todas las naciones, comenzando por Jerusalén"* (Lucas 24:47) y *"Serán mis testigos tanto en Jerusalén como en toda Judea y Samaria, y hasta los confines de la tierra"* (Hechos 1:8).

David estaba claramente bendecido por Dios. Por desgracia,

no todos apreciaron este hecho. Por celos, Saúl persiguió a David y trató de matarlo. Muchas de las descripciones de su persecución suenan tan parecidas a lo que vivió Jesús que es difícil decidir, a veces, si David estaba escribiendo sobre sí mismo o si estaba profetizando los futuros sufrimientos de su antitipo, Jesucristo. En realidad, hay un doble significado en muchas de estas descripciones de las tribulaciones experimentadas por David.

> ¿Por qué se sublevan las naciones,
>> y en vano conspiran los pueblos?
> Los reyes de la tierra se rebelan;
>> los gobernantes se confabulan contra el SEÑOR
>> y contra su ungido. (Salmo 2:1-2)

¿Está el salmista hablando de las persecuciones de David o del sufrimiento de su antitipo, Jesús, Hijo de David?

Salmo 22 comienza con David describiendo sus sufrimientos y persecuciones, presumiblemente a manos de Saúl, pero su descripción se transforma en una descripción de los sufrimientos de Jesús.

> Dios mío, Dios mío,
>> ¿por qué me has abandonado?
> Lejos estás para salvarme,
>> lejos de mis palabras de lamento.
> Dios mío, clamo de día y no me respondes;
>> clamo de noche y no hallo reposo. [...]
> Cuantos me ven, se ríen de mí;
>> lanzan insultos, meneando la cabeza:
> "Este confía en el SEÑOR,
>> ¡pues que el SEÑOR lo ponga a salvo!
> Ya que en él se deleita,
>> ¡que sea él quien lo libre!" [...]
> Como perros de presa, me han rodeado;
>> me ha cercado una banda de malvados;
>> me han traspasado las manos y los pies. (Salmo 22:1-2, 7-8, 16)

Podemos ver la similitud entre David y el Mesías en su sufrimiento y persecución. El rey Saúl intentó matar al rey David. El rey Herodes trató de matar al Rey Jesús.

Aprendemos algo acerca del Mesías de cada uno de los que lo prefiguraron. De David aprendemos que el Mesías es un poderoso rey, gobernando desde la Jerusalén espiritual. *"Vi además la ciudad santa, la nueva Jerusalén, que bajaba del cielo, procedente de Dios"* (Apocalipsis 21:2). Tener un David reinante como rey en la antigua Jerusalén trajo gran alegría y bendición para Israel. La morada con Jesús en la nueva Jerusalén será una bendición aún mayor.

IX. SALOMÓN, DANIEL, CIRO, ESDRAS, EL SACERDOTE JOSUÉ …

La lista de los que Dios usó como prefiguras de Cristo es extensa. Salomón era el hijo de David, igual como el Cristo es Hijo de David. Cuando uno lee la profecía dada por Dios a David acerca de su hijo, es difícil saber si está hablando de Salomón o Jesucristo:

"Pondré en el trono a uno de tus propios descendientes, y afirmaré su reino. Será él quien construya una casa en mi honor, y yo afirmaré su trono real para siempre. Yo seré su padre, y él será mi hijo. [...] Tu casa y tu reino durarán para siempre delante de mí; tu trono quedará establecido para siempre". (2 Samuel 7:12-14, 16)

Dios estableció al hijo de David, Salomón, sobre su reino. Dios también estableció un reino que perdurará para siempre en su Hijo Jesucristo.

Salomón construyó el templo en el que Dios habitó entre la humanidad: *"Yo te he construido un excelso templo, un lugar donde habites para siempre. [...] Pero ¿será posible que tú, Dios mío, habites en la tierra con la humanidad? Si los cielos, por altos que sean, no pueden contenerte, ¡mucho menos este templo que he construido!"* (2 Crónicas 6:2, 18). Cuando Jesús estuvo en la tierra, Dios vivió entre su pueblo. Salomón construyó el templo para que Dios pudiera habitar en medio de su pueblo.

Incluso más que David, Salomón derrotó todos los enemigos de Israel. Su reino se extendía desde la frontera de Egipto hasta el río Éufrates, que abarca la totalidad de la tierra prometida. Salomón salvó al pueblo de Dios de sus enemigos, llevando la paz a Israel por primera vez en su historia. Jesús salva a su pueblo, y él es el Príncipe de paz (Isaías 9:6).

Hay muchos paralelismos entre el reino bajo Salomón y el reino mesiánico. Por ejemplo, cuando la reina de Sabá llegó a ofrecer regalos o tributo al rey Salomón (2 Crónicas 9:1-12), uno se acuerda de los magos del oriente que llevaron regalos al Rey Jesús. El honor que la reina de Sabá dio a Salomón es un símbolo de los gentiles que vienen a honrar a Dios en la Jerusalén espiritual, que es el reino de Dios.

Dios también utilizó a Daniel como una prefigura del Mesías. Daniel fue tomado de Israel como un niño, como lo fue Jesús. Jesús fue llevado a Egipto, mientras que Daniel fue llevado a Babilonia. Daniel era un hombre justo que oró por Israel (Daniel 9:1-3). Pudo anunciar la salvación para el pueblo de Dios y su liberación del cautiverio. Daniel era un profeta, como lo fue Jesús. Algo interesante sobre el ministerio de Daniel es que sirvió como profeta para las naciones, bajo Nabucodonosor y Ciro. El ministerio de Daniel era un indicio de que el ministerio del Mesías también comenzaría con Israel, pero se extendería a los gentiles. Daniel comenzó su vida en una familia poderosa, pero más tarde se convirtió en un cautivo y un esclavo en Babilonia; sin embargo, fue preparado para que le ofrecieran el segundo puesto en el reino de Babilonia. Del mismo modo, Jesús salió de una posición de poder para nacer como un campesino humilde en un granero, pero se elevó para estar a la diestra de Dios.

Tal vez lo más sorprendente de todo es que ¡Dios utiliza incluso un rey gentil como una prefigura de Cristo! Cuando Judá fue llevada cautiva, Dios profetizó a través de Jeremías que el cautiverio duraría setenta años:

"Todo este país (Judá) quedará reducido a horror y desolación, y estas naciones servirán al rey de Babilonia durante setenta años".

"Pero, cuando se hayan cumplido los setenta años, yo castigaré por su iniquidad al rey de Babilonia y a aquella nación, país de los caldeos, y los convertiré en desolación perpetua", afirma el SEÑOR. (Jeremías 25:11-12)

A estas alturas, no resulta sorprendente que Dios haya enviado una prefigura del Mesías para salvar a Israel de su cautiverio en Babilonia. Lo que sí es sorprendente es que él utilizó a Ciro, rey del imperio Medo-Persa. Ciro conquistó Babilonia en el año 538 a. C., cumpliendo la profecía de Jeremías de que Dios castigaría a Babilonia.

Después de la conquista de esta gran ciudad, Ciro instituyó una política que no tuvo precedentes. Permitió a los pueblos cautivos a regresar a su tierra natal para restablecer la residencia y comenzar a adorar a sus dioses. En concreto, decretó que Israel podría regresar a Jerusalén y reconstruir el templo. En un sentido muy real, Israel fue salvado por Ciro, ya que, gracias a él, fueron capaces de restituir los sacrificios que trajeron el perdón a los judíos.

Curiosamente, Dios dejó claro que él vio a Ciro como un salvador de Israel en una profecía de Isaías escrita casi doscientos años antes del evento:

> "Yo afirmo que Ciro es mi pastor,
> 	y dará cumplimiento a mis deseos;
> dispondrá que Jerusalén sea reconstruida,
> 	y que se repongan los cimientos del templo". (Isaías 44:28)

> Así dice el SEÑOR a Ciro, su ungido,
> 	a quien tomó de la mano derecha
> para someter a su dominio las naciones
> 	y despojar de su armadura a los reyes. (Isaías 45:1)

> "Levantaré a Ciro en justicia;
> 	allanaré todos sus caminos.
> Él reconstruirá mi ciudad
> 	y pondrá en libertad a mis cautivos,
> pero no por precio ni soborno.
> 	Lo digo yo, el SEÑOR Todopoderoso". (Isaías 45:13)

Si se sustituye "Cristo" o "el Mesías" por Ciro en este pasaje, encajaría extraordinariamente bien en el contexto. Ciro, rey pagano de una nación pagana, fue un ungido de Dios para salvar a Israel, reconstruir Jerusalén y sentar las bases del templo. Dios le llama su pastor. Recuerda que la palabra hebrea traducida como "ungido" en este pasaje es *mashiach*, o mesías. Por medio de Isaías, escribiendo con doscientos años de antelación, Dios le dijo a Israel que enviaría un mesías, Ciro, para salvar a su pueblo.

Veamos una prefigura final del Mesías. En el libro de Zacarías, Dios hizo que el sumo sacerdote Josué fuera una profecía física y visible de la venida del Mesías. Este no es el mismo Josué que casi mil años antes salvó a Israel y los llevó a la tierra prometida. Este es el sumo sacerdote Josué que sirvió a Israel a finales de los 500 a. C., después de su restauración a la tierra prometida. Josué fue el sumo sacerdote que supervisó la reconstrucción del templo. Ser un sumo sacerdote como lo es Jesús, tener el nombre Josué (*Yeshua*, Jesús) y reconstruir el templo, la casa de Dios en Israel, califica a Josué como un presagio del Mesías. Escucha cómo Dios, a través de Zacarías, describe a Josué:

> Entonces me mostró a Josué, el sumo sacerdote, que estaba de pie ante el ángel del SEÑOR, y a Satanás, que estaba a su mano derecha como parte acusadora. El ángel del SEÑOR le dijo a Satanás:
>
> "¡Que te reprenda el SEÑOR,
>   que ha escogido a Jerusalén!
>   ¡Que el SEÑOR te reprenda, Satanás!". […]
>
> "Escucha, Josué, sumo sacerdote,
>   y que lo oigan tus compañeros,
> que se sientan en tu presencia
>   y que son un buen presagio:
> Estoy por traer a mi siervo,
>   estoy por traer al Renuevo.
> ¡Mira, Josué, la piedra
>   que ante ti he puesto!
> Hay en ella siete ojos,
>   y en ella pondré una inscripción.
> ¡En un solo día borraré
>   el pecado de esta tierra!",
>   afirma el SEÑOR Todopoderoso. (Zacarías 3:1-2, 8-9)

En la visión, Josué es tentado por Satanás como lo fue Jesús en su experiencia de cuarenta días en el desierto. Dios usa a Josué como una representación visual de la venida del Mesías, el Retoño, que quitará el pecado de la tierra en un solo día.

La lista de prefiguras mesiánicas podría ampliarse para incluir a Abraham, Isaac, Jacob, Ezequías, Esdras, Nehemías y Ester, pero el punto es claro. Este capítulo se inició con la tesis de que, dado el tema del Antiguo Testamento, el Mesías ha de venir, y dado que el Antiguo Testamento está lleno de prefiguras que encuentran su cumplimiento en el Nuevo, debería haber muchos prefiguras del Mesías en el Antiguo Testamento. Cuando uno observa, no está decepcionado. Cualquier paralelo aislado entre Melquisedec, Josué o David y la vida y ministerio de Jesús podría ser descartado como una coincidencia. Sin embargo, dado el número aparentemente ilimitado de paralelismos sorprendentes entre estas personas y su cumplimiento en Jesús, uno se queda con una sola explicación concebible: la Biblia es la palabra de Dios y Dios tiene un mensaje para nosotros. El sufrimiento del Mesías, el salvador del mundo, profeta, sacerdote y rey, ha de venir.

Notas ____

12. Leonhard Goppelt, *Typos: The Typological Interpretation of the Old Testament in the New* (tipos: la interpretación tipológica del Antiguo Testamento en el Nuevo) (Grand Rapids, Michigan: Eerdmans, 1982), 129, traducción nuestra.

13. Esto es lo que dice el Señor: *"Israel es mi primogénito. Ya te he dicho que dejes ir a mi hijo para que me rinda culto"* (Éxodo 4:22-23). Aquí Dios llama a la nación de Israel su hijo.

14. Se describe en Números 20:8-12. Dios ordenó a Moisés que hablara a la roca. En su lugar, Moisés golpeó la roca en Meribá dos veces. Con gracia, Dios proveyó agua, pero Moisés no había obedecido el mandato de Dios.

15. Es interesante observar que unas versiones inglesas usan *Jesus* (Jesús) en lugar de *Joshua* (Josué) en Hebreos 4:8. Este error fue causado tanto porque los nombres son esencialmente idénticos como porque el trabajo de Josué y Jesús para salvar al pueblo de Dios es también cercanamente paralelo.

16. Deuteronomio 28:15-35.

CAPÍTULO TRES

El tabernáculo terrenal y el tabernáculo celestial

Así que era necesario que las copias de las realidades celestiales fueran purificadas con esos sacrificios, pero que las realidades mismas lo fueran con sacrificios superiores a aquellos. En efecto, Cristo no entró en un santuario hecho por manos humanas, simple copia del verdadero santuario, sino en el cielo mismo, para presentarse ahora ante Dios en favor nuestro.

Hebreos 9:23-24

El humo ondulante que salía de la quema de incienso, la sangre de una cabra salpicada en los muebles y las cortinas, el misterio de todo esto … ¿qué hay detrás de la cortina? La provisión diaria del pan de la Presencia, el atrio interior, el atrio exterior, el atrio de los gentiles, el Lugar Santísimo … el oro, la tela azul, púrpura y escarlata, las granadas, los candelabros, los sacerdotes realizando movimientos rituales que tienen cientos de años de antigüedad. Para la mente occidental moderna, la ceremonia religiosa realizada en el tabernáculo en el desierto, y más tarde en el templo de Jerusalén, parece tener más en común con una religión pagana que con la marcada sencillez del culto cristiano. ¿Qué nos enseña todo esto?

Nada tenía más importancia para los judíos que la ceremonia, el simbolismo y los sacrificios involucrados en el culto realizado en el templo de Jerusalén. El templo era el lugar donde Dios estableció su morada entre su pueblo. El templo era el lugar donde se hacían los sacrificios por los pecados. Era el corazón de lo que hacía judío a un judío. La peregrinación al templo de Jerusalén en Yom Kipur, o en otras de las festividades de este tipo, era lo más destacado del año religioso; de hecho, fue el punto culminante de la vida religiosa de la mayoría de los judíos. Cuando los judíos querían convencerse de que eran verdaderamente el pueblo de Dios, dirían esta frase como si ello conllevara algo de poder: *"¡Este es el templo del Señor, el templo del Señor, el templo del Señor!"* (Jeremías 7:4). Para su vergüenza, muchos judíos llegaron a depender de la mera presencia del templo de Jerusalén para que estar bien con Dios, en lugar de mantener una vida recta. Mientras el templo permaneció en Jerusalén, los judíos racionalizaron que Dios no los había abandonado.

También es fácil comprender la devastación de los judíos cuando el templo quedó destruido durante setenta años comenzando en 586 a. C., bajo el rey babilonio Nabucodonosor y de nuevo en 70 d. C., por el general romano Tito. Para una persona que vive bajo el antiguo pacto, eliminar el sacrificio del templo y el culto del judaísmo sería semejante a eliminar el evangelio del cristianismo. Si estuvieran ausentes el perdón del pecado, la salvación y una vida de oración, la religión cristiana seguiría manteniendo una capa superficial de la buena enseñanza moral, con consejos sobre cómo vivir una buena vida y alguna bonita ceremonia, pero sería desentrañada de su significado básico, por decir lo menos. ¿Qué es el cristianismo sin salvación en la sangre de Jesucristo? El judaísmo tal como se practica hoy en día está en una posición análoga. Sin el templo, no hay más presencia de Dios con su pueblo, no hay más perdón de los pecados y no hay más ceremonia religiosa unificadora como se revela en el Antiguo Testamento.

Como dijo el escritor de Hebreos, probablemente durante los años 60 d. C.: *"Al llamar 'nuevo' a ese pacto, ha declarado obsoleto al anterior; y lo que se vuelve obsoleto y envejece ya está por desaparecer"* (Hebreos 8:13). Cuando Jesucristo vino, no para anular la Ley o los Profetas, sino para darles cumplimiento (parafraseando Mateo 5:17), las ceremonias realizadas en el templo pasaron de ser un presagio de las cosas maravillosas que tenemos en Cristo a una sombra de cosas anteriores. La profecía de Hebreos 8:13 se cumplió poco después de que fuera escrita. En 70 d. C., cuando el templo fue destruido, el culto y sacrificio del templo llegaron a su fin de manera permanente. Lo que era viejo y obsoleto, efectivamente desapareció para siempre.

El culto y el sacrificio realizados en el tabernáculo, y más tarde en el templo de Salomón y su reconstrucción bajo Zorobabel, fueron el corazón del judaísmo. Cada parte de la ceremonia diaria y semanal, así como el sacrificio anual de Yom Kipur (el Día de la Expiación) tuvieron gran importancia para los judíos. Incluso con la gran importancia que estas ceremonias tuvieron para los judíos, la profundidad de su significado para aquellos bajo el nuevo pacto es aún mayor. Cada aspecto del culto físico en el templo era un presagio de una mayor realidad espiritual que encuentra su cumplimiento en Jesucristo. Durante catorce siglos, los sacerdotes levitas llevaron a cabo tanto la ceremonia diaria como el sacrificio anual en el templo y el tabernáculo. El significado más profundo de sus acciones fue un misterio para ellos. No se dieron cuenta de que todo ese tiempo, estaban actuando una obra de teatro como presagio de la realidad más grande que se encuentra en Jesucristo y en el nuevo pacto sellado con su sangre. Como el escritor de Hebreos lo dijo:

> Así que era necesario que las copias de las realidades celestiales fueran purificadas con esos sacrificios, pero que las realidades mismas lo fueran con sacrificios superiores a aquellos. En efecto, Cristo no entró en un santuario hecho por manos humanas, simple copia del verdadero santuario, sino en el cielo mismo, para presentarse ahora ante Dios en favor nuestro. (Hebreos 9:23-24)

Ahí lo tenemos, claramente indicado. El tabernáculo y el templo eran una copia de una realidad que se encuentra en el tabernáculo espiritual en el cielo. Cada elemento en el tabernáculo físico, creado por manos humanas con instrucciones muy específicas por Dios, demostrará ser un símbolo maravilloso de un aspecto importante de nuestra relación con Dios. El tabernáculo del antiguo pacto presagiará nuestra relación con Dios bajo el nuevo pacto. También se mantiene como un presagio de lo que tendremos en la nueva Jerusalén, el tabernáculo en el cielo, donde vamos a estar cara a cara con Dios. ¿Cuáles son estas grandes realidades simbolizadas en el tabernáculo terrenal?

I. El tabernáculo y el templo

Primero, consideremos con cierto detalle el diseño real, tanto del tabernáculo portátil que fue llevado por los levitas durante su caminar en el desierto como el del templo más palaciego construido más tarde en Jerusalén.

Dios les dio las instrucciones para construir el tabernáculo por medio de Moisés, como se registra en Éxodo capítulos 25, 27 y 30:

"Después me harán un santuario, para que yo habite entre ustedes. El santuario y todo su mobiliario deberán ser una réplica exacta del modelo que yo te mostraré" (Éxodo 25:8-9).

El propósito de la construcción del tabernáculo era para que Dios pudiera habitar entre su pueblo sin que ellos lo vieran directamente, ya que cualquiera que viera a Dios cara a cara moriría. *"No podrás ver mi rostro, porque nadie puede verme y seguir con vida"* (Éxodo 33:20). Una vez que se estableció el tabernáculo, la presencia de Dios fue vista como una columna de nube de día y una columna de fuego de noche, que reposaban sobre el santuario (Números 14:14). No es sorprendente que los judíos llevaran a Dios a vivir con ellos literalmente.

El tabernáculo estaba rodeado por una gran cortina exterior que formó un atrio. El atrio exterior era rectangular; cien codos por cincuenta codos (unos 46 por 23 metros). Había una entrada en el lado este que era de veinte codos (unos 9 metros) de largo. La cortina estaba hecha de tela azul, púrpura y escarlata. A todos los israelitas no se les permitía entrar en el tabernáculo. Solo se les permitía a los sacerdotes levitas. Incluso entre los sacerdotes levitas, solo el que fuese designado, se le permitía entrar en el Lugar Santo para realizar ceremonias en ciertos días determinados. A ese sacerdote definitivamente no se le permitía entrar en el Lugar Santísimo. Los dos objetos principales que se encontraban en el atrio fuera del Lugar Santo eran el altar de bronce y el lavamanos.

El altar de bronce era una plataforma de cinco codos (unos 244 centímetros) de cada lado y tres codos (unos 152 centímetros) de altura. Estaba hecha de madera de acacia y se cubrió de bronce. El altar era para el holocausto de animales, granos, etc. A medida que se pasaba el altar, uno llegaba a una gran fuente, a veces conocida como el lavamanos, hecho de bronce sólido. Definitivamente no era nada parecido a un abrevadero para pájaros. El lavamanos de bronce en el templo (2 Crónicas 4:2-6) contenía alrededor de 66,000 litros. También fue conocido como el mar. Los sacerdotes se tenían que lavar en el lavamanos antes de entrar en al tabernáculo mismo. *"Siempre que entren en la Tienda de reunión, o cuando se acerquen al altar y presenten al Señor alguna ofrenda por fuego, deberán lavarse con agua las manos y los pies para que no mueran"* (Éxodo 30:20-21). El símbolo del lavamanos es importante en el Nuevo Testamento, pero incluso para los judíos, el simbolismo debería haber sido evidente. Dios quería que su pueblo estuviera ceremonialmente limpio cuando entraran a su presencia.

El tabernáculo mismo estaba rodeado de una cortina interior de diez codos (unos 4 y medio metros) por treinta codos (unos 14 metros). El tabernáculo estaba dividido en el Lugar Santo, que era de diez codos por veinte codos, y el Santo de los Santos o Lugar Santísimo, el cual tenía diez codos cuadrados. Había una cortina adicional que separaba el Lugar Santo del Lugar Santísimo. Cuando uno pasaba al Lugar Santo (y uno debería ser sacerdote o podía morir), veía que en la pared derecha había una mesa con incrustaciones de oro, con doce grandes panes redondos, a veces conocido como el pan de la Presencia. El pan era reemplazado a diario por el sacerdote designado. En la pared izquierda había un candelabro de oro sólido. El candelabro fue construido como un soporte con siete brazos, cada uno con una lámpara encima. Las lámparas se encendían cada mañana. En la parte posterior del Lugar Santo había un altar de oro para quemar incienso que se levantaba contra la cortina que conducía a lo más íntimo del santuario.

Detrás de esta cortina estaba el Lugar Santísimo. Aquí estaba el Arca de la Alianza. El arca fue construida de madera de acacia, con incrustaciones de oro puro. Dentro del arca estaba un frasco de oro con maná y las tablas (con los Diez Mandamientos grabados) que Moisés recibió de Dios en el Monte Sinaí. También en el arca estaba la vara de Aarón. La tapa del arca estaba hecha de oro puro. Fue grabada con elaborado detalle. La tapa se llamaba la cubierta de expiación o el propiciatorio. Dos querubines de oro estaban parados a cada extremo del propiciatorio, con sus alas extendidas hacia arriba, cubriendo el arca. Aparte de Moisés, solo al sumo sacerdote se le permitía entrar al Lugar Santísimo. Incluso al sumo sacerdote se le permitía entrar en el Lugar Santísimo una vez al año, en el Día de la Expiación, y solo después de rociar la sangre de una cabra y un toro que habían sido matados ese mismo día. Veremos que todos los aspectos del tabernáculo serán un presagio de un aspecto muy importante del nuevo pacto. Antes de llegar a eso, vamos a considerar el templo de Jerusalén.

Antes de que los israelitas entraron en Canaán, Dios les prometió que iba a establecer un lugar permanente para su presencia y para que la gente lo adorara en la tierra prometida (Deuteronomio 12:4-7). Esta promesa se retrasó durante más de trescientos años durante el tiempo caótico de los jueces. Durante este tiempo, el tabernáculo se estableció en Siló (Josué 18:1). El arca no pasó todo su tiempo en Siló, pero esa historia interesante se encuentra fuera del objeto de este libro.

Finalmente, el rey David conquistó Jerusalén, la ciudad anteriormente conocida como Salem, donde Melquisedec había gobernado. El Monte Moria, donde Abraham iba a ofrecer a Isaac, estaba en el sitio de Jerusalén. De manera significativa, el Monte Moria se convirtió en el sitio para el templo de Dios. Después de establecer Jerusalén como su capital, David quería construir el templo. A pesar de su deseo sincero, la tarea recayó en su hijo Salomón porque David tenía muy manchadas sus manos de sangre David. Salomón construyó un gran templo con un Lugar Santo y un Lugar Santísimo construidos casi exactamente igual como los del tabernáculo, excepto que lo hizo a una escala mayor. Cuando el arca fue finalmente introducida al santuario interior, Dios hizo una gran apertura muy notable:

> Cuando los sacerdotes se retiraron del Lugar Santo, la nube llenó el templo del SEÑOR. Y por causa de la nube, los sacerdotes no pudieron celebrar el culto, pues la gloria del SEÑOR había llenado el templo. (1 Reyes 8:10-11)

¡Aquí, Dios proporcionó una poderosa evidencia de que estaba morando en su templo en Jerusalén!

El templo de Salomón era diferente del tabernáculo, ya que proporcionaba varios atrios distintos. El Lugar Santo estaba rodeado por una zona interior, conocida como el atrio de los sacerdotes. El altar del sacrificio y el lavamanos estaban en el atrio de los sacerdotes. Sería más exacto decir *los* lavamanos; debido al volumen de sacrificios en los días especiales de fiesta, había diez lavamanos instalados en el atrio de los sacerdotes. Fuera de este atrio estaba el atrio de Israel, donde se les permitía entrar a los hombres judíos que no fueron sacerdotes. Delante de esto, en el extremo oriental del templo, estaba el atrio de las mujeres, donde se les permitía entrar a las mujeres hebreas. Aún más lejos del santuario estaba un atrio aún más grande reservado para los gentiles. Los judíos vieron esto como un arreglo de aquellos que estaban más cerca y más lejos de la presencia de Dios. Sin embargo, no hay un mandamiento en la Biblia para construir atrios separados para hombres y mujeres, por lo que es cuestionable suponer que Dios vio la distinción entre hombre y mujer como los judíos hicieron.

Esquemática en planta del templo

TEMPLO DE JERUSALÉN

CROQUIS TRAS EL PLANO
DEL MODELO DE AVI-YONAH

1. LUGAR SANTÍSIMO
2. VELO (CORTINA)
3. LUGAR SANTO
4. ALTAR DE INCIENSO
5. CORTE DE LOS SACERDOTES
6. CORTE DE ISRAEL
7. ALTAR DE SACRIFICIO
8. PUERTA DE NICANOR
9. CORTE DE LAS MUJERES
10. TESORERÍA DEL TEMPLO
11. PUERTA DE LA HERMOSA
12. CORTE DE LOS GENTILES
13. PÓRTICO DE SALOMÓN
14. PÓRTICOS REALES
15. MURO OCCIDENTAL

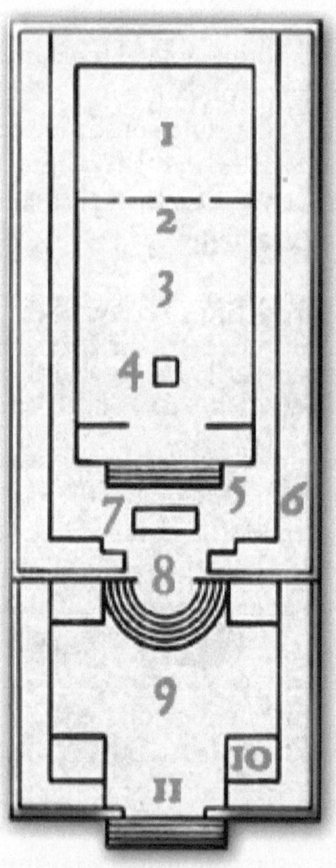

El templo de Salomón fue terminado alrededor de 970 a. C. Sobrevivió, con algunas renovaciones, hasta su destrucción por el ejército de Nabucodonosor en 586 a. C. Por 516 a. C., después de la revuelta desde el exilio, un segundo, más pequeño templo fue construido bajo Zorobabel en un patrón similar al templo de Salomón. Este templo se mantuvo hasta que fue completamente reconstruido por el rey Herodes. El templo de Herodes se inició en 20 a. C. todavía se estaba construyendo durante la vida de Jesucristo, siendo finalmente terminado en 64 d. C. El templo de Herodes fue destruido solo unos pocos años más tarde, en 70 d. C., poniendo fin a la forma de adoración sacrificial de Jehová.

II. Presagios

El tabernáculo, y luego el templo, fueron los centros de culto para toda la nación hebrea. Si el tabernáculo era el lugar donde Dios estableció su morada entre su pueblo, entonces se podría argumentar que el foco del culto del antiguo pacto era establecer una manera de estar en comunión con Dios y entrar en su presencia. Esto, también, es el foco del nuevo pacto. ¿Cómo vamos a entrar en una relación con Dios? El tabernáculo terrenal nos dará muchas pistas.

La configuración del tabernáculo en el Antiguo Testamento nos indica que solo una persona que esté libre de pecado puede entrar en la presencia de Dios. Solamente el sumo sacerdote podía entrar en la presencia del Señor detrás de la cortina, solo una vez al año, e incluso solo después de que la sangre de una cabra y un toro era rociada en el propiciatorio del arca para expiar sus pecados.

Hay un sentido en el que esto sigue siendo cierto bajo el nuevo pacto. Solo una persona perfecta puede entrar en la presencia de Dios. Sin embargo, cuando Jesús vino a habitar en la tierra, hizo algo increíble. En Juan 1:14, leemos: *"El Verbo se hizo hombre y habitó entre nosotros". La frase traducida en la NVI como "habitó entre nosotros"* en el griego significa, literalmente, "tabernaculizó" entre nosotros. En Jesús, vemos a Dios cara a cara. Cuando Jesús entró en Jerusalén, los judíos todavía estaban siguiendo los mecanismos del sistema de sacrificios para que el sumo sacerdote pudiera ir delante de Dios una vez al año para que los representara. Mientras atravesaban esta ceremonia simbólica, Dios estaba tabernaculizando entre ellos en la forma de Jesucristo. Dios verdaderamente había venido a Jerusalén.

Pero Jesús ha regresado al cielo para estar a la diestra de Dios. ¿Cómo vamos a entrar en la presencia de Dios ahora?

A todo sumo sacerdote se le nombra para presentar ofrendas y sacrificios, por lo cual es necesario que también tenga algo que ofrecer. Si Jesús estuviera en la tierra, no sería sacerdote, pues aquí ya hay sacerdotes que presentan las ofrendas en conformidad con la ley. Estos sacerdotes sirven en un santuario que es copia y sombra del que está en el cielo, tal como se le advirtió a Moisés cuando estaba a punto de construir el tabernáculo: "Asegúrate de hacerlo todo según el modelo que se te ha mostrado en la montaña". Pero el servicio sacerdotal que Jesús ha recibido es superior al de ellos, así como el pacto del cual es mediador es superior al antiguo, puesto que se basa en mejores promesas. (Hebreos 8:3-6)

Durante el tiempo que Jesús estuvo en la tierra, no entró en el Lugar Santísimo en el templo de Jerusalén. En cambio, cuando murió y se levantó, entró en el tabernáculo celestial perfecto para ofrecer dadivas y sacrificios por nosotros directamente delante de Dios. Este es el significado de la frase, "si Jesús estuviera en la tierra". Aunque Jesús entró en el recinto del templo mientras estaba aquí en la tierra, no entró en el Lugar Santísimo. No necesitaba hacerlo. Entró en el tabernáculo celestial, la realidad de la cual el tabernáculo físico no es más que una copia.

El tabernáculo en sí, entonces, representa la presencia de Dios con su pueblo. En el tabernáculo celestial, aquellos que son salvados por la sangre de Jesús morarán con Dios para siempre.

Oí una potente voz que provenía del trono y decía: "¡Aquí, entre los seres humanos, está la morada de Dios! Él acampará en medio de ellos, y ellos serán su pueblo; Dios mismo estará con ellos y será su Dios". (Apocalipsis 21:3)

Una vez más, la palabra griega traducida como "morada" en este pasaje literalmente significa tabernaculización. En el cielo, Dios tabernaculizará con nosotros igual como tabernaculizó con nosotros cuando Jesús vino a la tierra como Dios en la carne.

En realidad, para los que están en Cristo, Dios está viviendo con y en ellos en este momento. *"¿Acaso no saben que su cuerpo es templo del Espíritu Santo, quien está en ustedes y al que han recibido de parte de Dios?"* (1 Corintios 6:19). ¡Qué increíble realidad! Por lo menos en un sentido, el antitipo del templo judío son los cuerpos de aquellos que han sido bautizados en Cristo, recibiendo el Espíritu Santo prometido para que habite en ellos (Hechos 2:38). Dios está tabernaculizando con su pueblo. No es extraño que Dios permitiera que el templo en Jerusalén fuera destruido en 70 d. C. Debido al nuevo pacto, ya no era necesario.

III. El altar de bronce

Veamos los utensilios individuales en el tabernáculo como presagios de las cosas venideras. Cuando uno entraba en el tabernáculo, uno llegaba al altar del sacrificio. Aquí es donde el sacrificio de comunión, la ofrenda de paz, la ofrenda por el pecado y así sucesivamente fueron presentadas y quemadas en la presencia de Dios. Pasaremos un capítulo completo teniendo en cuenta la importancia de cada una de las ofrendas prescritas en Levítico, así que vamos a hacerlo simple por ahora. Algo que aprendemos de la presencia del altar de bronce en el atrio es que, para llegar delante de Dios, se necesita un sacrificio. Este sacrificio implica el derramamiento de sangre. Entrar en comunión con Dios siempre ha requerido el derramamiento de sangre. Jesús entró en el tabernáculo celestial por nosotros en virtud de su propia sangre. Considera lo que dice Hebreos 9:23-26. Este pasaje aclara el concepto.

Así que era necesario que las copias de las realidades celestiales fueran purificadas con esos sacrificios, pero que las realidades mismas lo fueran con sacrificios superiores a aquellos. En efecto, Cristo no entró en un santuario hecho por manos humanas, simple copia del verdadero santuario, sino en el cielo mismo, para presentarse ahora ante Dios en favor nuestro. Ni entró en el cielo para ofrecerse vez tras vez, como entra el sumo sacerdote en el Lugar Santísimo cada año con sangre ajena. Si así fuera, Cristo habría tenido que sufrir muchas veces desde la creación del mundo. Al contrario, ahora, al final de los tiempos, se ha presentado una sola vez y para siempre a fin de acabar con el pecado mediante el sacrificio de sí mismo.

La presencia del altar de bronce en el tabernáculo era un recordatorio constante para los judíos de la continua necesidad de sacrificio con el fin de tener comunión con Dios. El antitipo de los sacrificios del tabernáculo es el sacrificio de Jesucristo. Así como se requería un sacrificio de sangre en el altar de los sacerdotes de Aarón para entrar en el Lugar Santo, así la sangre de Jesús, sacrificado en la cruz, nos permite entrar en la presencia del Dios Altísimo en el tabernáculo espiritual en el cielo. Los sacrificios diarios, semanales y anuales ya no son necesarios en el nuevo pacto.

> Cristo, por el contrario, al presentarse como sumo sacerdote de los bienes definitivos en el tabernáculo más excelente y perfecto, no hecho por manos humanas (es decir, que no es de esta creación), entró una sola vez y para siempre en el Lugar Santísimo. No lo hizo con sangre de machos cabríos y becerros, sino con su propia sangre, logrando así un rescate eterno. La sangre de machos cabríos y de toros, y las cenizas de una novilla rociadas sobre personas impuras, las santifican de modo que quedan limpias por fuera. Si esto es así, ¡cuánto más la sangre de Cristo, quien por medio del Espíritu eterno se ofreció sin mancha a Dios, purificará nuestra conciencia de las obras que conducen a la muerte, a fin de que sirvamos al Dios viviente! (Hebreos 9:11-14)

¡Imagínate el número de cabras, ovejas, terneros, palomas y otros animales sacrificados en el altar en el tabernáculo o en el templo de Jerusalén durante los catorce siglos de su existencia! En las grandes fiestas, el arroyo de Cedrón en Jerusalén se teñía de rojo con la sangre. Todos estos sacrificios fueron presagios, copias, recordatorios del gran sacrificio de la sangre de Jesús en la cruz. ¿Podría Dios haber creado una ilustración más gráfica del problema del pecado y su solución?

IV. El lavamanos

Llegamos más cerca del santuario interior. ¿A qué vamos ahora? Llegamos al lavamanos. Antes de que los sacerdotes pudieran entrar en el santuario para ofrecer su servicio diario delante de Dios, estaban obligados a bañarse: *"Deberán lavarse con agua las manos y los pies para que no mueran"* (Éxodo 30:20-21). Se requiere un sacrificio por los pecados para entrar en la presencia de Dios. ¿Se requiere otra cosa? Aparentemente sí. No es difícil reconocer la intención de Dios de lo que el lavado presagió. Ya hemos visto al escritor de Hebreos declarar que las cosas en el tabernáculo son copias de lo que vendrá. El requisito de que los sacerdotes sean lavados en agua en el lavamanos es claramente un presagio del mandato en el Nuevo Testamento de ser lavados en el agua del bautismo: *"Y correspondiendo a esto, el bautismo ahora los salva a ustedes, no quitando la suciedad de la carne, sino como una petición a Dios de una buena conciencia"* (1 Pedro 3:21 NBLA).

En 1 Pedro 3:21, Pedro explica que el agua del diluvio de Noé es un presagio del agua purificadora del bautismo. Él podría fácilmente haber dicho que el agua del lavamanos es un símbolo (presagio) del bautismo del Nuevo Testamento. El agua del lavamanos eliminaba la suciedad de los cuerpos de los sacerdotes, pero también los hizo ceremonialmente limpios para que pudieran servir al Dios vivo. Del mismo modo, el agua del bautismo hace limpias a las personas que vienen a Jesús, para que puedan servir a Dios.

De la presencia del lavamanos en el atrio, fuera del tabernáculo en sí, nos enteramos de que el bautismo en agua es necesario para entrar en la presencia de Dios. Adiós a los que enseñan que el bautismo es simplemente una ceremonia que nos recuerda algo que ya ha sucedido. ¿Qué pasó con los sacerdotes que se olvidaron de lavarse las manos y los pies antes de entrar en el santuario? *"Deberán lavarse con agua las manos y los pies para que no mueran"*. Hay agua en el plan de Dios para traernos a él. Ha sido así desde el principio.

Después de arrepentirse y ser bautizados (Hechos 2:38), después de que el sacrificio de la sangre de Jesús se ha aplicado a nosotros *"por la fe"* (Romanos 3:25), podemos entrar en el santuario, el lugar donde habita Dios con su pueblo. Visualicemos en nuestra mente entrar en el Lugar Santo. ¿Qué encontramos allí? Encontramos símbolos de nuestra relación con Dios.

V. Los panes, el candelabro y el altar del incienso

A la derecha, cuando uno entraba en el Lugar Santo había una mesa con incrustaciones de oro con doce grandes panes redondos colocados en la parte superior. Los panes eran horneados y reemplazados a diario por el sacerdote de turno. Los doce panes representaban a los doce hijos de Israel y a las doce tribus descendientes de ellos. El antitipo de las doce tribus en el Antiguo

Testamento son los doce apóstoles en el Nuevo. La importancia de los doce panes es que hay suficiente alimento espiritual para todo el pueblo de Dios. No parece ser una coincidencia que cuando Jesús alimentó a los cinco mil varones adultos y sus acompañantes (Juan 6:1-15), sobraron doce cestas de pan. El pan en el tabernáculo, conocido tradicionalmente como el pan de la Presencia, fue un presagio de la comida espiritual que tenemos en Cristo. Jesús no nos dejó con muchas dudas acerca de la importancia del pan en el santuario. *"Yo soy el pan de vida. […] El que a mí viene nunca pasará hambre"* (Juan 6:35). Cuando Jesús hizo esta declaración, poco después de proporcionar milagrosamente pan a los cinco mil en el desierto, sus oyentes pensaron tanto en el maná en el desierto como en el pan del santuario. Jesús es el alimento espiritual. También se le conoce como la palabra de Dios. Jesús dijo: *"Yo soy el camino, la verdad, y la vida"* (Juan 14:6). El pan, entonces, es el alimento espiritual, es la verdad y es la palabra de Dios. Como personas en comunión con Dios por medio de la sangre de Jesús, tenemos acceso diario a este alimento mediante la lectura de la palabra de Dios y al experimentar una relación con Jesús.

Hay un caso un tanto oscuro en la vida del rey David que toma un significado adicional en este sentido. A pesar de que David había sido ungido rey, Saúl era todavía oficialmente rey de Israel. Saúl perseguía a David acechándolo por toda lo que hoy se llama Palestina. Un día David llegó al tabernáculo. Él y sus hombres sintieron hambre. David le pidió pan al sacerdote. Porque no había otro pan disponible, Dios movió el corazón del sacerdote Ahimelec para hacer algo que normalmente habría sido inconcebible. Él le dio a David algunos de los panes de la consagración que se habían retirado del tabernáculo aquel día. El rey David, el tipo, se comió el pan del santuario, que era un presagio del antitipo, su "hijo", Jesucristo.

En el lado izquierdo del santuario exterior cuando uno entraba desde el este estaba el candelabro de oro. Este candelabro tenía siete brazos, siendo siete el número simbólico de Dios y del Espíritu de Dios.[17] Cada uno de los brazos sostenía un cáliz en su extremo como recipiente de aceite. Las lámparas se mantenían encendidas permanentemente, a menos que el pueblo de Dios estuviera trasladando el tabernáculo a través del desierto. Por supuesto, todos los detalles en el tabernáculo son una copia o presagio de algo que tenemos en Cristo. ¿Cuál es el significado de las lámparas?

Una serie de pasajes de la Biblia podría ayudar a responder a esta pregunta. Considera una de las visiones dadas a Zacarías:

> Entonces el ángel que hablaba conmigo volvió y me despertó, como a quien se despierta de su sueño. Y me preguntó: "¿Qué es lo que ves?" Yo le respondí: "Veo un candelabro de oro macizo, con un recipiente en la parte superior. Encima del candelabro hay siete lámparas, con siete tubos para las mismas. Hay también junto a él dos olivos, uno a la derecha del recipiente, y el otro a la izquierda".
>
> Le pregunté entonces al ángel que hablaba conmigo: "¿Qué significa todo esto, mi señor?" Y el ángel me respondió: "¿Acaso no sabes lo que significa?"
>
> Tuve que admitir que no lo sabía. Así que el ángel me dijo: "Esta es la palabra del SEÑOR para Zorobabel:
>
> 'No será por la fuerza
> > ni por ningún poder,
> sino por mi Espíritu',
> > dice el SEÑOR Todopoderoso". (Zacarías 4:1-6)

¡Las lámparas representan el Espíritu Santo de Dios! En el lado derecho del Lugar Santo, uno presagiaba al Hijo de Dios en su obra como nuestro proveedor. A la izquierda del santuario exterior estaba el presagio del poder sustentador del Espíritu Santo.

La importancia de los olivos y los siete canales para las siete lámparas en esta visión era que la lámpara nunca se quedaría sin aceite. Del mismo modo, el candelabro en el tabernáculo y más tarde en el templo quedaron encendidos. Este es un presagio de la naturaleza del Espíritu Santo en el nuevo pacto. En Hechos 2:38-39, el apóstol Pedro describe la acción del Espíritu Santo en los que se arrepienten y son bautizados en Cristo como un don prometido a todos los que recibieron su palabra.

Dios había puesto a disposición el Espíritu Santo en ciertas situaciones especiales en el Antiguo Testamento. David oró a Dios: *"No me alejes de tu presencia ni me quites tu santo Espíritu"* (Salmo 51:11). Ya hemos visto que David recibió el Espíritu cuando fue ungido por Samuel. David temía ser echado de la presencia de Dios y que el Espíritu Santo le fuera quitado. El presagio de la lámpara en el tabernáculo nos dice que aquellos que vienen a Dios por medio de Jesucristo recibirán un don del Espíritu Santo que nunca se apagará.

> "¡Si alguno tiene sed, que venga a mí y beba! De aquel que cree en mí, como dice la Escritura, brotarán ríos de agua viva".
> Con esto se refería al Espíritu que habrían de recibir más tarde los que creyeran en él. (Juan 7:37-39)

Alabado sea Dios que el cristiano no tiene que gritar como David: *"No me quites tu Espíritu Santo"*. Mientras seamos fieles, nuestra lámpara no se apagará, aunque se les advierte a los seguidores de Jesús: *"No apaguen el Espíritu"* (1 Tesalonicenses 5:19).

Es difícil salir de Zacarías 4 sin que se note un presagio más. Zacarías preguntó por las dos ramas de olivo a la derecha y a la izquierda del candelabro con los tubos que derramaron un suministro interminable de aceite de color dorado. Cuando se le preguntó, el ángel explicó la tipología de los dos árboles: *"'Otorgaré autoridad a mis dos testigos, y ellos profetizarán por 1,260 días, vestidos de cilicio'. Estos son los dos olivos y los dos candelabros que están delante del Señor de la tierra"* (Apocalipsis 11:4). Los dos autorizados son una referencia al sumo sacerdote Josué y el gobernador Zorobabel, ambos prefiguras del ungido, el Mesías.

Se deben mencionar otras referencias a la conexión entre el candelabro, el aceite en el santuario y la unción del Espíritu Santo. En 1 Samuel 16:13, David, un tipo de Cristo, fue ungido por Samuel con aceite para apartarlo como rey de Israel: *"El Espíritu del Señor vino con poder sobre David, y desde ese día estuvo con él"*. Del mismo modo, el rey Saúl fue ungido y recibió un derramamiento del Espíritu (1 Samuel 10:1, 10).

El último elemento en el Lugar Santo era el altar de oro del incienso que estaba frente a la cortina que llevaba al Lugar Santísimo. Esto, también, representa un aspecto importante de la vida espiritual de los que están en Cristo.

> "Cada mañana, cuando Aarón prepare las lámparas, quemará incienso aromático sobre el altar, y también al caer la tarde, cuando las encienda. Las generaciones futuras deberán quemar siempre incienso ante el SEÑOR.

> No ofrezcas sobre ese altar ningún otro incienso, ni holocausto ni ofrenda
> de grano, ni derrames sobre él libación alguna". (Éxodo 30:7-9)

Este altar nunca se usó para las ofrendas (a pesar de que, con todos los otros utensilios en el Lugar Santo, se roció con sangre en el Día de la Expiación).

¿Cuál es el significado de este altar de oro y de los inciensos? En una escena que toma lugar en el cielo en el libro de Apocalipsis, uno encuentra un pasaje interesante: *"Cada uno tenía un arpa y copas de oro llenas de incienso, que son las oraciones del pueblo de Dios"* (Apocalipsis 5:8). El incienso quemado justo en frente del Lugar Santísimo era un presagio que representa las oraciones de los santos. Las oraciones de su pueblo huelen preciosas para Dios. Observa que se les pidió a los sacerdotes ofrecer el incienso, que es un presagio de nuestra oración diaria, por la mañana y la noche. Uno haría bien en comparar su vida de oración personal con este ejemplo.

Qué hermoso cuadro tenemos en el santuario exterior de nuestra relación con Dios en el nuevo pacto. Estas copias de las realidades celestiales más grandes crean una imagen maravillosa de la seguridad, el poder y la intimidad de nuestra relación con Dios. Cuando caminamos ante Dios, siempre tenemos la fuerza sustentadora del Hijo de Dios en nuestra mano derecha, y el poder siempre ardiente del Espíritu Santo en nuestra izquierda, con nuestras ofrendas de oración a Dios siempre delante de él. Con el Hijo a la derecha y el Espíritu Santo a la izquierda, ¡adivina quién está justo frente a nosotros cuando entramos en el Lugar Santo!

VI. La cortina

Ahora llegamos a la cortina. La cortina que separaba el Lugar Santo del Lugar Santísimo estaba hecha de lana teñida de azul, púrpura y escarlata. Fue detrás de esta cortina que Dios habitó entre las alas de los querubines. El azul representa el cielo, donde reside Dios. El púrpura siempre ha sido el color de la realeza. Representa a Dios, el Rey de reyes. La lana escarlata de la cortina representa la sangre que se requiere para purificar todos los utensilios en el santuario.

Para el judío, la cortina que separaba el Lugar Santo del santuario interior santísimo ofreció una gran lección acerca de la santidad de Dios. Se les recordó que ver a Dios cara a cara era fatal. El judío típico generalmente no pensaba en Dios como alguien con quien tener una relación íntima. (La vida de David y los Salmos que él y otros escribieron son una notable excepción a esta regla). Para el judío, Dios cuidó de su pueblo, pero desde la distancia. Debía ser temido y no debía ser abordado directamente. Todos los utensilios en el santuario fueron llevados por los levitas utilizando postes a través de anillos en los lados, de modo que no tuvieron que tocar los objetos sagrados.

Es poco probable que los judíos olvidaran el momento en que Uza había tocado el arca de Dios. David había ordenado que el arca fuera trasladada a Jerusalén para que Dios pudiera ser adorado allí.

> Una vez más, David reunió los treinta batallones de soldados escogidos de Israel [...]para trasladar de allí el arca de Dios, sobre la que se invoca su nombre, el nombre del SEÑOR Todopoderoso que reina entre los querubines. [...]
>
> Al llegar a la parcela de Nacón, los bueyes tropezaron; pero Uza, extendiendo las manos, sostuvo el arca de Dios. Entonces la ira del SEÑOR se encendió contra Uza por su atrevimiento y lo hirió de muerte ahí mismo, de modo que Uza cayó fulminado junto al arca. (2 Samuel 6:1-2, 6-7)

Parece difícil culpar a Uza por intentar salvar el arca de los daños, ya que estaba a punto de caer de la carreta, pero Dios lo hirió. Aquellos que tocaron el arca de Dios, incluso por lo que parece una buena razón, perdieron su vida. No es de extrañar que los judíos vieran a Dios con asombro y temor.

La cortina que conducía al Lugar Santísimo representó para los judíos su separación de Dios. Debido a la cortina, nadie podía ver a Dios. Ninguno de ellos podía entrar en la presencia de Dios, excepto el sumo sacerdote, un día al año, solo después de rociar mucha sangre. El día en que esto ocurría era el Día de la Expiación (detallado en el Capítulo Siete). Lo asombroso de la cortina como un presagio es que no existe en el tabernáculo mayor que está en el cielo. El día en que Jesús fue crucificado, una cosa maravillosa sucedió en el templo de Herodes que probablemente pasó desapercibido para la mayoría ese día. *"Entonces Jesús volvió a gritar con fuerza, y entregó su espíritu. En ese momento la cortina del santuario del templo se rasgó en dos, de arriba abajo. La tierra tembló y se partieron las rocas"* (Mateo 27:50-51).

En el momento en que Jesús murió, la cortina frente al Lugar Santísimo, donde los sacerdotes servían (y donde ministramos en nuestra relación sacerdotal con Dios) se rasgó en dos, de arriba hacia abajo. Es un presagio que le quita el aliento a uno. Son malas noticias para los judíos, o al menos para aquellos bajo el antiguo pacto. Dios había salido de su templo. Ya no moraba entre los seres humanos en un templo físico. *"Al llamar 'nuevo' a ese pacto, ha declarado obsoleto al anterior; y lo que se vuelve obsoleto y envejece ya está por desaparecer"* (Hebreos 8:13). A partir de ese momento, el antiguo pacto quedaba obsoleto. Cuarenta años más tarde (cuando Tito destruyó el templo en 70 d. C.), la adoración sacrificial de Dios desapareció.

Son malas noticias, pero solo para los judíos que no entraron en una relación del nuevo pacto con Dios. En el tabernáculo celestial donde Jesús entró en virtud de su propia sangre, no hay una cortina que bloquee nuestra visión de Dios. En sentido figurado, se ha rasgado en dos. No hay separación entre Dios y la humanidad. Nuestro sumo sacerdote ha entrado en el Lugar Santísimo y nos ha llamado para llegar directamente detrás de él. Qué gran imagen se nos da en el tabernáculo terrenal, y qué presagio inspirador tenemos de nuestra relación con Dios. Escucha esta gran noticia:

> Así que, hermanos, mediante la sangre de Jesús, tenemos plena libertad para entrar en el Lugar Santísimo, por el camino nuevo y vivo que él nos ha abierto a través de la cortina, es decir, a través de su cuerpo; y tenemos además un gran sacerdote al frente de la familia de Dios. Acerquémonos, pues, a Dios con corazón sincero y con la plena seguridad que da la fe, interiormente purificados de una conciencia culpable y exteriormente lavados con agua pura. (Hebreos 10:19-22)

Cuando la cortina se rasgó en dos, todo cambió. Los que vienen a Dios por medio del sacrificio en el altar y el agua en el lavamanos —prefiguras de la sangre de Cristo y del bautismo en Cristo— vienen directamente a la presencia de Dios. Ya no existe una separación entre el Lugar Santo y el Lugar Santísimo. Ya no necesitamos un intercesor humano. Gracias a Jesús, venimos directamente a la sala del trono con nuestras oraciones, a pesar de que todavía hay pecado en nuestras vidas.

VII. El arca, el propiciatorio y los querubines

Ya se ha insinuado la importancia de los utensilios en el Lugar Santísimo. *"En ese instante la nube cubrió la Tienda de reunión, y la gloria del Señor llenó el santuario. Moisés no podía entrar en la Tienda de reunión porque la nube se había posado en ella y la gloria del Señor llenaba el santuario"* (Éxodo 40:34-35). ¡El Señor Todopoderoso, Jehová Dios, realmente moraba entre los querubines sobre el arca! Esto no es un cuento de hadas; pregunta a Uza. No es de extrañar que los judíos estuvieran tentados a confiar en el mantra: *"¡Este es el templo del Señor, el templo del Señor, el templo del Señor!"*. Dado las nubes de humo que salían y la luz cegadora que se manifestó cuando se consagró el templo, es fácil entender que el arca, el propiciatorio y los querubines representen la presencia de Dios con su pueblo.

Para los judíos, los artículos detrás de la cortina eran un misterio. Habían oído hablar toda su vida sobre el maná, las tablas y la vara de Aarón que estaban en el arca, y los querubines de pie sobre el arca. Para ellos, sin embargo, la idea de ver realmente estos portentos impresionantes fue más allá de cualquier posibilidad. Todo esto ha cambiado para aquellos que están en Cristo. Cuando Moisés salió de estar cara a cara con Dios en el Lugar Santísimo, su rostro era tan brillante que tuvieron que cubrirlo con un velo para que el pueblo no fuera cegado por la luz. El velo en la cabeza de Moisés era un símbolo de la cortina delante del Lugar Santísimo, el cual mantuvo a los israelitas fuera de la presencia de Dios. No es así con los que están en Cristo:

> Así que, como tenemos tal esperanza, actuamos con plena confianza. No hacemos como Moisés, quien se ponía un velo sobre el rostro para que los israelitas no vieran el fin del resplandor que se iba extinguiendo. Sin embargo, la mente de ellos se embotó, de modo que hasta el día de hoy tienen puesto el mismo velo al leer el antiguo pacto. El velo no les ha sido quitado, porque solo se quita en Cristo. Hasta el día de hoy, siempre que leen a Moisés, un velo les cubre el corazón. Pero, cada vez que alguien se vuelve al Señor, el velo es quitado. (2 Corintios 3:12-16)

UTENSILIO EN EL TABERNÁCULO O TEMPLO	ANTITIPO EN EL NUEVO PACTO	CITAS DE LAS ESCRITURAS
El tabernáculo mismo	Dios habitando con su gente	Juan 14:1-3; Juan 1:14; Apocalipsis 1:13
Los sacrificios en el altar de bronce	El sacrificio de Jesús por los pecados	Hebreos 9:14
La fuente/ El lavamanos	El bautismo	Tito 3:5
El pan de la Presencia	El pan de vida, Jesucristo	Juan 6:48-51
El candelabro	El Espíritu Santo	Zacarías 4:1-6
El altar de incienso	Las oraciones de los santos	Apocalipsis 5:8
La lana azul, púrpura y escarlata	Los cielos, la realeza de Dios y la sangre de Jesús	
La cortina	Separación de Dios	Mateo 27:51
El arca del pacto	La presencia de Dios	Salmo 132:7-8
El propiciatorio	La gracia de Dios	
Los querubines	Los ángeles del cielo	Ezequiel 10:15-22

Cuando la cortina se rasgó en el momento de la muerte de Jesús, un camino se abrió para nosotros para mirar directamente en el Lugar Santísimo. El velo ha sido quitado para aquellos que están en Cristo. Vemos a Dios con más claridad. Cuando se lee el "antiguo pacto" (el Antiguo Testamento), lo entendemos más plenamente. Podemos llegar, como sacerdotes, directamente a Dios para ofrecer nuestros sacrificios a él.

Aquellos que abrieron la cortina y entraron en el Lugar Santísimo fueron atraídos primero por los querubines. Para el judío, los querubines de oro fueron algo de temer. Los querubines eran el equivalente espiritual de guardias armados. Cuando Dios puso a Adán y Eva en el Jardín del Edén, estaban en una relación íntima con él; pudiendo realmente "caminar con Dios" en el jardín. Dios siempre había tenido la intención de que la humanidad esté en una relación estrecha con él. Desafortunadamente, el pecado entró en la escena y, por lo tanto, ocurrió la separación. *"Luego de expulsarlo, puso al oriente del jardín del Edén a los querubines, y una espada ardiente que se movía por todos lados, para custodiar el camino que lleva al árbol de la vida"* (Génesis 3:24).

Estos querubines no eran los ángeles lindos y regordetes de la fantasía humana. Adán y Eva se mantuvieron fuera de la presencia de Dios bajo pena de muerte. Es lo mismo con los querubines en el Lugar Santísimo.

Si los querubines son un tipo (y todo en el tabernáculo es una copia de una cosa celestial, por lo que deben ser un tipo), entonces ¿cuál es el antitipo? Las estatuas de oro de querubines sobre el arca son los tipos de los querubines real en el cielo. El antitipo del Lugar Santísimo es el tabernáculo celestial, la sala del trono del Dios Todopoderoso. Apocalipsis 5 describe una escena en esta sala: *"Luego miré, y oí la voz de muchos ángeles que estaban alrededor del trono, de los seres vivientes y de los ancianos. El número de ellos era millares de millares y millones de millones. Cantaban con todas sus fuerzas: ¡Digno es el Cordero, que ha sido sacrificado!"* (Apocalipsis 5:11-12).

La diferencia entre el tipo y el antitipo es que, para el judío, los querubines eran causa de miedo abyecto. Eran los guardianes de Dios restringiéndolos de su presencia por causa de su pecado. Para los que están en Cristo, los querubines representan algo muy diferente. Representan santos ángeles de Dios con los que vamos a adorar día y noche delante del trono.

Los objetos en el interior del arca eran tipos también. Las tablas que Dios le había dado a Moisés estaban allí. Tenían obvia importancia. Representaron la Ley de Moisés y el pacto dado en el Monte Sinaí. El antitipo del pacto en el Sinaí es el nuevo pacto, que fue sellado con la sangre de Jesús. La relación profética entre los pactos se discutirá en el Capítulo Cinco.

También en el arca estaba la vara de Aarón. Esta fue la misma vara que Moisés había colocado en la tienda del pacto (el tabernáculo). Al día siguiente, la vara había brotado, florecido y producido almendras (Números 17:6-13). Para los israelitas, la vara era algo que temer.

> El SEÑOR le dijo a Moisés: "Vuelve a colocar la vara de Aarón frente al arca del pacto, para que sirva de advertencia a los rebeldes. Así terminarás con las quejas en contra mía, y evitarás que mueran los israelitas".
>
> Moisés hizo todo tal como el SEÑOR se lo ordenó. Entonces los israelitas le dijeron a Moisés: "¡Estamos perdidos, totalmente perdidos! ¡Vamos a morir! Todo el que se acerca al santuario del SEÑOR muere, ¡así que todos moriremos!" (Números 17:10-13)

El tipo representa algo que temer por los israelitas, pero no para nosotros. *"El amor perfecto* (es decir, completo, plenamente efectivo) *echa fuera el temor"* (1 Juan 4:18). El florecimiento de la vara de Aarón es una prefigura de Dios tomando las cosas que están muertas y haciéndolas vivas. Más específicamente, es un presagio de la resucitación de Jesús de entre los muertos.

El último elemento del Lugar Santísimo que debe recibir mención es el propiciatorio, la tapa de oro sólido sobre el arca. Este era el lugar donde era rociada la sangre para hacer expiación por el pueblo en el Yom Kipur, el Día de la Expiación. El propiciatorio era también conocido como la cubierta de expiación. Para los judíos, el propiciatorio era el trono de Dios. Para ellos llegar al Lugar Santísimo, delante del trono de Dios, significaba la muerte.

En el Nuevo Testamento, el propiciatorio simboliza la gracia de Dios. Es donde podemos ir, no basados en la sangre de un toro o una cabra, sino basados en la sangre de Jesucristo, para recibir la misericordia de Dios. Al igual que con los querubines, el tipo puede representar algo que temer bajo el antiguo pacto, pero el antitipo representa algo sobre lo cual ser feliz en el nuevo pacto. Cuando todos se presentan ante el tribunal de Dios, como se menciona en Romanos 14:10 y como se describe en Apocalipsis 20:11-14, para algunos será una experiencia del antiguo pacto: estarán involucrados el miedo y el juicio. Para otros, aquellos cuyos nombres están escritos en el libro de la vida del Cordero, el propiciatorio será un lugar para experimentar la misericordia y la gracia. Gran alegría resultará.

RESUMEN

Durante más de un milenio, los sacerdotes levitas ofrecieron servicio regular, ya sea en el tabernáculo o en el templo. El tabernáculo tenía una verdadera y gran importancia para los judíos; representaba la presencia de Dios entre su pueblo. Como Dios había dicho a Moisés: *"Me harán un santuario, para que yo habite entre ustedes. El santuario y todo su mobiliario deberán ser una réplica exacta del modelo que yo te mostraré"* (Éxodo 25:8-9). A medida que los participantes cumplían con su deber religioso, poco sabían ellos que *"sirven en un santuario que es copia y sombra del que está en el cielo"* (Hebreos 8:5). Para los judíos, los artículos dentro del Lugar Santísimo eran un misterio. Para nosotros, el misterio se resuelve por medio de Jesucristo.

Cada detalle del diseño y el mobiliario en el tabernáculo fue dado por Dios a su pueblo como un presagio del nuevo pacto que se establecería por la sangre de Jesús. Sin duda, podemos decir con Sir Robert Anderson,

> Nadie que lea Hebreos a la luz de los tipos del Pentateuco podría ser engañado por el profano invento de que los libros de Moisés son falsificaciones literarias inventadas por los sacerdotes apóstatas de la época del exilio. Porque la tipología responde a la revelación del Nuevo Testamento de Cristo exactamente como una llave encaja en la cerradura que se pretende abrir.[18]

En verdad, tenemos aquí evidencia impresionante de la inspiración de la Biblia. Tenemos evidencia clara de que Dios tenía en mente el plan de salvación desde el principio.

Esto no era ninguna idea tardía. La única pregunta verdadera para nosotros es si vamos a responder a ese plan y entrar en la presencia del único, verdadero Dios vivo en el tabernáculo celestial, siguiendo la estela de nuestro gran Sumo Sacerdote, Jesucristo. Como dice Pablo en 2 Corintios 6:16: *"Nosotros somos el templo del Dios vivo. Como Dios ha dicho: 'Viviré con ellos y caminaré entre ellos. Yo seré su Dios, y ellos serán mi pueblo'"*.

Notas

17. Apocalipsis 1:12-16 es uno de los muchos pasajes que apoyan esta afirmación.

18. Sir Robert Anderson, *Types in Hebrews* (tipos en Hebreos) (Grand Rapids, Michigan: Kregel, 1978), 153, traducción nuestra.

CAPÍTULO CUATRO

El sacerdocio del antiguo pacto prefigura el sacerdocio del nuevo pacto

El punto principal de lo que venimos diciendo es que tenemos tal sumo sacerdote, aquel que se sentó a la derecha del trono de la Majestad en el cielo, el que sirve en el santuario, es decir, en el verdadero tabernáculo levantado por el Señor y no por ningún ser humano.

Hebreos 8:1-2

Si un sumo sacerdote israelita entrara en una reunión de cristianos hoy en día, vistiendo su túnica, efod, pectoral, turbante, y Urim y Tumim, sin duda crearía una gran conmoción. Cuando uno lee Éxodo y Levítico, puede ser una tarea desalentadora el tratar de relacionarse con toda la ceremonia, regulaciones, ropa especial y las diferentes órdenes asociadas con el sacerdocio judío. Si uno toma en cuenta que en todo esto, Dios tenía un plan para revelar el misterio del ministerio de Jesucristo y de su iglesia, lo que para nosotros es un conjunto de información confusa comenzaría a tener sentido. Al tratar de comprender el sacerdocio del antiguo pacto y los presagios encontrados en todas estas regulaciones, nos encontraríamos con más evidencia para apoyar la afirmación de que el tema del Antiguo Testamento es "el Mesías ha de venir, trayendo salvación".

Bajo el antiguo pacto, el tabernáculo y el templo no hubieran tenido tanto valor sin los sacerdotes que allí servían. ¿Quiénes eran los sacerdotes? ¿Qué es lo que hacían, y específicamente, qué presagia todo esto en el Nuevo Testamento? Este es el tema de este capítulo.

EL SACERDOCIO

Primero, vayamos al ABC del sacerdocio judío. Algunas veces al sacerdocio en la ley mosaica se le llama el sacerdocio levítico. Esto es algo erróneo. Todos los sacerdotes eran levitas, pero no todos los levitas eran sacerdotes. Los levitas eran los hijos de Leví, uno de los doce hijos de Israel. Dios designó a los levitas para servir en el tabernáculo y en el templo. Los levitas eran, en cierto sentido, el "diezmo" del pueblo de Dios, dedicados al ministerio de Dios. Sin embargo, solo una pequeña porción de los levitas eran en realidad designados sacerdotes. *"El Señor le ordenó a Moisés que les dijera a los sacerdotes, hijos de Aarón ..."* (Levítico 21:1). Solo los hijos de Aarón fueron aceptados como sacerdotes para servir en el santuario ofreciendo sacrificios, manteniendo las lámparas encendidas, sustituyendo el pan y así sucesivamente.

El resto de los levitas fueron designados para tareas tales como mover el tabernáculo, cantar en el templo, etc.

> Sus hermanos los levitas estaban al servicio del santuario, en el templo de Dios. Aarón y sus hijos estaban encargados de quemar las ofrendas sobre el altar de los holocaustos y sobre el altar del incienso. De acuerdo con lo ordenado por Moisés, siervo de Dios, eran también responsables de todo lo relacionado con el Lugar Santísimo y de hacer la expiación por Israel. (1 Crónicas 6:48-49)

Había muchas regulaciones especiales en la Ley de Moisés que se les pedían a los hijos de Aarón, los sacerdotes, para mantenerse ceremonialmente limpios. No podían tocar un cadáver, afeitarse la cabeza o casarse con mujeres que habían sido prostitutas, entre otras cosas. *"Deben ser santos para su Dios, y no profanar su nombre. Son ellos los que presentan al Señor las ofrendas por fuego, que son como el pan de su Dios. Por eso deben ser santos"* (Levítico 21:6). No se le permitía a ningún hijo de Aarón con alguna deformidad física servir en el santuario. Para nosotros, esto puede parecer algo prejuicioso contra los discapacitados físicos, pero todas estas restricciones tienen significado en el antitipo para el sacerdocio en el Nuevo Testamento. El punto de todas estas restricciones era para que los sacerdotes fueran más "santos" que los otros israelitas. La palabra "santo" en hebreo significa especialmente designado, separado o puro. Esto tiene una gran importancia en el antitipo para el sacerdocio en el Nuevo Testamento.

Entre los sacerdotes, hubo uno especialmente designado como sumo sacerdote. El oficio de sumo sacerdote era de gran importancia para todo el sistema de la expiación instituido por Dios a través de Moisés. El sumo sacerdote, obviamente, tenía que ser un descendiente de Aarón. De hecho, Aarón fue el primer sumo sacerdote. El sumo sacerdote fue ordenado mediante la unción con aceite. Hubo incluso normas más estrictas de santidad para el sumo sacerdote que para los otros hijos de Aarón.

"Aquel que sea elegido sumo sacerdote entre sus hermanos, y sobre cuya cabeza se haya derramado el aceite de la unción, y a quien se le haya conferido autoridad para llevar las vestiduras sacerdotales, no deberá andar despeinado ni rasgarse las vestiduras.

"No entrará en ningún lugar donde haya un cadáver.

"No deberá contaminarse, ni siquiera por su padre o por su madre.

"No saldrá del santuario, para no profanar el santuario de su Dios, porque ha sido consagrado mediante el aceite de la unción divina. Yo soy el SEÑOR". (Levítico 21:10-12)

El sumo sacerdote ni siquiera podía estar en una habitación con un cadáver, y mucho menos tocar uno. No se le permitía salir de los terrenos del santuario durante todo su mandato. Este debe haber sido un requisito particularmente oneroso. Otro aspecto del oficio del sumo sacerdote, que se destaca cuando se lee el Pentateuco, es su vestidura. Esta se describe en detalle en Éxodo 28. Estas prendas incluían una túnica tejida, un turbante y una faja, todo de lino fino blanco y un efod de hilos de oro, azul, púrpura y escarlata, con una piedra de ónice sujetada en cada hombrera. También se incluía un pectoral de los mismos materiales que el efod. *El pectoral para impartir justicia lo bordarás artísticamente con oro, púrpura, carmesí, escarlata y lino fino, como hiciste con el efod. Será doble y cuadrado"* (Éxodo 28:15-16). El pectoral contenía doce piedras preciosas diferentes, representando cada una a las doce tribus de Israel. Este pectoral debía ser usado cuando el sumo sacerdote tomaba decisiones en su papel de juez. Por último, el Urim y Tumim se adhirieron al pectoral. Estas eran aparentemente dos grandes piedras preciosas que habrían de estar involucradas en el papel del sumo sacerdote al tomar decisiones como juez. La palabra "Urim" se deriva de la hebrea *ur,* lo que significa luz, o dar la luz, y "Tumim" se deriva de la palabra hebrea *tumim,* que significa calidad de completo, perfección, o inocencia.

El sumo sacerdote tenía muchas funciones importantes, pero su papel más relevante era llevar a cabo el sacrificio anual de Yom Kipur, el día de la expiación. Solo se le permitía entrar en el Lugar Santísimo ese día, y solo después de una rociada considerable de la sangre de un macho cabrío y un toro, para ofrecer el sacrificio de expiación por los pecados cometidos por todas las personas durante ese año. En pocas palabras, solo al sumo sacerdote se le permitía estar en la presencia del Dios Todopoderoso.

LOS HIJOS DE AARÓN

¿Cuál es el significado de todo esto para aquellos bajo el nuevo pacto? ¿Por qué debemos leer todos estos arcanos detalles en Éxodo y Levítico que parecieran innecesarios de entender para un seguidor de Jesús? La verdad es que el sacerdocio de los hijos de Aarón puede revelar mucho sobre nuestra relación con Dios. A pesar de todo, Israel fue escogido como el pueblo especial de Dios y, a pesar de que una de las doce tribus, los levitas, fue elegida y especialmente dedicada al servicio del Señor, solo una muy pequeña proporción de personas, los hijos de Aarón, eran los suficientemente santas para servir en la presencia de Dios al ministrar en el templo o tabernáculo.

¿Cuál es el antitipo de los sacerdotes en el Antiguo Testamento? Es aquel que es salvo bajo el nuevo pacto. Los cristianos son un sacerdocio real, dedicado al servicio de Dios en su templo espiritual, el tabernáculo celestial. Esto debe hablarnos mucho acerca de cuán bendecidos somos de servir a Dios bajo el señorío de Jesús.

> Pero ustedes son linaje escogido, real sacerdocio, nación santa, pueblo que pertenece a Dios, para que anunciéis las virtudes de aquel que os llamó de las tinieblas a su luz admirable. (1 Pedro 2:9)

A través del sacrificio de Jesucristo, los que están santificados por medio de él forman un sacerdocio real. Cuando Pedro dice "linaje escogido, real sacerdocio" no está simplemente repitiendo; está diciendo que, si uno está santificado por la sangre de Cristo, es más que una parte del pueblo elegido (como lo fue todo Israel); sino que es parte de esa porción muy pequeña del pueblo elegido, esos que son suficientemente santos para ser declarados sacerdotes y servir delante de Dios. Lo sorprendente de esto es que, a diferencia de los hijos de Aarón, servimos en un templo en el que la cortina ha sido eliminada. Gracias a Jesús, como sacerdotes, servimos en un tabernáculo donde no hay absolutamente ninguna restricción para el acceso directo al trono del Padre celestial.

Si los que están en Cristo son sacerdotes, ¿qué indica el tipo sobre el antitipo?

> También ustedes son como piedras vivas, con las cuales se está edificando una casa espiritual. De este modo llegan a ser un sacerdocio santo, para ofrecer sacrificios espirituales que Dios acepta por medio de Jesucristo. (1 Pedro 2:5)

En el antiguo pacto, no se esperaba que los sacerdotes se relajaran o dejaran que otros hicieran el trabajo. Se esperaba que ofrecieran sacrificios ellos mismos. Eso es lo que Dios espera de todos sus sacerdotes hoy en día. La vida cristiana se trata de ofrecer sacrificios espirituales, no con el fin de llegar a ser santos, sino porque somos santos. ¿Son estos sacrificios necesarios para convertirse en un sacerdote? ¡No! Son vitales porque somos sacerdotes. Es nuestro papel. Si eres un seguidor de Jesús, ¿estás ofreciendo estos sacrificios a través de tu vida en este momento? Jesús como sumo sacerdote se ofreció a sí mismo como sacrificio. Él no espera menos de nosotros como sus sacerdotes. *"Si alguien quiere ser mi discípulo, que se niegue a sí mismo, lleve su cruz cada día y me siga"* (Lucas 9:23). El siguiente capítulo nos dará detalles adicionales sobre los tipos de sacrificios que Dios espera de sus sacerdotes.

Hay más para descubrir del tipo y el antitipo. Los sacerdotes tenían que dedicar sus vidas a Dios. *"Ordenó que los habitantes de Jerusalén entregaran a los sacerdotes y a los levitas la parte que les correspondía, para que pudieran dedicarse a la ley del SEÑOR"* (2 Crónicas 31:4).

El pueblo de Israel tenía el deber de cubrir las necesidades físicas de los levitas y los sacerdotes para que pudieran dedicar sus vidas totalmente al servicio del Señor. Es tentador ver esto como algo análogo en los miembros de una iglesia que dan su "diezmo" de modo que los "ministros" asalariados pueden dedicar su tiempo a servir a Dios y la iglesia. Esta sería una aplicación absolutamente falsa de este pasaje. Todos los que están en Cristo son sacerdotes, y todos han de estar, al igual que los sacerdotes en el antiguo pacto, completamente dedicados al servicio de Dios. Es el mundo en el que trabajamos para ganarnos la vida, y donde vivimos como discípulos de Jesús, el que ha de proveer nuestra porción para que podamos servir al Dios vivo. Los del mundo nos dan un trabajo y un lugar para vivir (como recompensa de nuestro trabajo duro, por supuesto), y nosotros, a nuestra vez, ministramos para ellos el mensaje de la reconciliación. No hay absolutamente ningún sistema de cleros/laicos implicado en el sacerdocio del nuevo pacto de los creyentes. En cualquier caso, los "cleros" son todos los santos (y todos los cristianos son santos), y los "laicos" son los que todavía no son santos.

Aprendemos de los levitas y los sacerdotes que los que están en Cristo han de dedicarse plenamente a su trabajo en el ministerio delante de Dios. Esto es un recordatorio del desafío de Jesús a todos los que vendrían detrás de él: *"Cualquiera de ustedes que no renuncie a todos sus bienes, no puede ser mi discípulo"*. Si la relación entre el tipo y el antitipo es correcta, no hay dos niveles de devoción. Un sacerdote de Cristo está dedicado a él, ¡cien por ciento!

Hay más todavía de este sacerdocio del nuevo pacto.

> Al que nos ama
>> y que por su sangre
>> nos ha librado de nuestros pecados,
> al que ha hecho de nosotros un reino,
>> sacerdotes al servicio de Dios su Padre,
> ¡a él sea la gloria y el poder
>> por los siglos de los siglos! Amén. (Apocalipsis 1:5-6)

> "Fuiste (Jesús) sacrificado,
>> y con tu sangre compraste para Dios
>> gente de toda raza, lengua, pueblo y nación.
> De ellos hiciste un reino;
>> los hiciste sacerdotes al servicio de nuestro Dios,
>> y reinarán sobre la tierra". (Apocalipsis 5:9-10)

> Dichosos y santos los que tienen parte en la primera resurrección. La

segunda muerte no tiene poder sobre ellos, sino que serán sacerdotes de
Dios y de Cristo, y reinarán con él mil años. (Apocalipsis 20:6)

En Apocalipsis 20:6 y 1 Pedro 2:9, vemos que somos bendecidos
como sacerdotes y que también somos hechos santos. Somos santos,
apartados y puros, tanto porque somos declarados santos por Dios
como porque nos dedicamos a seguir siendo santos. Si un sacerdote
bajo el antiguo pacto se corrompía a sí mismo por cometer un
pecado o algún acto que lo hacía ceremonialmente impuro, era
descalificado para el servicio, en ciertos casos durante un período
determinado, y en otros, para siempre. En Cristo, somos sacerdotes,
santos y agradables a Dios, y no se basa en mantener la santidad
perfecta en nuestra propia vida, sino por medio de la sangre de
Jesús. Sin embargo, es el deber de todos los sacerdotes del Nuevo
Testamento permanecer tan santos como les sea posible. Dios le dijo
a Israel: *"Sean, pues, santos porque yo soy santo"* (Levítico 11:45). ¿Es
el llamado a hacer todos los esfuerzos para mantener una vida santa
una enseñanza poco relevante para aquellos que siguen a Cristo?

Un pasaje del Nuevo Testamento que hace claro este punto es
1 Corintios 1:2. Aquí Pablo dice: *"A la iglesia de Dios que está en
Corinto, a los que han sido santificados en Cristo Jesús y llamados a ser su
santo pueblo [...]"* En este pasaje, la palabra griega para santificados
y para santo es la misma. Pablo les dice a los cristianos de Corinto
que ya son santos, pero siempre deben esforzarse por vivir de una
manera santa. Todos los que desean ser sacerdotes de Dios deben
esforzarse lo más posible de abstenerse del pecado. Debemos tratar
de mantener la santidad que ya tenemos en Cristo. Ser declarado
un sacerdote santo no es excusa para no hacer todo lo posible para
mantenerse santo. Ese es el mensaje de Pablo, y ese es el mensaje del
tipo en el Antiguo Testamento, el sacerdocio de Aarón.

El propósito de los sacerdotes bajo el antiguo pacto era
interceder por Israel. En cierto sentido, deberían compensar la falta
de santidad del pueblo de Dios a través de su ministerio de sacrificio
ante él. Si este es el tipo, entonces, ¿qué es lo que da a entender sobre
el antitipo, los cristianos? Todo seguidor de Jesús es un sacerdote y,
por lo tanto, es un ministro también. ¿No es eso lo que se enseña en
2 Corintios 5:18-20?

Todo esto proviene de Dios, quien por medio de Cristo nos reconcilió consigo mismo y nos dio el ministerio de la reconciliación: esto es que, en Cristo, Dios estaba reconciliando al mundo consigo mismo, no tomándole en cuenta sus pecados y encargándonos a nosotros el mensaje de la reconciliación. Así que somos embajadores de Cristo, como si Dios los exhortara a ustedes por medio de nosotros.

Los que están en Cristo son sacerdotes y también ministros de reconciliación. ¡En el sacerdocio, cada cristiano es un sacerdote y un ministro hacia los que están en el mundo! Ministrar al mundo perdido es una parte inherente en la descripción del trabajo de un sacerdote en el nuevo pacto.

Otro pasaje que ilustra este punto se encuentra en Romanos 15:15-16.

Les he escrito [...] por causa de la gracia que Dios me dio para ser ministro de Cristo Jesús a los gentiles. Yo tengo el deber sacerdotal de proclamar el evangelio de Dios, a fin de que los gentiles lleguen a ser una ofrenda aceptable a Dios, santificada por el Espíritu Santo.

Pablo hace la conexión entre ser un sacerdote del nuevo pacto y un ministro de este. Una de las tareas sacerdotales es proclamar el evangelio de Jesucristo a los perdidos para que puedan convertirse en una ofrenda aceptable a Dios. Así como en el caso de Pablo, los cristianos anuncian el evangelio, no con el fin de convertirse en sacerdotes, sino porque ya son sacerdotes, haciendo intercesión por los perdidos.

En resumen, todos aquellos que son salvados por la sangre de Jesús se convierten en sacerdotes del nuevo pacto. Son hechos santos y, por lo tanto, se esfuerzan en mantenerse santos. Están dedicados a Dios, no a las actividades del mundo. Sirven en un templo no hecho con manos humanas. Tienen acceso directo al Dios viviente en su santo tabernáculo. Son ministros de reconciliación para aquellos en el mundo que todavía no son sacerdotes. Si eres un sacerdote de Dios, ¿cómo va tu ministerio?

EL SUMO SACERDOTE

El sacerdocio de los hijos de Aarón es un tipo, mientras que el sacerdocio de todos los creyentes que están en Cristo es el antitipo. El primero servía en un tabernáculo físico, este último sirve en un tabernáculo celestial. ¿Qué vamos a hacer con el papel del sumo sacerdote? Las prendas de lino blanco, usadas por todos los sacerdotes cuando servían en el santuario, se reflejan en (son prefiguras de) aquellos vestidos de blanco mencionados en Apocalipsis:

> Entonces uno de los ancianos me preguntó:
> "Esos que están vestidos de blanco, ¿quiénes son, y de dónde vienen?"
> "Eso usted lo sabe, mi señor", respondí.
> Él me dijo:
> "Aquellos son los que están saliendo de la gran tribulación;
> han lavado y blanqueado sus túnicas en la sangre del Cordero".
> (Apocalipsis 7:13-14)

¿Pero qué del sumo sacerdote, con su hermosas, coloridas prendas, quizás incluso llamativas de acuerdo con los estándares modernos?

El antitipo del sumo sacerdote de la dispensación mosaica es Jesucristo mismo. Al igual que el sumo sacerdote de la antigüedad, él es el que ha entrado en el Lugar Santísimo espiritual para interceder por nosotros. Hebreos deja este hecho bastante claro.

> Por lo tanto, ya que en Jesús, el Hijo de Dios, tenemos un gran sumo sacerdote que ha atravesado los cielos, aferrémonos a la fe que profesamos. Porque no tenemos un sumo sacerdote incapaz de compadecerse de nuestras debilidades, sino uno que ha sido tentado en todo de la misma manera que nosotros, aunque sin pecado. Así que acerquémonos confiadamente al trono de la gracia para recibir misericordia y hallar la gracia que nos ayude en el momento que más la necesitemos. (Hebreos 4:14-16)

El sumo sacerdote podía relacionarse con las personas que representaba porque había padecido las mismas tentaciones que aquellos por quienes intercedía, ¡pero también puede hacerlo Jesucristo! Él también fue tentado en todos los sentidos que nosotros, aunque no tropezó. El sumo sacerdote de Israel pasaba a través de la cortina en el Lugar Santísimo una vez al año, en virtud de la sangre de un macho cabrío y un toro, para interceder por el pueblo. Jesús ha entrado en el equivalente celestial en virtud de su propia sangre para interceder por nosotros. El sumo sacerdote era capaz de acercarse al trono de Dios, el propiciatorio, una vez al año. Por medio de Jesús, nuestro sumo sacerdote, podemos acercarnos al trono de Dios directamente cada día de nuestras vidas. ¡La cortina se ha rasgado en dos! Qué gran sumo sacerdote tenemos en Jesús. Efectivamente, el antitipo va mucho más allá del tipo.

¿Dónde habría estado Israel sin el ministerio de su sumo sacerdote? No podían acercarse a Dios directamente, pero *"todo sumo sacerdote es escogido de entre los hombres. Él mismo es nombrado para representar a su pueblo ante Dios, y ofrecer dones y sacrificios por los pecados"* (Hebreos 5:1).

¿Dónde estaría el judaísmo sin el sumo sacerdote? ¿Dónde se encontraría el perdón de los pecados? El problema es que, bajo el pacto en el Sinaí, no había perdón sin el ministerio del sumo sacerdote. El judaísmo de hoy es, en al menos un sentido, una concha vacía que no ofrece el acceso a la presencia de Dios. Todo el sistema de sacrificios, junto con sus sacerdotes y el sumo sacerdote, desapareció hace casi dos mil años, exactamente como fue profetizado por Daniel (Daniel 9:26-27), Jesús (Lucas 21:20-24) y el escritor de Hebreos (Hebreos 8:13).

El sumo sacerdote era una gran cosa para Israel, pero no estaba exento de problemas. En primer lugar, era un pecador. Jesús, por el contrario, no tenía pecado. En segundo lugar, la persona seleccionada como sumo sacerdote debía morir en algún momento *"pero, como Jesús permanece para siempre, su sacerdocio es imperecedero. Por eso también puede salvar por completo a los que por medio de él se acercan a Dios, ya que vive siempre para interceder por ellos"* (Hebreos 7:24-25). Ya no más tener que acostumbrarse a un nuevo sumo sacerdote; ya no hay cambio de sacerdotes. Nuestro Sumo Sacerdote es sacerdote para siempre.

> Nos convenía tener un sumo sacerdote así: santo, irreprochable, puro, apartado de los pecadores y exaltado sobre los cielos. A diferencia de los otros sumos sacerdotes, él no tiene que ofrecer sacrificios día tras día, primero por sus propios pecados y luego por los del pueblo; porque él ofreció el sacrificio una sola vez y para siempre cuando se ofreció a sí mismo.

> De hecho, la ley designa como sumos sacerdotes a hombres débiles; pero el juramento, posterior a la ley, designa al Hijo, quien ha sido hecho perfecto para siempre. (Hebreos 7:26-28)

Jesús lo hizo. Ha llegado al templo celestial para siempre. No más sacrificios diarios. No más incertidumbre, esperando no haber violado de algún modo algún aspecto de menor importancia de la ley como lo hizo Uza, cuando fue herido de muerte. Aunque el ministerio de Jesús es el antitipo del ministerio del sumo sacerdote, ¡su ministerio es muy superior! El santuario terrenal donde los antiguos sacerdotes servían era solo una copia. Cuando alguien entra en el santuario tras Jesús, esa persona está entrando en la verdadera presencia de Dios. No necesitamos sacerdotes para interceder por nosotros; ¡somos sacerdotes! Y tenemos una relación personal con el líder del sacerdocio, el Sumo Sacerdote, Jesucristo. *"El trono de Dios* (el propiciatorio) *y del Cordero* (el Sumo Sacerdote, Jesús) *estará en la ciudad. Sus siervos* (nosotros como sacerdotes) *le adorarán; lo verán cara a cara, y llevarán su nombre en la frente"* (Apocalipsis 22:3-4). El sumo sacerdote ofreció incienso en el altar de oro; ofrecemos el antitipo del incienso, la oración, allí mismo, a los pies del trono. ¡Qué honor y privilegio es! ¿Realmente apreciamos este hecho?

> El punto principal de lo que venimos diciendo es que tenemos tal sumo sacerdote, aquel que se sentó a la derecha del trono de la Majestad en el cielo, el que sirve en el santuario, es decir, en el verdadero tabernáculo levantado por el Señor y no por ningún ser humano.
>
> A todo sumo sacerdote se le nombra para presentar ofrendas y sacrificios, por lo cual es necesario que también tenga algo que ofrecer. Si Jesús estuviera en la tierra, no sería sacerdote, pues aquí ya hay sacerdotes que presentan las ofrendas en conformidad con la ley. Estos sacerdotes sirven en un santuario que es copia y sombra del que está en el cielo, tal como se le advirtió a Moisés cuando estaba a punto de construir el tabernáculo: "Asegúrate de hacerlo todo según el modelo que se te ha mostrado en la montaña". Pero el servicio sacerdotal que Jesús ha recibido es superior al de ellos, así como el pacto del cual es mediador es superior al antiguo, puesto que se basa en mejores promesas. (Hebreos 8:1-6)

Se dirá más sobre la superioridad del nuevo pacto en el siguiente capítulo.

Considera algunos de los detalles de la descripción en el Antiguo Testamento del ministerio del sumo sacerdote, y su aplicación para el antitipo, Jesucristo. *"No entrará en un lugar donde haya un cadáver"* (Levítico 21:11). Los sacerdotes no podían tocar un cuerpo muerto, y el sumo sacerdote ni siquiera podía estar en la misma habitación con una persona muerta. Este es un presagio del Sumo Sacerdote espiritual que sirve en un santuario donde no hay más muerte ni más lágrimas.

"No deberá contaminarse, ni siquiera por su padre o por su madre. No saldrá del santuario, para no profanar el santuario de su Dios, porque ha sido consagrado mediante el aceite de la unción divina. Yo soy el Señor" (Levítico 21:11-12). El sumo sacerdote se mantenía muy puro a través de una lista aparentemente interminable de reglas para mantenerse ceremonialmente limpio. Jesús, nuestro Sumo Sacerdote, fue puro durante toda su vida. Él nunca pecó en absoluto. Le preguntó a la multitud: *"¿Quién de ustedes me puede probar que soy culpable de pecado?"* (Juan 8:46). Sus acusadores guardaron silencio.

Observa que Levítico 21:12 dice que al sumo sacerdote no se le permitía salir del santuario durante toda la duración de su cargo independiente del motivo. Esta fue una restricción muy dura. Tal vez el sumo sacerdote estaba tentado a pensar que su oficio no era un gran privilegio. Qué gran presagio del ministerio de Jesús, que ha entrado en el tabernáculo celestial. *"El Señor ha jurado y no cambiará de parecer: 'Tú eres sacerdote para siempre, según el orden de Melquisedec"* (Salmo 110:4). Jesús nunca sale del santuario celestial. Él está a la diestra del trono para siempre.

A nadie con un defecto físico se le permitía servir como sumo sacerdote. *"Ningún descendiente del sacerdote Aarón que tenga algún defecto podrá acercarse a presentar al Señor las ofrendas por fuego. No podrá acercarse para presentarle a su Dios la ofrenda de pan por tener un defecto"* (Levítico 21:21). Esto no es una señal de insensibilidad del judaísmo ante los minusválidos. Es un presagio del Cordero sin defecto, Jesucristo.

Y, ¿qué con el peculiar atuendo que el sumo sacerdote vestía: la túnica y la faja, el efod, el pectoral y el Urim y Tumim? Por supuesto, estos tuvieron su propósito para los judíos a fin de marcar la importancia del oficio de sumo sacerdote. Podemos imaginar a los judíos encantados con la pompa y todo lo que rodeaba este oficio. Sin embargo, hay que tener en cuenta que todas estas cosas servían como presagios de la labor del antitipo, el Sumo Sacerdote, Jesucristo. El apóstol Juan tuvo una visión de este Sumo Sacerdote en la isla de Patmos, incluyendo su brillante túnica blanca y cinto de oro (Apocalipsis 1:13). Al igual que Moisés cuando entró en el Lugar Santísimo, el rostro de Jesús resplandecía con un intenso brillo.

Las dos piedras de ónice en el efod y las doce diferentes piedras preciosas en el pectoral del sumo sacerdote no solo representan a las doce tribus de Israel, sino que también son prefiguras de los doce apóstoles escogidos por el mayor Sumo Sacerdote, Jesucristo. Las doce piedras preciosas también prefiguran las doce puertas, los doce ángeles y las doce fundaciones en la ciudad celestial donde Jesucristo gobierna:

> Me llevó en el Espíritu a una montaña grande y elevada, y me mostró la ciudad santa, Jerusalén, que bajaba del cielo, procedente de Dios. Resplandecía con la gloria de Dios, y su brillo era como el de una piedra preciosa, semejante a una piedra de jaspe transparente. Tenía una muralla grande y alta, y doce puertas custodiadas por doce ángeles, en las que estaban escritos los nombres de las doce tribus de Israel. Tres puertas daban al este, tres al norte, tres al sur y tres al oeste. La muralla de la ciudad tenía doce cimientos, en los que estaban los nombres de los doce apóstoles del Cordero. [...]
>
> Los cimientos de la muralla de la ciudad estaban decorados con toda clase de piedras preciosas: el primero con jaspe, el segundo con zafiro, el tercero con ágata, [...] y el duodécimo con amatista". (Apocalipsis 21:10-14, 19-20)

Algunos afirman que el Pentateuco no enseña acerca del cielo. Es cierto que los primeros libros del Antiguo Testamento no parecen abordar directamente la vida después de la muerte en detalle, pero sin duda uno encuentra muchas prefiguras del cielo allí.

Recuerda que el sumo sacerdote llevaba el pectoral y el Urim y Tumim cuando estaba en el papel de juez para el pueblo de Dios.

Una vez más, tenemos un presagio de Jesucristo, que se situará a la diestra de Dios para juzgar a los vivos y a los muertos en el día final. Como ya se señaló, la palabra hebrea transcrita como "Urim" significa luz, mientras que la transcrita como "Tumim" significa perfección. Claramente, el sumo sacerdote no era la luz ni la perfección para el pueblo de Dios, pero cuando se tiene en cuenta el hecho de que Dios creó su traje de ropa entero como un presagio de la obra de Jesucristo, todo queda claro.

EL SACERDOCIO DE MELQUISEDEC

Jesucristo es tan gran sumo sacerdote que ser un antitipo del sumo sacerdote mosaico no fue suficiente para expresar todo lo relacionado con su ministerio como sacerdote delante del trono de Dios. Jesús también es un sacerdote según el orden de Melquisedec. Aquí estamos en aguas profundas.

> Tenemos como firme y segura ancla del alma una esperanza que penetra hasta detrás de la cortina del santuario, hasta donde Jesús, el precursor, entró por nosotros, llegando a ser sumo sacerdote para siempre, según el orden de Melquisedec. (Hebreos 6:19-20)

Ya hemos visto antes el misterioso Melquisedec como una prefigura de Jesucristo. Melquisedec era un sacerdote de Dios, no por nacimiento al igual que los hijos de Aarón, sino a través de designación directa por Dios. Como el escritor de Hebreos señala, Abraham, el "padre" de Leví según la costumbre judía, ofreció tributo a Melquisedec, quien, a su vez, bendijo a Abraham. *"Es indiscutible que la persona que bendice es superior a la que recibe la bendición"*. Este evento cerca de las puertas de Salén (Jerusalén) sirve como un presagio de que el sacerdocio de Jesucristo es mucho mayor que el sacerdocio de los hijos de Aarón.

El escritor de Hebreos llega al meollo de la cuestión de por qué el sacerdocio, incluso el sumo sacerdocio, de los hijos de Aarón no era un presagio suficiente del gran Sumo Sacerdote, Jesucristo:

> Si hubiera sido posible alcanzar la perfección mediante el sacerdocio levítico [...] ¿qué necesidad había de que más adelante surgiera otro sacerdote, según el orden de Melquisedec y no según el de Aarón?

[…] Y lo que hemos dicho resulta aún más evidente si, a semejanza de Melquisedec, surge otro sacerdote que ha llegado a serlo no conforme a un requisito legal respecto a linaje humano, sino conforme al poder de una vida indestructible. Pues de él se da testimonio:

"Tú eres sacerdote para siempre,
    según el orden de Melquisedec". (Hebreos 7:11, 15-17)

El sacerdocio de Aarón no era suficiente como presagio de Cristo por dos razones. En primer lugar, los hijos de Aarón se convirtieron en sacerdotes en virtud de su nacimiento, mientras que Melquisedec y Jesús eran sacerdotes por elección divina. En segundo lugar, los hijos de Aarón murieron, mientras que Melquisedec nunca murió. Como Enoc antes de él (Génesis 5:23-24), y después de él, Elías (2 Reyes 2:11-12), Melquisedec fue llevado por Dios. Nunca sufrió la muerte física. En realidad, Jesús sufrió la muerte física, pero la muerte no pudo mantener su control sobre él. Se levantó de los muertos al tercer día y, al igual que Enoc, Melquisedec y Elías, Dios tomó a Jesús de la tierra para estar con él en el cielo. Verdaderamente, Jesús es el hijo del (el antitipo de) sacerdote Melquisedec. Una vez más, vemos un presagio en el Antiguo Testamento de la enseñanza de la vida eterna en el Nuevo Testamento.

Todos los aspectos de las normas y reglamentos, las prendas de vestir y el ministerio del sumo sacerdote de Israel, sin excepción, apuntan hacia el gran y espectacular Sumo Sacerdote del nuevo pacto, Jesucristo. En las dos formas mencionadas, el sumo sacerdocio aarónico no podía presagiar completamente el sacerdocio de Jesucristo, por lo que Dios incluyó a Melquisedec para ampliar la imagen. ¿Podría haber dado Dios una mayor imagen de la función ministerial de su Hijo y nuestro Salvador, Jesucristo? Cuando observamos el sacerdocio y el sumo sacerdote en Israel, sin duda podemos afirmar que nos muestran que el Mesías habría de venir.

CAPÍTULO CINCO

El pacto mosaico prefigura el nuevo pacto en Cristo

> La ley es solo una sombra de los bienes venideros, y no la presencia misma de estas realidades.
>
> Hebreos 10:1

> Así que nadie los juzgue a ustedes por lo que comen o beben, o con respecto a días de fiesta religiosa, de luna nueva o de reposo. Todo esto es una sombra de las cosas que están por venir; la realidad se halla en Cristo.
>
> Colosenses 2:16-17

Imagínate la escena. Tras liberar a su pueblo de la esclavitud en Egipto, con grandes prodigios y señales, Dios los trajo al Monte Sinaí. Aquí estableció un pacto con su pueblo. Le dijo a Moisés que ponga límites al pie de la montaña, porque cualquier persona que pusiera el pie en el monte santo mientras Dios se aparecía a Moisés moriría. Moisés pasó dos días completos consagrando al pueblo. Todos lavaron sus cuerpos y ropas y se abstuvieron de tener relaciones sexuales. La tensión se iba acumulando, ya que ellos sabían que algo grande estaba a punto de suceder. Dios tenía toda la atención de su pueblo.

Exactamente como Moisés les había dicho antes, Dios vino al tercer día y se posó sobre la montaña con un gran poder.

> En la madrugada del tercer día hubo truenos y relámpagos, y una densa nube se posó sobre el monte. [...] El monte estaba cubierto de humo, porque el SEÑOR había descendido sobre él en medio de fuego. [...] Era tanto el humo que salía del monte, que parecía un horno; todo el monte se sacudía violentamente, y el sonido de la trompeta era cada vez más fuerte. [...]
>
> Ante ese espectáculo de truenos y relámpagos, de sonidos de trompeta y de la montaña envuelta en humo, los israelitas temblaban de miedo. (Éxodo 19:16-19, 20:18)

Teniendo en cuenta esta impresionante señal, no es difícil ver por qué la gente estaba aterrorizada. Y así fue como Moisés y el pueblo de Dios recibieron la Ley. Dios tiene una manera de anunciar grandes cambios con señales sugestivas. La recepción del primer pacto, sin duda, no fue una excepción a esta regla. Unos cuatrocientos años antes, Dios había escogido a Abraham como el hombre a través de quien bendeciría al mundo. Fue en este momento, al pie del Monte Sinaí, que Dios estableció su pacto y dio su Ley a los descendientes de Abraham. En ese día, la religión judía comenzó.

Si el templo fue el centro de la religión y el culto de los judíos, entonces la Ley de Moisés fue el centro de su vida diaria, al menos para aquellos que permanecieron fieles al antiguo pacto. Qué comer, cuándo sembrar, las prácticas de salud, el matrimonio, la muerte, los impuestos ... parecía como si incluso el aspecto más minucioso de la vida del pueblo de Dios estuviera regido por la Ley dada en el Sinaí.

¿Cuál era la esencia, el corazón, de la Ley de Moisés? Muchos dirían que los Diez Mandamientos son su esencia. Es cierto que ellos fueron muy importantes para el pueblo judío, ya que se colocaron en el arca, pero los Diez Mandamientos definitivamente no son el corazón de la Ley de Moisés. El corazón de la Ley podría enunciarse como sigue: *"Observen mis estatutos y mis preceptos, pues todo el que los practique vivirá por ellos. Yo soy el Señor"* (Levítico 18:5).

La esencia del primer pacto era un pacto aunado a una promesa, sellado con sangre. Dios le dijo a su pueblo que, si guardaba todas las leyes que les había dado en el Monte Sinaí, ellos serían muy bendecidos en la tierra que se le iba a dar. A primera vista, esto puede parecer algo grandioso, pero ten en cuenta las consecuencias. El problema surge por el hecho de tener que guardar todas las leyes:

"Maldito sea quien no practique fielmente las palabras de esta ley". (Deuteronomio 27:26)

"Mediten bien en todo lo que les he declarado solemnemente este día, y díganles a sus hijos que obedezcan fielmente todas las palabras de esta ley. Porque no son palabras vanas para ustedes, sino que de ellas depende su vida; por ellas vivirán mucho tiempo en el territorio que van a poseer al otro lado del Jordán". (Deuteronomio 32:46-47)

"…para que puedan distinguir entre lo santo y lo profano, y entre lo puro y lo impuro, y puedan también enseñar a los israelitas todos los estatutos que el SEÑOR les ha dado a conocer por medio de Moisés". (Levítico 10:10-11)

"Sean santos, porque yo, el SEÑOR su Dios, soy santo". (Levítico 19:2)

"Si se conducen según mis estatutos, y obedecen fielmente mis mandamientos, yo les enviaré lluvia a su tiempo […] Si ustedes no me obedecen ni ponen por obra todos estos mandamientos […] y dejan de poner por obra todos mis mandamientos, violando así mi pacto, entonces yo mismo los castigaré con un terror repentino, con enfermedades y con fiebre que los debilitarán". (Levítico 26:3-4, 14-16)

El problema con el pacto que Dios estableció a través de la Ley de Moisés en el Sinaí es que las personas no fueron capaces de mantener su parte del contrato. ¿Quién podría vivir una vida en la que nunca fallaría en cualquier punto de la ley dada a Moisés? Como dijo Pablo en Gálatas 2:21, la justicia no se obtiene mediante la ley.

Pero ¿qué pasa con todos esos sacrificios? Por cierto, toda esa sangre de toros y machos cabríos no estaba siendo derramada por nada. ¿No estaba destinada a compensar la diferencia entre el rendimiento de los judíos y las expectativas de Dios? La respuesta es sí y no. Los sacrificios instituidos en el Sinaí eran una sombra, al igual que el pacto en que se basaban. Las sombras no traen el perdón; no hacen que uno sea perfecto. Solo lo real puede tender un puente sobre el abismo impresionante entre nuestros intentos de vivir correctamente y la verdadera rectitud. Y, por lo tanto, tuvimos la necesidad del antitipo del pacto establecido por medio de Moisés: el nuevo pacto. Considera Hebreos 10:1-4:

La Ley (en el Sinaí) es solo una sombra de los bienes venideros, y no la presencia misma de estas realidades. Por eso nunca puede, mediante los mismos sacrificios que se ofrecen sin cesar año tras año, hacer perfectos a los que adoran. De otra manera, ¿no habrían dejado ya de hacerse sacrificios? Pues los que rinden culto, purificados de una vez por todas, ya no se habrían sentido culpables de pecado. Pero esos sacrificios son un recordatorio anual de los pecados, ya que es imposible que la sangre de los toros y de los machos cabríos quite los pecados.

Eso es todo. La ley, en otras palabras, la Ley de Moisés, era un presagio. Dios nunca había tenido la intención de que fuera la respuesta definitiva a los pecados de su pueblo. Al igual que la vida de Moisés era una prefigura de la vida y el ministerio de Jesucristo, el pacto establecido por medio de Moisés era una prefigura del pacto establecido por medio de Jesucristo. Moisés era una prefigura profética de la realidad revelada en Cristo. Lo mismo puede decirse de la ley dada a Moisés en el Sinaí. Es un presagio del nuevo pacto hecho completamente realidad en Cristo.

Tal vez algunos podrían encontrar esto difícil de aceptar. ¿Cómo podían mil cuatrocientos años y literalmente millones de sacrificios con millones de galones de sangre derramada carecer de significado? ¿Cómo podría el único Dios verdadero instituir tal cosa? Que las docenas de ejemplos ya dados sirvan como prueba irrefutable del principio de que Dios usa a las personas y los acontecimientos en el Antiguo Testamento como prefiguras de la realidad que iba a revelar a nosotros por medio de Jesucristo. Tenían un gran significado como presagios.

Además, los sacrificios realizados todos esos años en el desierto y en Jerusalén ciertamente no carecían de sentido para los propios judíos. Estaban llenos de significado. A través de los sacrificios en el Antiguo Testamento, Dios estaba enseñando a los hijos de Abraham, tanto físicos como espirituales, algunos principios fundamentales sobre nuestra relación con él, como veremos más adelante.

Para el judío que pudiera quejarse: "¿Por qué nos hizo pasar por toda esta farsa?", Dios podría responder: "No era una farsa. En mi mente, era como si mi Hijo Jesús fuera inmolado desde el principio. Te di la Ley de Moisés como un maestro, un tutor. Fue necesario preparar a un pueblo a través del cual bendecir el mundo. Además, no es que no te haya dicho que iba a hacer un nuevo y más grande pacto establecido sobre mejores promesas. ¿Qué les dijo mi profeta Jeremías?"

> "Vienen días", afirma el SEÑOR, "en que haré un nuevo pacto con el pueblo de Israel y con la tribu de Judá. No será un pacto como el que hice con sus antepasados el día en que los tomé de la mano y los saqué de Egipto, ya que ellos lo quebrantaron a pesar de que yo era su esposo", afirma el SEÑOR.

"Este es el pacto que después de aquel tiempo haré con el pueblo de Israel", afirma el SEÑOR: "Pondré mi ley en su mente, y la escribiré en su corazón. Yo seré su Dios, y ellos serán mi pueblo. Ya no tendrá nadie que enseñar a su prójimo, ni dirá nadie a su hermano: '¡Conoce al SEÑOR!', porque todos, desde el más pequeño hasta el más grande, me conocerán", afirma el SEÑOR. "Yo les perdonaré su iniquidad, y nunca más me acordaré de sus pecados". (Jeremías 31:31-34)

No es que la Ley de Moisés fuera mala. Es solo que el antitipo es inconmensurablemente mayor. El nuevo pacto es el cumplimiento, la realización, del pacto establecido en el Sinaí. ¿No es eso lo que dijo Jesús en el Sermón del Monte? *No piensen que he venido a anular la ley o los profetas; no he venido a anularlos, sino a darles cumplimiento* (Mateo 5:17). El antitipo no abolió el tipo. Lo llevó a la culminación y cumplió sus requisitos. ¡Cuánto más grande es el nuevo pacto, establecido y sellado por la sangre de Jesús!

El pacto establecido en el Monte Sinaí era, en verdad, una cosa impresionante. El fuego y el humo que cubrían toda la montaña eran una señal inequívoca de eso. Sin embargo, si hemos aprendido algo de los tipos y antitipos en el Antiguo y el Nuevo Testamento, sin duda es que este último es mayor que el primero. Este autor no será capaz de mejorar lo dicho por el autor de Hebreos:

Ustedes no se han acercado a una montaña que se pueda tocar o que esté ardiendo en fuego; ni a oscuridad, tinieblas y tormenta; ni a sonido de trompeta, ni a tal clamor de palabras que quienes lo oyeron suplicaron que no se les hablara más. [...]

Por el contrario, ustedes se han acercado al monte Sión, a la Jerusalén celestial, la ciudad del Dios viviente. Se han acercado a millares y millares de ángeles, a una asamblea gozosa, a la iglesia de los primogénitos inscritos en el cielo. Se han acercado a Dios, el juez de todos; a los espíritus de los justos que han llegado a la perfección; a Jesús, el mediador de un nuevo pacto; y a la sangre rociada, que habla con más fuerza que la de Abel. (Hebreos 12:18-24)

Cuando los lectores judíos llegaron a este punto de la carta a los Hebreos, sabían exactamente a lo que el escritor se refería cuando mencionó la montaña, el fuego, la oscuridad y el sonido de la trompeta: Hebreos 12 es un recordatorio de la entrega de la Ley de Moisés en el Sinaí. El primer pacto de Dios era grandioso, pero el nuevo pacto era infinitamente mayor. Trajo consigo la perfección.

Una vez más, uno podría estar tentado a preguntarse por qué Dios introdujo algo que no era perfecto desde un comienzo. *"La ley anterior queda anulada por ser inútil e ineficaz, ya que no perfeccionó nada"* (Hebreos 7:18-19). ¿Por qué no pasar directamente a la perfección: el pacto que fue sellado con la sangre de Jesús? Había muchas razones. Una de ellas es la fe. Se necesita más fe para aceptar el segundo pacto, porque se trata de cosas que son invisibles. Los judíos podían ver el templo en Jerusalén. No podían confundir las implicaciones de la columna de nube de día y de fuego durante la noche. Cuando el Mar Rojo se abrió, el pueblo de Dios no confundió la interpretación del mensaje: ¡Adelante!

Los antitipos de todas estas cosas son espirituales. Son invisibles. En las palabras de Jesús a un Tomás escéptico, *"Porque me has visto, has creído [...]; dichosos los que no han visto y sin embargo creen"* (Juan 20:29). Somos de los que no han visto y, sin embargo. los que Dios espera que crean. Como dijo Pablo: *"Vivimos por fe, no por vista"* (2 Corintios 5:7). Cuando Dios creó los tipos en el Antiguo Testamento y sus cumplimientos en el Nuevo, nos proveyó una prueba positiva de la realidad del segundo y mejor pacto. Dios espera que los cristianos vivan por fe, no por vista. Sin embargo, dada la naturaleza profética de los tipos en el Antiguo Testamento, es mucho más que una fe ciega. El cumplimiento del tipo en el Antiguo Testamento con el antitipo en el Nuevo es una parte importante de la evidencia para apoyar esa fe.

Una segunda razón por que la Ley de Moisés tiene un gran valor es que la ley dada en el Sinaí fue un gran maestro. Mucho sobre la naturaleza de Dios y el tipo de relación que quiere con su pueblo se puede extraer de un estudio cuidadoso de la Ley de Moisés. La ley y el pacto establecidos por medio de Moisés prepararon a los judíos tanto intelectual como espiritualmente para el cambio del pacto que Dios tenía en mente. Si tan solo más de ellos hubieran estado dispuestos a hacer el cambio de la mente y el corazón necesario para convertirse en seguidores del segundo Moisés.

¿Qué concluiremos? ¿Que la ley es pecado? ¡De ninguna manera! Sin embargo, si no fuera por la ley, no me habría dado cuenta de lo que es el

> pecado. Por ejemplo, nunca habría sabido yo lo que es codiciar si la ley no hubiera dicho: "No codicies". [...]
>
> Pero entonces, ¿lo que es bueno se convirtió en muerte para mí? ¡De ninguna manera! Más bien fue el pecado lo que, valiéndose de lo bueno, me produjo la muerte; ocurrió así para que el pecado se manifestara claramente, o sea, para que mediante el mandamiento se demostrara lo extremadamente malo que es el pecado. (Romanos 7:7, 13)

Para los judíos, y para cualquier persona dispuesta a prestar atención a la Ley de Moisés, la verdadera naturaleza del pecado y su efecto sobre nuestra relación con Dios se hizo muy claro. Es difícil entender plenamente las buenas nuevas del perdón eterno bajo el nuevo pacto sin antes comprender plenamente las malas noticias de la depravación del pecado y de nuestra incapacidad para dejar de pecar. Los intentos infructuosos de los judíos de seguir perfectamente la Ley de Moisés enseñan tanto a ellos como a nosotros esa lección. El mensaje es que el esfuerzo humano no puede ni producirá una relación correcta con Dios.

Pablo también expresa la idea de que la Ley es un gran maestro en Gálatas:

> Entonces, ¿cuál era el propósito de la ley? Fue añadida a causa de las transgresiones, hasta que viniera la descendencia (que es Jesucristo) a la cual se hizo la promesa. [...]
>
> Si esto es así, ¿estará la ley en contra de las promesas de Dios? ¡De ninguna manera! Si se hubiera promulgado una ley capaz de dar vida, entonces sí que la justicia se basaría en la ley. [...]
>
> **Así que la ley vino a ser nuestro guía encargado de conducirnos a Cristo**, para que fuéramos justificados por la fe. (Gálatas 3:19, 21, 24, énfasis añadido)

Hasta que estemos listos para el examen importante, necesitamos un tutor. Hasta que estemos listos para las ligas profesionales, necesitamos un entrenador. Hasta que estemos listos para asumir la responsabilidad total, necesitamos un mentor. Eso es lo que la Ley de Moisés era. Nos explicaba a Dios; nos abrió el camino; nos mostró lo que había de venir. La Ley de Moisés no llevó a los judíos al cielo, pero los llevó a Cristo. Sin embargo, cuando Cristo vino, era el momento de dejar atrás las cosas de niño y de asumir el cumplimiento del plan de Dios en el nuevo pacto.

El nuevo pacto en Cristo, como ya se ha mencionado, es un antitipo del pacto mosaico. Bajo el pacto anterior, el acuerdo entre Dios y su pueblo podría describirse en su esencia como *"quien practique estas cosas* (sus estatutos y preceptos) *vivirá por ellas"*. ¿Qué implica este nuevo pacto que se estableció para que pudiéramos escapar de las consecuencias de la ley del pecado y de la muerte?

> Por eso Cristo es mediador de un nuevo pacto, para que los llamados reciban la herencia eterna prometida, ahora que él ha muerto para liberarlos de los pecados cometidos bajo el primer pacto. (Hebreos 9:15)

En esta sección de Hebreos, el escritor pasa a explicar la relación tipo/antitipo entre el primero y el segundo pacto en más detalle. Ambos eran esencialmente como un testamento: solamente fueron sellados por la muerte de la persona que hizo el pacto. El escritor de Hebreos cita a Moisés en Éxodo 24:8: *"Esta es la sangre del pacto que [...] el Señor ha hecho con ustedes"*, explicando que esta era la razón de por qué Moisés roció la sangre tanto en el tabernáculo como en todos los artículos utilizados en las ceremonias del primer pacto. *"Sin derramamiento de sangre no hay perdón"* (Hebreos 9:22).

Al igual que con el tipo, así es con el antitipo. El pacto nuevo solo podía llevarse a la práctica y ser sellado con la muerte del que lo manifestó: Jesucristo. Se requiere su sangre para limpiar los artículos en el tabernáculo celestial. El escritor de Hebreos podía resumir el antitipo, el nuevo pacto en Cristo, de la siguiente manera:

> Cristo fue ofrecido en sacrificio una sola vez para quitar los pecados de muchos; y aparecerá por segunda vez, ya no para cargar con pecado alguno, sino para traer salvación a quienes lo esperan. (Hebreos 9:28)

Al igual que el primer pacto, el segundo pacto implicó una promesa, la que fue sellada con sangre.

PRESAGIOS EN LA LEY DE MOISÉS

Hay muchos paralelismos entre el antiguo y el nuevo pacto en los que el presagio es una cosa física, mientras que el cumplimiento en el nuevo pacto es algo espiritual. La Ley de Moisés en el Antiguo Testamento se convierte en *"la ley del Espíritu de vida"* (Romanos 8:2), por medio de Jesucristo, en el Nuevo Testamento. Los toros y machos cabríos cuya sangre fue utilizada en los sacrificios bajo la Ley de Moisés debían ser intachables físicamente. ¡Cuánto más grande es el sacrificio del nuevo pacto! El sacrificio antitipo, Jesucristo, llevó una vida intachable, no físicamente, sino espiritualmente.

Como un segundo ejemplo de los paralelos físicos y espirituales entre los dos pactos, ser fiel al pacto anterior llevó, en gran parte, a bendiciones físicas.

> "Hoy te doy a elegir entre la vida y la muerte, entre el bien y el mal. Hoy te ordeno que ames al SEÑOR tu Dios, que andes en sus caminos, y que cumplas sus mandamientos, preceptos y leyes. Así vivirás y te multiplicarás, y el SEÑOR tu Dios te bendecirá en la tierra de la que vas a tomar posesión".
> (Deuteronomio 30:15-16)

Muchos se pierden en este punto, por lo que decimos de nuevo: la promesa del antiguo pacto fue principalmente que Dios daría bendiciones físicas. Él prometió buenas cosechas, muchos niños, la lluvia en el momento adecuado, leche y miel, así como la libertad de los ataques de sus enemigos. Sacrificios físicamente sin manchas llevaron a bendiciones físicas. Debido a que el sacrificio del nuevo pacto es sin mancha espiritualmente, no físicamente, la bendición en el marco del segundo pacto es espiritual. Incluye el perdón del pecado y una relación con Dios. *"Alabado sea Dios, Padre de nuestro Señor Jesucristo, que nos ha bendecido en las regiones celestiales con toda bendición espiritual en Cristo"* (Efesios 1:3). El resto del primer capítulo de Efesios enumera estas bendiciones espirituales, incluyendo ser santos e intachables; ser adoptados como hijos de Dios; recibir su gloriosa gracia; la redención; el perdón de los pecados, y ser elegido, incluido en Cristo y marcado con el sello, el cual es el Espíritu Santo prometido. Cada uno de estos dones espirituales es presagiado de las bendiciones físicas dadas a Israel en la tierra prometida.

Por lo tanto, ¿qué podemos aprender acerca de Dios y del nuevo pacto a través del primer pacto que lo presagió? Por un lado, hemos aprendido del antiguo pacto que Dios quiere tener una relación con su pueblo a través de la cual bendecirlo. Incluso desde una mirada superficial en Levítico, es difícil pasar por alto el hecho de que Dios le dio muchas leyes a Israel, por medio de Moisés. Así que, veamos la imagen completa. ¿Cuál fue el propósito de estas leyes? Para nosotros que leemos el Nuevo Testamento, son presagios de cosas que se encuentran en Jesucristo. Pero ¿qué significaban estas leyes para Israel? En general, las leyes dadas a Israel proporcionaron beneficio físico directo o los mantuvieron puros para que pudieran estar en una relación con Jehová.

PRESCRIPCIONES SANITARIAS

Hay muchos ejemplos de leyes que Dios dio a Israel para que pudieran ser bendecidos con la salud física y con relaciones felices entre sí. Por ejemplo, Dios ordenó que se abstuvieran de ciertas carnes. Lo que pasa es que cada uno de los alimentos que Dios mandó que no comieran (carne de cerdo, carne de carnívoros, crustáceos, etc.) lleva una probabilidad relativamente alta de causar alguna enfermedad mortal, mientras que las carnes que se les permitió comer (pescado, cordero, carne de res, etc.) tienden a ser mucho más seguras para comer, aun si no están bien cocidas. Otros ejemplos podrían citarse. Dios dio las leyes de cuarentena en el caso de ciertas enfermedades. Dio leyes sobre el contacto con los cadáveres y las normas sobre el comportamiento sexual, todos los cuales aportarían un gran beneficio para la salud de Israel si se obedecían.[19]

Dios dejó claro que quería darles una buena salud. *"Yo soy el Señor su Dios. Si escuchan mi voz y hacen lo que yo considero justo, y si cumplen mis leyes y mandamientos, no traeré sobre ustedes ninguna de las enfermedades que traje sobre los egipcios. Yo soy el Señor, que les devuelve la salud"* (Éxodo 15:26). A pesar de la falta total del conocimiento científico de la época, la ley mosaica está llena de leyes eficaces y sensatas de salud. Se trata de una pieza de evidencia, entre muchos, de que el Pentateuco es inspirado por Dios. Es interesante notar el hecho histórico de que los judíos siempre han sido capaces de sobrevivir a grandes tragedias, las guerras y las persecuciones. Un factor que contribuye es que en la medida en que seguían las leyes que les dio Moisés, vivieron una vida más saludable que sus vecinos y crecieron numéricamente.

El tipo en la Ley de Moisés es la buena salud física. El antitipo en el Nuevo Testamento es la buena salud espiritual. Las enfermedades degenerativas como la lepra fueron prevenidas siguiendo los mandatos que Dios dio a Moisés, que también los hacía ceremonialmente impuros, presagian el pecado y su efecto debilitante en nuestra vida que se evita mediante la obediencia a Dios y la participación en el nuevo pacto en Jesucristo. Los judíos que obedecían la Ley de Moisés fueron protegidos de los efectos devastadores de las enfermedades físicas de los egipcios. Los que siguen a Cristo evitarán los efectos devastadores de la enfermedad espiritual de Egipto: el pecado. No seremos perfectos en esta vida, pero Dios nos dará toda bendición espiritual (Efesios 1:3). Las bendiciones físicas son una cosa maravillosa, pero bendiciones espirituales: paz mental, el perdón, la liberación de la culpa, una relación personal con el Dios del universo, ¡estas son bendiciones mayores!

LIMPIO VERSUS IMPURO

Como se dijo anteriormente, muchas de las leyes dictadas por medio de Moisés tenían implicaciones beneficiosas para la salud. La buena salud física para los judíos tiene como antitipo la buena salud espiritual de los hijos espirituales de Moisés. Aunque la ley mosaica incluye muchas regulaciones de salud, una proporción aún mayor de las leyes dadas a Israel en Sinaí eran regulaciones para mantener la limpieza ceremonial. Había leyes para mantener la limpieza de todo el pueblo de Israel. También había leyes especiales para la limpieza ceremonial de los sacerdotes, y leyes aún más estrictas para el sumo sacerdote. Es fácil perderse en todas las normas para evitar la impureza mientras vamos leyendo Números, Levítico y Deuteronomio.

Para que un cristiano comprenda la relevancia de estas leyes, es útil tener en cuenta el antitipo de la limpieza ceremonial. Ser ceremonialmente limpio para los judíos significaba que eran capaces de presentar sacrificios aceptables y adorar a Dios. No es difícil reconocer el cumplimiento de este presagio en el nuevo pacto. La limpieza ceremonial es el tipo, mientras que el antitipo en Cristo es ser limpiado del pecado. Con el fin de presentar nuestras vidas como sacrificios vivos a Dios, que es nuestra adoración espiritual (parafraseando Romanos 12:1-2), hay que evitar la corrupción del mundo. Una cosa que está clara como el agua a partir de la Ley de Moisés es que mantener nuestra vida libre de pecado es muy importante para Dios.

Solo para dar una idea de algunas de las normas relativas a la impureza para los sacerdotes, considera una lista tomada de Levítico 21. Con el fin de ser ceremonialmente limpio y así poder servir delante de su Dios, al sumo sacerdote ni siquiera le estaba permitido estar en la habitación donde estaba una persona muerta. A los sacerdotes no se les permitía afeitarse la cabeza o los bordes de la barba. Los sacerdotes *"no deben hacerse impuros ni contaminarse"* (v. 4). *"Deben ser santos para su Dios, y no profanar su nombre"* (v. 6). No debían casarse con una mujer que había sido prostituta o que se hubiera divorciado. En el mismo capítulo, el sumo sacerdote era descalificado para servir delante de Dios por cualquiera de una serie de defectos físicos. La lista podría proseguir. Reglas para todas las personas para mantenerse limpios, no solo para los sacerdotes, incluyeron prohibiciones tales como no aparear diferentes tipos de animales, no plantar los campos con dos clases de semillas, no comer carne con la sangre todavía en ella y así sucesivamente. Había leyes que protegían a los animales de la crueldad, otras que advertían sobre diversos tipos de relaciones sexuales, así como reglas para tratar con niños rebeldes. Muchas de estas leyes son presagios físicos de los principios espirituales para los que están bajo el nuevo pacto.

Todas estas regulaciones son presagios de la pureza y la libertad del pecado que Dios quiere para sus hijos bajo el segundo y mayor pacto. Recuerda que el discípulo perdonado de Jesús es un sacerdote. Debe hacer todos los esfuerzos posibles para evitar la impureza espiritual.

> "Que se aparte de la maldad todo el que invoca el nombre del Señor".
> En una casa grande no solo hay vasos de oro y de plata, sino también de madera y de barro, unos para los usos más nobles y otros para los usos más bajos. Si alguien se mantiene limpio, llegará a ser un vaso noble, santificado, útil para el Señor y preparado para toda obra buena.
> Huye de las malas pasiones de la juventud, y esmérate en seguir la justicia, la fe, el amor y la paz, junto con los que invocan al Señor con un corazón limpio. (2 Timoteo 2:19-22)

El Nuevo Testamento repetidamente advierte de no dejarse corromper por el mundo. *"En verdad, Dios ha manifestado a toda la humanidad su gracia, la cual trae salvación y nos enseña a rechazar la impiedad y las pasiones mundanas. Así podremos vivir en este mundo con justicia, piedad y dominio propio"* (Tito 2:11-12). Si la multitud de leyes para la limpieza ceremonial deja en claro algo, es que Dios espera que hagan todo lo posible para ser libres del pecado y de la impureza.

Aunque se puede enumerar varios ejemplos de leyes específicas dadas en el Sinaí que son tipos de principios espirituales establecidos en el Nuevo Testamento, es más importante entender el panorama completo. Lo que ambos convenios tienen en común es que, bajo las dos dispensaciones, se espera que quienes vengan delante de Dios pongan mucha dedicación en mantenerse santos. Una vez dicho esto, en ambos pactos, Dios proveyó una manera de cerrar la brecha (en realidad, el gran abismo) entre el requisito de la santidad y el cumplimiento real de los que sinceramente tratan de seguir siendo justos. Bajo el pacto anterior, se proporcionó el sacrificio de sangre para expiar la impureza física (muchos detalles del sistema de sacrificios se dan en el siguiente capítulo). Bajo Cristo, se proporciona la sangre de Jesús para expiar la impureza espiritual. La sensación general que se obtiene en ambos casos es que no hay excusa para pecar voluntariamente.

> Mis queridos hijos, les escribo estas cosas para que no pequen. Pero, si alguno peca, tenemos ante el Padre a un intercesor, a Jesucristo, el Justo. Él es el sacrificio por el perdón de nuestros pecados, y no solo por los nuestros, sino por los de todo el mundo. (1 Juan 2:1-2)

Bajo el primer pacto, el pueblo de Dios era obligado a mantenerse ceremonialmente limpio. Dios sabía que nunca sería capaz de seguir sus decretos a la perfección, por lo que proveyó el sistema de sacrificios para compensar, en parte, la diferencia entre el esfuerzo sincero y la perfección. Los sacrificios en el tabernáculo y luego en el templo hicieron expiación delante de Dios para que su gente pudiera estar físicamente bendecida. Del mismo modo, Cristo les enseña a sus seguidores a hacer todo lo posible para permanecer espiritualmente limpio, pero Dios provee el sacrificio expiatorio de su Hijo para cubrir los pecados que incluso el cristiano más sincero inevitablemente cometerá.

SANGRE, SANGRE Y MÁS SANGRE

La relación tipo/antitipo entre la Ley de Moisés y la ley del Espíritu de vida en Cristo tiene otras lecciones para enseñarnos. Bajo la Ley de Moisés, incluso lo que parecería un menor delito exigía el sacrificio de sangre. De hecho, ¡a Israel incluso se le exige ofrecer sacrificios de sangre por los pecados no intencionales de los que ni eran conscientes!

"Si la que peca inadvertidamente es toda la comunidad de Israel, toda la asamblea será culpable de haber hecho algo que los mandamientos del SEÑOR prohíben. Cuando la asamblea se dé cuenta del pecado que ha cometido, deberá ofrecer un novillo como sacrificio expiatorio. Lo llevarán a la Tienda de reunión, y allí, en presencia del SEÑOR, los ancianos de la comunidad impondrán las manos sobre la cabeza del novillo y lo degollarán. Luego el sacerdote ungido tomará un poco de la sangre del novillo y la llevará a la Tienda de reunión. Mojará el dedo en la sangre, y rociará con ella siete veces en dirección a la cortina en presencia del SEÑOR. Después untará un poco de la sangre en los cuernos del altar, que está ante el SEÑOR, en la Tienda de reunión. El resto de la sangre la derramará al pie del altar del holocausto, que está a la entrada de la Tienda de reunión". (Levítico 4:13-18)

Esta es una escena muy gráfica. Trata de imaginar el efecto sobre aquellos que presenciaban el sacrificio del toro. Ver la garganta del toro cortada y ver los litros de sangre que se derramaban debió haber provocado una impresión muy fuerte en el pueblo, sobre todo porque era por los pecados de los cuales no eran conscientes, por no hablar de los pecados de los que eran conscientes.

Como se mencionó antes, en los días de muchos sacrificios en Jerusalén, el torrente de Cedrón corría teñido de rojo. El mensaje es claro: el pecado crea un problema muy grande entre Dios y su pueblo. El precio para traer la redención es alto, por cierto. La paga del pecado es la muerte. Ninguna infracción de la ley de Dios era tan pequeña para no incurrir en la pena de muerte.

"La vida de toda criatura está en la sangre". (Levítico 17:11)

La paga del pecado es muerte. (Romanos 6:23)

> De hecho, la ley exige que casi todo sea purificado con sangre, pues
> sin derramamiento de sangre no hay perdón. (Hebreos 9:22)

Estos pasajes hacen que la declaración de Pablo de que la ley nos conduce a Cristo tome un temible e increíble significado. El pecado es una cosa horrible a los ojos de Dios. Es muy costoso. La sangre de los toros trajo limpieza ceremonial. ¿Cuánto mayor es la sangre del antitipo, Jesucristo? Es trágicamente fácil para aquellos que han sido perdonados por la sangre de Jesús olvidar el increíble precio por el que fueron comprados. Incluso es más fácil olvidar la pena que yacía sobre nuestras cabezas. Una mentira, una mirada furtiva, un acto celoso llevaba a la muerte. Piensa en la sangre saliendo a borbotones mientras el toro caía de rodillas y daba su último respiro. Piensa en ti mismo y tu pecado. Piensa en la sangre de Jesús.

DE LA ESCLAVITUD A LA LIBERTAD

En cierto modo, la Ley de Moisés enseña acerca de la ley del Espíritu de vida por medio de cosas que eran similares. De otras maneras, nos enseña sobre lo que se encuentra a través de tipos cuyos antitipos son análogos, pero en cierto sentido opuestos. La Ley de Moisés involucró principalmente actividades físicas que trajeron principalmente bendiciones físicas. El pacto cristiano involucra principalmente actividades espirituales que traen principalmente bendiciones espirituales. Por ejemplo, la Ley de Moisés requería actividades reguladas y muy cuidadosamente definidas. El antitipo en el Nuevo Testamento pide el culto basado no en la ceremonia o actividad regulada, sino en el corazón y una relación de amor. En esa medida, el antitipo es opuesto al tipo. Para ponerlo en términos muy fuertes, el antiguo pacto implicaba la esclavitud, mientras que el nuevo pacto implica la libertad. Hay muchos ejemplos de este principio que se podrían dar.

Bajo el antiguo pacto, el culto estaba altamente regulado e implicaba mucha ceremonia. Los sacerdotes tenían trajes para vestir muy definidos, las fechas de las ceremonias religiosas eran fijas, y quienes tenían papeles en el culto se determinaba, en parte, por nacimiento. El seder de la Pascua involucraba un ritual muy bien definido. Yom Kipur involucraba que los sacerdotes realizaran una serie de pasos cuidadosamente coreografiados (más sobre esto en el

Capítulo Siete). Las reglas para el culto en el Antiguo Testamento tienen como su antitipo libertad en la forma del culto. El nuevo pacto no es completamente sin culto prescrito, ya que incluye la Cena del Señor. Sin embargo, aparte de eso, el culto tal como se describe en el Nuevo Testamento es increíblemente abierto. El sacerdote (es decir, cada cristiano) del nuevo pacto puede orar en cualquier momento que quiera. No se requiere ninguna ceremonia para venir directamente delante del trono de Dios. No se requieren prendas especiales. Dios prácticamente no pide ningún mandamiento específico para el culto público, más allá de que debe ser ordenado. *"Pero todo debe hacerse de una manera apropiada y con orden"* (1 Corinthians 14:40). Parece que el nuevo pacto implica una mayor confianza por parte de Dios en relación con nuestra adoración hacia él. Se trata de la libertad. *"Este es el pacto que después de aquel tiempo haré con el pueblo de Israel"*, afirma el Señor: *"Pondré mi ley en su mente, y la escribiré en su corazón. Yo seré su Dios, y ellos serán mi pueblo"* (Jeremías 31:33).

La Ley de Moisés requería una contribución de la riqueza que Dios daba a su pueblo. El tamaño de la contribución fue cuidadosamente definido. *"Cada año, sin falta, apartarás la décima parte de todo lo que produzcan tus campos"* (Deuteronomio 14:22). A pesar de que algunos han tratado de imponer el diezmo del pacto antiguo como norma para los que están bajo el nuevo pacto, el hecho es que el estándar para los que están en Cristo es dar con sacrificio lo que los fieles deciden en su corazón para dar. *"Cada uno debe dar según lo que haya decidido en su corazón, no de mala gana ni por obligación, porque Dios ama al que da con alegría"* (2 Corintios 9:7). Hay una gran libertad aquí. Dios confía en los que están bajo el nuevo pacto para decidir por sí mismos qué dar. ¡Y es de esperar que demuestren que su confianza está bien depositada!

Bajo el antiguo pacto, los tiempos de descanso, reflexión y meditación en Dios se regulaban y controlaban. Todos estaban obligados a tomar un tiempo semanal de su apretada agenda para observar un reposo dedicado a Dios.

> "El sábado será para ustedes un día sagrado. Obsérvenlo.
> "Quien no lo observe será condenado a muerte.
> "Quien haga algún trabajo en sábado será eliminado de su pueblo".
>
> (Éxodo 31:14)

Al parecer, nuestra tendencia humana es no confiar en Dios, sino en nuestra propia capacidad de proveer para nuestras necesidades físicas. Esto ayudaría a explicar por qué Dios adjuntó tan fuertes advertencias respecto a la observancia del sábado. Nuestra palabra moderna "sabático" proviene de una palabra hebrea. Incluso nuestras propias instituciones educativas reconocen la necesidad de tiempo para descansar y reflexionar.

El pueblo de Dios requiere observar años sabáticos también:

> "Durante seis años sembrarás tus campos, podarás tus viñas y cosecharás sus productos; pero llegado el séptimo año la tierra gozará de un año de reposo en honor al SEÑOR. [...] Sin embargo, de todo lo que la tierra produzca durante ese año sabático, podrán comer no solo tú, sino también tu siervo y tu sierva, el jornalero y el residente transitorio entre ustedes. También podrán alimentarse tu ganado y los animales que haya en el país. Todo lo que la tierra produzca ese año será solo para el consumo diario." (Levítico 25:3-4, 6-7)

Uno puede imaginar que se necesitaba de mucha fe para observar un año sabático. No es natural para los seres humanos dejar la labranza y la siembra y simplemente depender de las bendiciones de Dios para todo nuestro sustento, sobre todo durante un año entero.

No solo esto, sino que cada cincuenta años, Dios requería en la Ley de Moisés que su pueblo tomara un año jubilar. El jubileo era un año extra de descanso y confianza en Dios por encima de los años sabáticos. En ese momento, se debía liberar a los esclavos y cancelar todas las deudas (ve Levítico 25:8-17 para obtener más información sobre el año de jubileo). Dos años seguidos sin sembrar y cosechar requiere una gran fe, de verdad, sobre todo para aquellos que habían acumulado riquezas a través de la posesión de las personas y de prestar dinero.

En todas estas leyes, Dios estaba enseñando a Israel algo sobre el descanso y la confianza en él, pero nos está diciendo algo a nosotros también. En el marco del segundo pacto, tenemos libertad en Cristo. Dios no prescribe un día o año fijo como sábado para los que están en Cristo. Sin embargo, Dios aún espera que tengamos una vida de descanso y dependencia de él. *"Vengan a mí todos ustedes que están cansados y agobiados, y yo les daré descanso. Carguen con mi yugo y aprendan de mí, pues yo soy apacible y humilde de corazón, y encontrarán descanso para su alma"* (Mateo 11:28-29). Esta no es una sugerencia, sino un mandamiento de Jesús. Una vez más, vemos que el antitipo para el sábado es menos definido y ritualista. Dios confía en que nuestro corazón y nuestro amor por él nos impulsen a cumplir con el requisito de descanso del antiguo pacto, libres de una rígida regulación. Los que se consideran a sí mismos discípulos de Jesús harían bien en examinar sus vidas en esta área. ¿La confianza en Dios ha producido el fruto de una vida que confía plenamente en él? ¿Nos esforzamos para labrar momentos tranquilos y relajantes con Dios en nuestra apretada agenda? O, por el contrario, ¿permitimos que la búsqueda de la seguridad financiera desplace simplemente disfrutar de la vida como una persona salvada? En nuestra cultura moderna, seguir el patrón del antitipo para el sábado y el jubileo (reposar en Dios), puede ser el más difícil de todos los mandatos de Jesús.

Muchos otros ejemplos podrían darse de leyes, normas y regulaciones bajo el primer pacto que son un tipo cuyo antitipo en Cristo implica el mismo concepto, pero sobre la base de la libertad que Dios nos da y la confianza que tiene en nosotros. Debemos estar agradecidos de que *"quitó lo primero para establecer lo segundo"* (Hebreos 10:9). ¿Por qué Dios hizo esto? Debido a que la Ley de Moisés no estaba basada en la fe. Una fe verdadera, amorosa y de mucha confianza que conduce a la obediencia era el deseo de Dios desde el principio.

> Todos los que viven por las obras que demanda la ley están bajo maldición, porque está escrito: "Maldito sea quien no practique fielmente todo lo que está escrito en el libro de la ley" (citando Deuteronomio 27:26). Ahora bien, es evidente que por la ley nadie es justificado delante de Dios, porque "el justo vivirá por la fe" (citando Habacuc 2:4). La ley no se basa en la fe; por el contrario, "quien practique estas cosas vivirá por ellas". Cristo nos rescató de la maldición de la ley al hacerse maldición por nosotros. (Gálatas 3:10-13)

Este lenguaje es muy fuerte, pero es el meollo de la cuestión. Es el corazón del evangelio, el núcleo del nuevo pacto. Desde antes de que Dios estableciera el tipo, fue su intención de que funcionara solo como una sombra, un tutor, un maestro de escuela, para conducirnos al antitipo: *"Por medio de él la ley del Espíritu de vida me ha liberado de la ley del pecado y de la muerte"* (Romanos 8:2).

Pablo expresa este concepto en términos aún más fuertes en Colosenses 2:13-17, donde Dios dice a los que estaban anteriormente bajo la Ley de Moisés (énfasis añadido):

Antes de recibir esa circuncisión, ustedes estaban muertos en sus pecados. Sin embargo, Dios nos dio vida en unión con Cristo, al perdonarnos todos los pecados y **anular la deuda que teníamos pendiente por los requisitos de la ley.** Él anuló esa deuda que nos era adversa, clavándola en la cruz. Desarmó a los poderes y a las potestades, y por medio de Cristo los humilló en público al exhibirlos en su desfile triunfal.

Así que nadie los juzgue a ustedes por lo que comen o beben, o con respecto a días de fiesta religiosa, de luna nueva o de reposo. **Todo esto es una sombra de las cosas que están por venir;** la realidad se halla en Cristo.

PREFIGURA EN EL PACTO MOSAICO	LO QUE REPRESENTA EN EL NUEVO PACTO EN CRISTO
La obediencia a las reglas físicas definidas era requerida	La obediencia a principios espirituales es requerida
Bendiciones físicas prometidas	Bendiciones espirituales prometidas
Impureza ceremonial	El pecado y la separación de Dios
El sacrificio tiende un puente en el abismo que existe entre la ley y el esfuerzo	El sacrificio tiende un puente en el abismo que existe entre de la ley y el esfuerzo.
Sellado con la sangre de toros y machos cabríos	Sellado con la sangre de Jesucristo
Mediado por un sumo sacerdote	Mediado por el Sumo Sacerdote, Jesucristo
Leyes, normas y reglamentos para el comportamiento	Comportamiento basado en principios espirituales y el amor
El diezmo	Sacrificar y dar de corazón
El sábado	*"Ven [...] yo te daré descanso";* confiar en Jesús
La muerte	La vida

Aunque la Ley fue dada majestuosamente en el Sinaí, podemos concluir que condujo a la esclavitud. Nos era adversa, no porque Dios se nos opone, sino debido a que necesitábamos ser enseñados respecto de que la salvación a través del esfuerzo humano es peor que inútil. Es el colmo de la arrogancia. Una relación con Dios siempre ha sido y siempre será basada en el amor y la gracia de Dios omnipotente. Aquí Pablo afirma en términos inequívocos que nunca fue la intención de Dios que la Ley de Moisés sea la última palabra, sino solo una sombra (presagio) de lo que pretendía desde siempre ofrecer en Cristo. Que seamos enseñados por la Ley de Moisés a poner todo el peso de nuestra confianza en el amor, el sacrificio y la gracia de Jesucristo.

RESUMEN

Truenos, relámpagos y una densa nube sobre el monte; humo, temblor de la tierra y el sonido de una trompeta; se combinan para decirnos que la ley y el pacto dado al pueblo de Dios a través de Moisés en el Sinaí fue realmente una cosa maravillosa e impresionante. Pese a lo grande que fue la Ley de Moisés, Dios quiso que solo fuera un mero presagio de algo mucho más maravilloso: el nuevo pacto en Cristo.

El pacto anterior era inadecuado, ya que se basaba en el esfuerzo humano y en sacrificios físicamente sin defectos, en lugar de la sangre de la vida intachable de Jesucristo. Sin embargo, la Ley de Moisés tenía un gran propósito: nos llevó a Cristo. La bendición física basada en la obediencia perfecta inalcanzable dio paso a la bendición espiritual basada en la dependencia del único que alguna vez vivió una vida perfecta.

El antiguo pacto, tan glorioso como era, solo traía la muerte, mientras que el nuevo pacto da vida.

> El ministerio que causaba muerte, el que estaba grabado con letras en piedra, fue tan glorioso que los israelitas no podían mirar la cara de Moisés debido a la gloria que se reflejaba en su rostro, la cual ya se estaba extinguiendo. Pues bien, si aquel ministerio fue así, ¿no será todavía más glorioso el ministerio del Espíritu? Si es glorioso el ministerio que trae condenación, ¡cuánto más glorioso será el ministerio que trae la justicia! En efecto, lo que fue glorioso ya no lo es, si se le compara con esta excelsa gloria. Y, si vino con gloria lo que ya se estaba extinguiendo, ¡cuánto mayor será la gloria de lo que permanece! (2 Corintios 3:7-11)

El desvanecimiento del brillo en el rostro de Moisés nos muestra que el antiguo pacto, que es un presagio de lo nuevo, es una cosa gloriosa, pero que se desvanecería con el tiempo. Es de esperar que, a la luz del evangelio de Jesús, seamos capaces de ver la gloria del evangelio con claridad, pues Pablo dice de los judíos que *"la mente de ellos se embotó, de modo que hasta el día de hoy tienen puesto el mismo velo al leer el antiguo pacto. [...] Pero, cada vez que alguien se vuelve al Señor, el velo es quitado"* (2 Corintios 3:14, 16). Aquellos que verdaderamente ven a Cristo vienen a la luz de la gloria de Dios.

A través de la ley dada en el Sinaí, Dios nos enseñó que, más que cualquier otra cosa, quiere una relación con su pueblo. Él nos enseñó que el pecado es una cosa terrible que resulta en la muerte y la separación. La Ley de Moisés nos enseña que definitivamente no hay lugar para una actitud arrogante respecto de nuestro propio pecado. Sin embargo, a través del antiguo pacto, Dios nos dijo que el gran abismo que separa nuestro propio esfuerzo lamentable de la perfección debe ser traspasado a través del sacrificio de la sangre de Jesucristo. Nuestra relación con Dios ya no se basa en la esclavitud a un conjunto de reglas que nunca podríamos obedecer a la perfección. Se basa en la ley perfecta que da libertad en Cristo. La Ley de Moisés era grande, pero la ley del Espíritu de vida en Cristo es infinitamente mayor. Alegrémonos con Pablo cuando declara:

> Por lo tanto, ya no hay ninguna condenación para los que están unidos a Cristo Jesús, pues por medio de él la ley del Espíritu de vida me ha liberado de la ley del pecado y de la muerte. (Romanos 8:1-2)

¡Gracias a Dios, por Jesucristo nuestro Señor!

Notas

19. Para más información sobre las implicaciones médicas de la Ley de Moisés, ve John Oakes, *Razones para creer* (disponible de www.ipibooks.com).

CAPÍTULO SEIS

El sacrificio ritual del Antiguo Testamento apunta al sacrificio del Nuevo Testamento

> Por lo tanto, hermanos, tomando en cuenta la misericordia de Dios, les ruego que cada uno de ustedes, en adoración espiritual, ofrezca su cuerpo como sacrificio vivo, santo y agradable a Dios.
>
> Romanos 12:1

Para aquellos de nosotros que vivimos en una cultura occidental moderna, es difícil imaginar los sacrificios rituales sangrientos que eran parte de la vida normal de los judíos. La mayoría de nosotros sentiríamos asco al presenciar dicha actividad. Este no sería el caso en algunas ciudades modernas como Teherán, donde el sacrificio ritual de corderos y cabras es común. El sacrificio ritual no era un concepto nuevo cuando Moisés trajo la Ley al pueblo de Dios en el Sinaí. La evidencia arqueológica nos dice que la idea de tomar un objeto de valor y ofrecerlo con el fin de apaciguar a los dioses es una idea casi tan antigua como la humanidad. Por milenios, la gente ha ofrecido sus más preciadas posesiones, incluso a sus propios hijos, en los altares dedicados a los seres fruto de su propia imaginación. Cuando Pablo entró en Atenas, vio altares dedicados a muchos dioses. Había altares dedicados a los dioses no griegos como Ishtar e Isis, así como para muchas de sus propias deidades, y por supuesto, para la diosa Atena. De hecho, por si desconocían a alguna deidad, incluso tenían un altar con la inscripción: "A UN DIOS DESCONOCIDO" (Hechos 17:23).

El punto del sacrificio siempre ha estado en renunciar a algo de valor personal con el fin de expresar la sinceridad del dador y obtener el favor de la persona a quien se ofrece el sacrificio. Sin embargo, a lo largo de la historia humana, el problema siempre ha sido que la sinceridad del dador no tenía el poder para apaciguar a un dios que no existía. Es una cosa lamentable contemplar la cantidad de sangre y humo dedicado durante siglos a las creaciones de la fantasía humana en su desesperación por el temor a lo desconocido.

La existencia de sistemas de sacrificio entre, prácticamente, todas las culturas humanas desde antes del comienzo de la historia nos dicen que es inherente a la naturaleza humana creer que el sacrificio es necesario para lograr una correcta relación con ese poder que controla nuestro destino. En la Biblia, solo tienes que esperar hasta Génesis 4 para encontrar a Caín y Abel ofreciendo sacrificios a Dios. Es Dios quien puso este instinto en el corazón humano. En todo esto, Dios estaba preparando nuestros corazones y mentes para aceptar los sacrificios ordenados en la Ley de Moisés. Más aún, Dios nos estaba preparando para recibir y ofrecer los sacrificios mandados en el Nuevo Testamento, el mayor de los cuales, por supuesto, es el sacrificio de Jesucristo. El sacrificio de Jesucristo en la cruz no fue un accidente ni una idea tardía por parte de Dios. Jesús es *"el Cordero que fue sacrificado desde la creación del mundo"* (Apocalipsis 13:8). Por supuesto, el escéptico tiene todo el derecho de cuestionar esta afirmación, pero la evidencia de tipo y antitipo que se encuentra en este capítulo mostrará que el Dios que inspiró la escritura de la Biblia tenía estos sacrificios en mente desde la caída de la humanidad.

¿Sacrificios ordenados en el Nuevo Testamento? Esto puede ser un nuevo concepto para el lector. En esta sección, vamos a ver que cada uno de los sacrificios que se describen en detalle en la ley dada en el Sinaí tenía la intención de anticipar y enseñar sobre un aspecto importante del sacrificio que se cumple en su antitipo en el Nuevo Testamento.

Es muy posible que la mayoría de los cristianos se pierda en los detalles cuando leen lo que puede parecer una matriz confusa de los sacrificios que se describen en el Antiguo Testamento, especialmente en Levítico. Seguramente la mayoría de los lectores de la Biblia se ha preguntado por qué Dios incluyó tanto detalle. ¿Puede Dios esperar que entendamos algo de todo esto? En Levítico, encontramos ofrendas por la culpa y para la expiación, el holocausto, las ofrendas de libación y de cereales y el sacrificio de comunión. ¿Pudieron los judíos mantener todo esto en orden? La respuesta es absolutamente sí. El sistema mosaico de sacrificios para los judíos era un poco como el juego de béisbol para el estadounidense típico. Para cualquier persona criada en una cultura que no está familiarizada con el juego, el béisbol es un conjunto confuso de reglas aparentemente sin sentido. Sin embargo, para la mayoría de los norteamericanos, el béisbol es parte de la vida cotidiana. Las reglas se entienden y se dan por sentado. Lo mismo se aplicaría al sistema sacrificial y los judíos. Para nosotros, puede parecer un confuso conjunto de reglas sin sentido, pero para los judíos durante el tiempo antes de Cristo, era parte de la vida diaria, comprendido y dado por sentado por todos.

El sistema de sacrificios dado bajo el primer pacto fue de gran importancia para los judíos. Ellos entendieron que al ofrecer estos sacrificios podían mantener una relación correcta con Dios y vivir una vida bendecida bajo la protección de Jehová. Los sacrificios en el templo eran el centro del judaísmo. Sin embargo, Dios pretendía que fueran un presagio de algo mucho más grande para aquellos que llegarían a tener una relación con él bajo el segundo pacto en Jesucristo.

> La sangre de machos cabríos y de toros, y las cenizas de una novilla rociadas sobre personas impuras, las santifican de modo que quedan limpias por fuera. Si esto es así, ¡cuánto más la sangre de Cristo, quien por medio del Espíritu eterno se ofreció sin mancha a Dios, purificará nuestra conciencia de las obras que conducen a la muerte, a fin de que sirvamos al Dios viviente! (Hebreos 9:13-14)

Si los sacrificios mosaicos tienen un significado más completo para nosotros que para los judíos, sin duda vale la pena el esfuerzo de entender lo que Dios está tratando de enseñarnos, incluso si esto significa leer penosamente a través de algunos detalles para llegar a ese fin. Lo creas o no, ¡es más fácil de entender el sistema de sacrificios en Levítico y su importancia para los seguidores de Jesús que entender el juego de béisbol!

EL SISTEMA DE SACRIFICIO LEVÍTICO

Será de gran ayuda dar una introducción general a los sacrificios ordenados bajo la Ley de Moisés antes de describir el tipo y antitipo en los dos testamentos. Para empezar, el lector puede que se sorprenda al saber que no todos los sacrificios realizados por los sacerdotes eran para el perdón de los pecados (o su equivalente en el primer pacto, la pureza ceremonial). Se pueden dividir los sacrificios entre los que eran para adoración y los que tenían la intención de tratar con el pecado. Otra forma de clasificarlos es entre aquellos sacrificios que eran para adorar a Dios y aquellos que hacían posible adorar a Dios en primer lugar.

Al leer acerca de los sacrificios en Levítico, hay una forma sencilla de saber si uno está leyendo acerca de un sacrificio que pretende ser de adoración o uno que es para tratar con el pecado individual o colectivo. El libro de Levítico es consistente en la descripción de los sacrificios de adoración como un *"aroma grato al Señor"*. Por ejemplo, considera Levítico 1:9, 2:2 y 3:5. Los sacrificios por el pecado definitivamente no eran un aroma agradable a Dios y nunca se describen de esa forma. Por el contrario, implican cosas que Dios aborrece. Levítico capítulos 4 y 5 no mencionan nada acerca de que los sacrificios por el pecado agraden a Dios. La distinción entre los dos tipos de sacrificio también se reconoce en el Nuevo Testamento: *"Todo sumo sacerdote es escogido de entre los hombres. Él mismo es nombrado para representar a su pueblo ante Dios, y ofrecer dones y sacrificios por los pecados"* (Hebreos 5:1). En este caso, los dones son los sacrificios de adoración de olor grato, mientras que los *"sacrificios por los pecados"* son los que tratan con el pecado.

Es tradicional separar los sacrificios descritos en Levítico y en otros lugares en cinco tipos principales, con los otros sacrificios como subcategorías. Los tres sacrificios principales de aroma grato eran el holocausto (*olah* en hebreo), la ofrenda de cereal *(minjá)* y el sacrificio de comunión (*shelem*). Los dos sacrificios que fueron destinados por Dios para tratar con el pecado son el sacrificio expiatorio (*jatat*) y el sacrificio por la culpa (*asham*). Los detalles de estos sacrificios, su propósito en el antiguo pacto y su significado antitipo en el Nuevo Testamento son el foco de este capítulo.

Otras ofrendas podrían mencionarse también. Una de ellas es la ofrenda de libación (*nesek* en hebreo). Esta ofrenda se da generalmente junto con una de las ofrendas de culto. Debido a que la ofrenda de libación se incluyó siempre junto con la de cereal, a menudo no se menciona como una de las cinco ofrendas principales y se enumeran en la ofrenda de cereal. Hay subcategorías bajo la ofrenda de comunión también. Una de ellas es el sacrificio de comunión de acción de gracias (a menudo llamada la ofrenda de paz). Otra es la ofrenda en cumplimiento de un voto, mientras que la tercera es la ofrenda voluntaria. Estos tres sacrificios son muy similares; difieren principalmente en la intención del adorador. De hecho, los nombres tradicionales para estos sacrificios indican su propósito.

Cada uno de estos sacrificios debía hacerse en el tabernáculo y, más tarde, en el templo de Jerusalén. Además, cada uno de ellos se llevó a cabo por sacerdotes, aunque ocasionalmente se le permitía al adorador participar en al menos una parte de la ceremonia, especialmente en los sacrificios de culto. Algunos de estos sacrificios debían ser ofrecidos regularmente, ya sea diaria o semanalmente o en un festival de luna nueva o uno de los otros festivales ordenados. Otros eran para ser ofrecidos siempre que surgiera la necesidad o el deseo por parte de la persona.

Un objetivo secundario de este capítulo es el de separar y describir cada uno de los sacrificios para que el lector pueda entender la perspectiva judía sobre el sistema de sacrificios. El objetivo principal, por supuesto, es para mostrar que todos ellos fueron destinados por Dios para enseñarnos acerca de los aspectos que debemos considerar en el sacrificio a él bajo el nuevo pacto. Los sacrificios de adoración se tratarán primero porque aparecen en primera posición en el libro de Levítico. Estos sacrificios nos enseñarán sobre el sacrificio personal que debemos realizar en nuestras vidas de forma diaria y específicamente sobre los realizados por nuestro gran ejemplo, Jesucristo. Mientras que los sacrificios de culto son prefiguras de nuestra adoración personal de Dios, los sacrificios por el pecado prefiguran el ministerio de sacrificio de Jesucristo.

EL HOLOCAUSTO *(olah)*

El holocausto se describe en Levítico 1. Este fue un sacrificio de culto, una ofrenda de olor grato. Esta ofrenda fue, en general, voluntaria, aunque los holocaustos también se dieron como un ritual para toda la comunidad dos veces al día (ve Números 28). Para el judío, el holocausto representaba una dedicación voluntaria o el compromiso de algo de valor al Señor. Dios les pidió a los judíos tomar una posesión valorada y, literalmente, quemarla por completo en un altar dedicado a él. Este sacrificio dice mucho sobre el compromiso total y la dedicación. Una vez que se queman las posesiones, ciertamente no hay forma de recuperarlas. El holocausto mantiene el mismo sentido en el antitipo en el Nuevo Testamento, así como veremos más adelante.

Los detalles de la realización de este sacrificio pueden resumirse como sigue. El holocausto debía ser un animal de la manada (un toro) o del rebaño (una oveja), o para una persona pobre, un ave podría ser el sustituto. Primero, el adorador colocaba sus manos sobre la cabeza del animal para simbolizar que la ofrenda lo representaba a sí mismo. El animal tenía que ser sin defecto. A continuación, lo sacrificaba y la sangre era rociada sobre el altar. La cabeza era quemada toda como estaba, mientras que el cuerpo se lavaba muy bien antes de quemarlo también en el altar. *"Es un holocausto, una ofrenda presentada por fuego de aroma grato al Señor"* (Levítico 1:13). Cuando el holocausto se completaba, no quedaba nada más que cenizas.

El holocausto conllevó un profundo significado para los judíos. Representaba para ellos una entrega total de la vida y el corazón a Jehová. También está cargado de significado y presagio para los que están bajo el nuevo pacto. Debido a que es un sacrificio de olor grato, tiene importancia tanto para el sacrificio de Jesús como para nuestro propio sacrificio personal.

No es mera coincidencia que en el holocausto la cabeza no fuese lavada, mientras que el cuerpo era completamente lavado. Esto se debe a que este sacrificio es un presagio del sacrificio y la dedicación tanto de Jesucristo como de su iglesia a Dios; y Jesús es la cabeza de la iglesia.

> Dios sometió todas las cosas al dominio de Cristo, y lo dio como cabeza de todo a la iglesia. Esta, que es su cuerpo, es la plenitud de aquel que lo llena todo por completo. (Efesios 1:22-23)

> Más bien, al vivir la verdad con amor, creceremos hasta ser en todo como aquel que es la cabeza, es decir, Cristo. (Efesios 4:15)

> Esposos, amen a sus esposas, así como Cristo amó a la iglesia y se entregó por ella para hacerla santa. Él la purificó, lavándola con agua mediante la palabra, para presentársela a sí mismo como una iglesia radiante, sin mancha ni arruga ni ninguna otra imperfección, sino santa e intachable. Así mismo el esposo debe amar a su esposa como a su propio cuerpo. El que ama a su esposa se ama a sí mismo, pues nadie ha odiado jamás a su propio cuerpo; al contrario, lo alimenta y lo cuida, así como Cristo hace con la iglesia, porque somos miembros de su cuerpo. (Efesios 5:25-30)

Ciertamente, Jesús se presentó a Dios como una ofrenda quemada. Como la cabeza del cuerpo, no necesitaba limpieza, ya que estaba sin pecado. Sin embargo, el cuerpo del animal representa el cuerpo de Cristo, la iglesia, para la cual la limpieza es necesaria. Los sacerdotes probablemente no eran conscientes de las poderosas imágenes proféticas que implicaban el lavado del cuerpo, pero no de la cabeza. Esto tenía que haber sido un misterio para ellos. Para nosotros, el misterio se revela en el evangelio.

En su vida, Jesús presentó su propio cuerpo como sacrificio vivo. No estamos hablando aquí de su muerte, sino de su vida como una ofrenda.

> Imiten a Dios, como hijos muy amados, y lleven una vida de amor, así como Cristo nos amó y se entregó por nosotros como ofrenda y sacrificio fragante para Dios. (Efesios 5:1-2)

En este pasaje, Pablo está haciendo referencia a la ofrenda quemada. Ten en cuenta que se está refiriendo a una ofrenda fragante y un abandono de sí mismo. El punto es que Jesús ofreció su vida como una entrega total a Dios por nosotros y que debemos ofrecernos a Dios como sacrificio de holocausto de amor también.

Dios está pidiendo el mismo holocausto de nosotros, ¡aunque tenemos que lavarnos antes de que estemos preparados para ofrecerlo! El holocausto no se trata de la salvación. No es "un requisito". Es una dedicación voluntaria de uno mismo a Dios, algo que le resulta muy agradable a él. Mira Romanos 12:1, especialmente el énfasis añadido. Se adquiere un significado totalmente nuevo y más completo en este contexto:

> Por lo tanto, hermanos, tomando en cuenta la misericordia de Dios, les ruego que cada uno de ustedes, **en adoración espiritual, ofrezca su cuerpo como sacrificio vivo,** santo y agradable a Dios.

La referencia al holocausto es clara, como lo es la aplicación a aquellos bajo el nuevo pacto. Dios nos está llamando a hacer un holocausto de nuestras vidas, no con el fin de limpiarnos, sino porque hemos sido limpiados. Toma nota que dice: *"tomando en cuenta la misericordia de Dios"*. En otras palabras, dado que Jesús ya nos ha purificado y nos preparó para el holocausto, vamos a llegar a Dios y presentar nuestras vidas en el altar de nuestra fe en la dedicación total y el amor por él. Esta es una respuesta razonable.

¿Has presentado tu vida como un sacrificio vivo? ¿O estás reteniendo algo? No es una cuestión de la salvación, sino una cuestión de amor y la respuesta a ese amor. ¿Estás dispuesto a gastar tu vida para Dios, dejando solo un montón de cenizas aquí en la tierra? Si lo haces, será un aroma grato a nuestro Dios.

Nuestra actitud debe ser la misma que la de Pablo:

> Mi ardiente anhelo y esperanza es que en nada seré avergonzado, sino que con toda libertad, ya sea que yo viva o muera, ahora como siempre, Cristo será exaltado en mi cuerpo. Porque para mí el vivir es Cristo y el morir es ganancia. Ahora bien, si seguir viviendo en este mundo representa para mí un trabajo fructífero, ¿qué escogeré? ¡No lo sé! (Filipenses 1:20-22)

La sincera esperanza de Pablo era que su cuerpo y su vida pudieran presentarse como una ofrenda a Dios, un holocausto de dedicación a la Cabeza, que es Cristo. ¿Es esta tu esperanza?

Una de las grandes cosas sobre el holocausto y, por tanto, acerca de la vida cristiana es que el sacrificio es realmente voluntario. Hay una gran diferencia entre dedicar algo porque es un requisito y dedicar algo porque el corazón está detrás de esta acción. Aprendemos del Antiguo Testamento, un lugar inesperado, que esta es la esencia de la vida cristiana. Dios espera con ansias que nos ofrezcamos a él como sacrificio vivo, no con el fin de ser salvados, sino por gratitud porque ya somos salvos.

LA OFRENDA DE CEREAL *(minjá)*

La ofrenda de cereal se describe en detalle en Levítico 2. A diferencia del holocausto, la ofrenda de cereal no era voluntaria. Se requería que todos los judíos dieran una ofrenda de cereal; solo el tamaño de la ofrenda era voluntario. Para el judío, la ofrenda de cereal involucraba dar a Dios los primeros frutos de su trabajo. Era un regalo en respuesta a los dones físicos que Dios les había dado. A partir de la ofrenda de cereal, los cristianos pueden aprender sobre contribuir de los primeros frutos de su trabajo: ¡el dinero! ¿Cómo se siente Dios acerca de nuestra contribución?

En realidad, había algo más en la ofrenda de cereal que solo el grano. El adorador debía traer una mezcla de cereales, aceite e incienso (Levítico 2:1-10) y, en algunos casos, sal (Levítico 2:13). La mezcla se horneaba a veces como el pan. Una parte se quemaba en el altar, y el resto era dado para cuidar de las necesidades de Aarón y sus hijos. La ofrenda de grano se destinaba, al menos parcialmente, para cuidar de los que servían al Señor. Era una ofrenda de culto, *"de aroma grato al Señor"* (Levítico 2:9). Levítico 2 especifica algunas cosas que definitivamente no iban a combinarse con la ofrenda de cereal. Estaba prohibido incluir cualquier tipo de fermento o levadura, así como la miel (Levítico 2:11).

Para los judíos, el propósito de la ofrenda era doble. Era para recordarles que sus bendiciones físicas provenían de Dios y no de su propio esfuerzo. Dios espera que le devuelvan una porción de sus dones como tributo para recordarles dónde se originaron sus bendiciones físicas. La ofrenda también estaba destinada a proveer para las necesidades físicas de quienes se dedicaban de una manera especial para el ministerio ante el Señor: los sacerdotes y los levitas.

Es fácil ver lo que Dios quiso que la ofrenda de cereal presagiara para aquellos que están bajo el nuevo pacto. Dios espera que traigamos ante él una ofrenda de los primeros frutos de nuestro trabajo también. A través de la ofrenda, Dios estaba diciéndonos que dar de lo que nos ha bendecido no es una opción. Estamos obligados a dar con el fin de hacernos cargo de las necesidades de la iglesia y de los que sirven a Dios de una manera especial. Dios espera que demos de nuestros primeros frutos. En otras palabras, nuestro dar no debe ser una consideración posterior, o lo que queda después de que nuestras propias "necesidades" son cubiertas. Es una cuestión de fe el dar nuestros primeros frutos, porque cuando solo hemos recogido los primeros, no estamos absolutamente seguros de que los últimos frutos serán suficientes para sostenernos. La confianza está involucrada en este sacrificio.

Veamos tipo y antitipo en los detalles de esta ofrenda. La ofrenda de cereal, obviamente, incluyó el grano. El grano es el fruto de una cuidadosa y sostenida mano de obra. Dios espera que trabajemos para ganar algo de ese trabajo y para dar de lo que ganamos. Una razón por la que trabajamos, por supuesto, es cuidar de nuestras necesidades físicas. Una segunda razón de por qué trabajamos es para que podamos llevar una ofrenda a Dios.

La ofrenda también incluyó el aceite. Uno de los efectos del aceite, por supuesto, era dar al pan un buen sabor (recuerda que los sacerdotes y levitas comían una porción de la ofrenda). En la Biblia, el aceite representa consistentemente la unción (elección) de Dios. Jesús fue ungido con el aceite de alegría (Hebreos 1:9). Todos tenemos una unción del Santo (1 Juan 2:20). Dios ha escogido a cada uno de sus hijos. Tu ofrenda de los frutos de tu trabajo recuerda ese hecho.

La ofrenda también incluyó incienso. En la Biblia, el incienso representa constantemente nuestra ofrenda de oración a Dios (Apocalipsis 5:8, 8:3; Lucas 1:10). En esto, Dios nos está diciendo que nuestra ofrenda se debe dar con oración.

La ofrenda de cereal a menudo incluyó la sal también. La sal representa la eternidad, algo permanente, un pacto duradero, una recompensa eterna (Marcos 9:49-50; Colosenses 4:6 RVR; Mateo 5:13; 2 Crónicas 13:5; Números 18:19). A pesar de que la comida que se ofrecía en el altar era perecedera, produjo recompensas en el cielo que son eternas. Del mismo modo para nosotros, nuestros tesoros terrenales son una cosa temporal; sin embargo, al dar de nuestros tesoros físicos a Dios, estamos recibiendo una recompensa celestial indestructible, incontaminada e inmarchitable.

> "No acumulen para sí tesoros en la tierra, donde la polilla y el óxido destruyen, y donde los ladrones se meten a robar. Más bien, acumulen para sí tesoros en el cielo, donde ni la polilla ni el óxido carcomen, ni los ladrones se meten a robar. Porque donde esté tu tesoro, allí estará también tu corazón". (Mateo 6:19-21)

A través de la ofrenda de cereal, Dios nos enseña mucho sobre nuestra ofrenda sacrificial para cuidar de las necesidades de su reino.

Las cosas que no estaban permitidas incluir en la ofrenda de cereal son presagios importantes también. La levadura no estaba permitida. Jesús usó la levadura para representar el pecado y las malas influencias. Dijo: *"Cuídense de la levadura de los fariseos, o sea, de la hipocresía"* (Lucas 12:1). Pablo usó el mismo tema:

> Hacen mal en jactarse. ¿No se dan cuenta de que un poco de levadura hace fermentar toda la masa? Deshágense de la vieja levadura para que sean masa nueva, panes sin levadura, como lo son en realidad. Porque Cristo, nuestro Cordero pascual, ya ha sido sacrificado. Así que celebremos nuestra Pascua no con la vieja levadura, que es la malicia y la perversidad, sino con pan sin levadura, que es la sinceridad y la verdad. (1 Corintios 5:6-8)

En la ofrenda de cereal, Dios nos está diciendo que debemos dar de nuestros primeros frutos, pero que estemos alerta ante la influencia de toda clase de pecado en nuestras vidas. Una ofrenda que está contaminada por la codicia y el deseo malvado es peor que ninguna ofrenda en absoluto.

Se excluía de la ofrenda la levadura y también la miel. Ninguna de las dos fue apropiada en la ofrenda. El nuestro es un sacrificio vivo, procedente de odres nuevos, renovados en el *"lavamiento de la regeneración y la renovación por el Espíritu Santo"* (Tito 3:5).

La aplicación de la ofrenda de cereal al Nuevo Testamento que es más evidente se encuentra en 2 Corintios 8 y 9. Las iglesias macedonias suplicaron a Pablo por la oportunidad de cuidar de las necesidades de los santos. Dieron primero a Dios y luego a las necesidades de Pablo, y presumiblemente al último para sus propias necesidades personales. Tenían una "buena excusa" para ser mesurados en sus donaciones porque eran pobres; sin embargo, entregaron generosamente. Pablo les recuerda que Jesús dio un ejemplo de dar una ofrenda de cereal, dando hasta el punto de hacerse pobre, para que los santos pudieran hacerse ricos. Dar para las necesidades de la iglesia local no es opcional, pero el sentido de dar es, *"porque Dios ama al que da con alegría"* (2 Corintios 9:7).

Jesús ciertamente dio una ofrenda de cereal. De hecho, dejó atrás todas sus posesiones terrenales con el fin de dedicarse a su ministerio para las necesidades de su pueblo. ¿Cómo te va en tu ofrenda de cereal? ¿Estás dando tus primeros frutos? ¿O estás reteniéndolos, esperando para ver cómo la cosecha terminará antes de dar? ¿Está tu ofrenda combinada con la oración, o es solo una rutina? ¿Tu ofrenda se mezcla con la levadura de la amargura y la codicia? Si es así, no dejes de dar, pero excluye la levadura de tu regalo. Démosle una ofrenda de cereal agradable a Dios, un aroma grato al Señor. Pablo asocia la oración (el incienso) con la ofrenda (2 Corintios 9:12, 14), así como las bendiciones eternas (la sal) (2 Corintios 9:6-11).

LA OFRENDA DE LIBACIÓN *(nesek)*

Como se ha mencionado anteriormente, la ofrenda de libación estaba relacionada con la ofrenda de cereal. Las ofrendas de libación casi siempre se daban en conjunto con las ofrendas de cereal (por ejemplo, Éxodo 29:40-41; Levítico 23:13; Números 28:28-31). Eran una ofrenda de culto, un sacrificio de aroma grato. La ofrenda de libación era el más simple de los sacrificios ordenados en el sistema mosaico. Se trataba simplemente de verter el vino sobre el altar.

Aunque la ofrenda de libación era simple, ofrecía a los judíos una imagen vívida del culto. Cuando se vacía un recipiente de granos u otros productos, es sencillo recogerlos en el recipiente de nuevo, aunque algunos pueden perderse. Cuando se derrama un líquido de un vaso en el suelo, es irrecuperable. Hay algo final acerca de verter una ofrenda de libación que recordaba al judío su dedicación irrecuperable y total a Dios.

David hizo una especie de ofrenda de libación en 2 Samuel 23:16. Había expresado su sed frente a tres de sus soldados más valientes y leales mientras su perseguidor, el rey Saúl, estaba acampando cerca. En riesgo extremo de su propia vida, estos soldados penetraron las líneas del ejército de Saúl y trajeron una ofrenda de agua a David robada de debajo de las mismas narices de las tropas del rey. En una escena vívida, David volvió su devoción a él en una ofrenda de libación de devoción a Dios al verter el agua preciosa en el suelo.

La ofrenda de libación es un presagio de la entrega total que Dios quiere que tengamos para Jesucristo, Hijo de David (a propósito, el incidente anterior es otro ejemplo de cómo la vida de David es una prefigura del Mesías). Al igual que con todas las ofrendas de culto, Jesús dio el ejemplo supremo. Su vida fue derramada por Dios en todas las formas imaginables. Jesús mismo dijo en la Última Cena que el vino representaba su sangre, *"que es derramada por ustedes"* (Lucas 22:20). En Romanos 5:5 se nos recuerda que Dios irremediablemente derramó su amor por nosotros en el Espíritu Santo.

Así como Jesús cumplió el antitipo de la ofrenda de libación a través de su vida, debemos esforzarnos para hacer lo mismo. Pablo desafió a los Filipenses con su vida:

> En el día de Cristo me sentiré satisfecho de no haber corrido ni trabajado en vano. Y aunque mi vida fuera derramada sobre el sacrificio y servicio que proceden de su fe, me alegro y comparto con todos ustedes mi alegría. (Filipenses 2:16-17)

Para Pablo, ser una ofrenda de libación no era una carga, sino una alegría. Él fue capaz de afirmar que toda su vida cristiana era una ofrenda de libación. Él no guardó nada en su copa al final de su vida.

> Yo, por mi parte, ya estoy a punto de ser ofrecido como un sacrificio,
> y el tiempo de mi partida ha llegado. He peleado la buena batalla, he
> terminado la carrera, me he mantenido en la fe. (2 Timoteo 4:6-7)

Qué gran honor derramar nuestras vidas a los pies del altar de sacrificio y servicio a Dios! ¿Qué estoy reteniendo? ¿Qué pequeño tanque de reserva de la vida estoy guardando ? ¿Para qué estoy guardándolo? Permítete ser derramado delante de Dios.

Se debe hacer un comentario adicional sobre las ofrendas de cereal y de libación. Tal vez el lector pensó en la posibilidad de que existe una relación de tipo y antitipo entre las ofrendas de cereal y de libación combinadas y la Cena del Señor. Es tentador ver la analogía "obvia" aquí, pero las analogías obvias a veces no son válidas. En este caso, aunque la Cena del Señor incluye pan sin levadura y vino juntos, no es un cumplimiento de las ofrendas de cereal y de libación. La Cena del Señor es un acto de culto, pero no es una ofrenda, sino un recuerdo de la muerte de Jesucristo. De hecho, veremos en el Capítulo Siete que la Cena del Señor es en realidad el antitipo del Nuevo Testamento de la Pascua. La Pascua, al igual que la Cena del Señor, es un recuerdo de un sacrificio de sangre y la salvación resultante. Se dirá más sobre esto más adelante.

EL SACRIFICIO DE COMUNIÓN *(shelem)*

El sacrificio de comunión es la tercera categoría principal de los sacrificios de culto. Esta ofrenda ha sido tradicionalmente conocida como el sacrificio de la paz o de las paces, ya que se traduce así en la versión Reina Valera. Hay tres versiones del sacrificio de comunión que son ligeramente diferentes, según la intención del donante. Estas son la ofrenda de acción de gracias (Levítico 7:11-15), la ofrenda para cumplir un voto (Levítico 7:16) y la ofrenda voluntaria (Levítico 22:23). Todos ellos eran un *"aroma grato al Señor"* (Levítico 3:5). Al igual que con las otras ofrendas de fragante aroma, el sacrificio de comunión no tenía la intención de traer el perdón del pecado. La intención general de la ofrenda de comunión era ofrecer un regalo de agradecimiento a Dios por alguna especial bendición, sea una bendición recibida o una por la cual se había orado con confianza. ¡En esencia, el sacrificio de comunión era una fiesta!

Los detalles de la ofrenda de comunión se describen en Levítico 3. El adorador debía proporcionar un animal de su propio rebaño.

Tenía que ser un animal sin defecto. Al igual que con el holocausto, el adorador ponía sus manos sobre el animal antes del sacrificio para que el animal pudiera representarlo a sí mismo ante Dios. Después de esto, el animal fue sacrificado y el sacerdote rociaba un poco de la sangre en los lados del altar. Los riñones, las grasas y otras de las entrañas se quemaban en el altar. El resto del animal debía ser cocinado y comido. No era comido por los sacerdotes, sino por el que daba la ofrenda, junto con su familia en una fiesta celebrada ante el Señor. Se debían comer la carne ese mismo día; nada podía ser conservado.

Para el judío, el sacrificio de comunión tuvo todo que ver con celebrar su relación con Dios. Recuerda que un aspecto principal del primer pacto implicaba las bendiciones físicas de Dios a su pueblo, ya sea que se trate de niños, matrimonios bendecidos, éxito de las cosechas, entre otras. Dios quería que su pueblo celebrara sus victorias personales de manera colectiva y usara la fiesta como una oportunidad para recordar que todas las bendiciones provienen de él.

Consideremos el significado de cada uno de los tres tipos de ofrenda de comunión. La ofrenda de acción de gracias pretendía ser una fiesta para celebrar y ofrecer gratitud por una bendición específica ya recibida. La ofrenda para cumplir un voto era una fiesta que anticipaba una futura bendición de Dios. Por ejemplo, si una mujer estaba embarazada, y el adorador quería no solo celebrar sino también pedir a Dios que bendijera el nacimiento, podía hacer una ofrenda para cumplir un voto. La ofrenda voluntaria era exactamente lo que está implícito en el nombre. En este caso, el adorador está simplemente emocionado de estar en una relación de pacto con Dios y quiere celebrar, pero no necesariamente por una bendición específica.

Por supuesto, el sacrificio de comunión tiene mucho que enseñar a los cristianos, así como al judío. Dios quiso desde el principio que fuera un presagio del culto cristiano. Uno de los aspectos importantes de la ofrenda voluntaria era que se celebraba una fiesta y la carne se consumía en un solo día. Dios quería que los cristianos, igual como los judíos, celebraran las bendiciones diarias que nos da. El cristianismo, sin duda, no se trata solo de renunciar a las cosas, sacrificio y abnegación. Estos son absolutamente parte de la vida del discípulo, pero una gran parte del deseo de Dios para nosotros bajo el nuevo pacto es experimentar bendiciones espirituales. Dios quiere que vivamos una vida diaria de celebración por las bendiciones que tenemos en Cristo.

"Yo he venido para que tengan vida, y la tengan en abundancia".
(Juan 10:10)

"Les aseguro", respondió Jesús, "que todo el que por mi causa y la del evangelio haya dejado casa, hermanos, hermanas, madre, padre, hijos o terrenos recibirá cien veces más ahora en este tiempo [...] y en la edad venidera, la vida eterna". (Marcos 10:29-30)

Alabado sea Dios, Padre de nuestro Señor Jesucristo, que nos ha bendecido en las regiones celestiales con toda bendición espiritual en Cristo. (Efesios 1:3)

La adoración cristiana implica sacrificio. Se trata de la dedicación absoluta a Dios, como los otros sacrificios de adoración nos lo recuerdan. No olvidemos, sin embargo, que Dios promete llenar la vida devota, dedicada y sacrificial con bendiciones espirituales más allá de toda medida. Tenemos la tendencia a centrarnos en lo negativo. Los problemas tienden a abrumarnos, pero el seguidor de Jesús debe celebrar las muchas bendiciones dadas por Dios.

El pasaje en Marcos 10 promete al seguidor de Jesús bendiciones de cien veces más en las relaciones, si no en cantidad, ciertamente en calidad. Disfrutemos y celebremos estas relaciones. Son bendiciones dadas por Dios. Debemos tener fiestas regulares para celebrar los dos renacimientos: los espirituales (los bautismos) y los nacimientos físicos. Deben ser fiestas pequeñas y grandes, e incluso a veces fiestas de uno con uno, a solas con Dios. *Estén siempre alegres; oren sin cesar, den gracias a Dios en toda situación, porque esta es su voluntad para ustedes en Cristo Jesús* (1 Tesalonicenses 5:16-18). En este pasaje, se puede ver un aspecto de la ofrenda voluntaria (siempre alegres), de la ofrenda en cumplimiento de un voto (oren sin cesar) y de la ofrenda de acción de gracias (en toda situación). Esto es más que una coincidencia. Pablo, un fariseo, tiene la ofrenda de comunión en mente. Si el lector es un cristiano, ¿estás emocionado sobre tu vida en Cristo? ¿Te concentras en los problemas, o pasas más tiempo celebrando las bendiciones? Si todavía no eres un cristiano, tienes que tomar una decisión y unirte a la fiesta.

Un hecho interesante acerca de la ofrenda de comunión/*shelem* es que, a menudo, se colocó encima del sacrificio holocausto/*olah*. Esto indica que las bendiciones de Dios se basan y son producidas a través de nuestra dedicación a él. Cuanto mayor sea la devoción ofrecida, mayor será la bendición dada por Dios. No es que nuestras buenas acciones y sacrificios a Dios nos permitan obtener las bendiciones. El Nuevo Testamento deja claro lo que merecemos basados en nuestro pecado. Nuestra devoción no gana las bendiciones, sino que es la manera en que Dios obra. Las bendiciones son la respuesta natural de Dios a nuestro sacrificio para él.

Otro aspecto de la ofrenda de comunión es que tenía que ser un animal puro y sin defecto. Levítico 22:17-29 describe con cierto detalle los tipos de deformidades o situaciones que hacían que un animal se contaminara y, por lo tanto, fuese inaceptable como ofrenda. Dios no acepta ofrendas contaminadas. Por supuesto, la impureza en el primer pacto es el tipo del pecado en el segundo pacto. Alabado sea Dios que una vez que a una persona se le perdona los pecados por la sangre de Jesús, es automáticamente limpia y está en condiciones de ofrecer el holocausto y las ofrendas voluntarias y ofrendas de acción de gracias en cualquier momento. Los que no son lavados en la sangre de Jesús no están en condiciones de ofrecer la adoración a Dios. Esto puede ser frustrante. Incluso puede parecer injusto, pero así es como obra Dios. En las palabras de Romanos 8:7, *"La mentalidad pecaminosa es enemiga de Dios"*. Debemos ocuparnos primero de lo primero. Si una persona no es salva, debería poner sus ofrendas religiosas a un lado y entrar en una relación correcta con Dios. Solo entonces esa persona puede hacer ofrendas de aroma agradable ante el tabernáculo espiritual en presencia de Dios.

LOS SACRIFICIOS DE LA SANGRE

Los sacrificios ya discutidos han sido acerca de nuestra adoración a Dios bajo el nuevo pacto. Los últimos dos sacrificios definitivamente no son presagios de nuestra adoración a Dios. Estos son los sacrificios necesarios para el perdón de los pecados a fin de ponernos en una relación con Dios. A pesar de que las ofrendas de adoración fueron cubiertas por primera vez en este capítulo (siguiendo el orden en Levítico), lo cierto es que, sin el sacrificio expiatorio y el sacrificio por la culpa, el holocausto, la ofrenda de cereal y el sacrificio de comunión no serían de ningún valor. Nuestra relación con Dios se basa en el perdón de los pecados. A menos que se nos limpie de nuestro pecado, nuestro compromiso, nuestros dones y todos nuestros otros intentos de adoración son en vano.

La mano del SEÑOR
>   no es corta para salvar,
>   ni es sordo su oído para oír.
> Son las iniquidades de ustedes
>   las que los separan de su Dios.
> Son estos pecados los que lo llevan
>   a ocultar su rostro para no escuchar.
> Ustedes tienen las manos manchadas de sangre
>   y los dedos manchados de iniquidad.
> Sus labios dicen mentiras;
>   su lengua murmura maldades. (Isaías 59:1-3)

> "No hay un solo justo, ni siquiera uno;
>   no hay nadie que entienda,
>   nadie que busque a Dios.
> Todos se han descarriado,
>   a una se han corrompido.
> No hay nadie que haga lo bueno;
>   ¡no hay uno solo!" (Romanos 3:10-12)

El problema del pecado tenía que ser resuelto antes de que la adoración fuera aceptable. Esto nos lleva a las ofrendas para la expiación y por la culpa.

Las dos ofrendas de redención son bastante similares en forma. Para los no iniciados, hay relativamente poca diferencia entre las ceremonias de los dos sacrificios. A primera vista, los dos sacrificios parecen tener un propósito similar también. Sin embargo, un estudio cuidadoso revelará que los dos sacrificios implicaron categorías de transgresiones significativamente diferentes.

En general, la expiación era por cometer faltas contra el territorio de Dios. En otras palabras, el sacrificio expiatorio era para lidiar con los pecados directamente contra la autoridad de Dios. Se ha dicho que, en esencia, la expiación es para violaciones de los primeros cuatro de los Diez Mandamientos. El sacrificio expiatorio y las ofensas con las que estaba destinado a tratar se describen en la siguiente sección.

En general, el sacrificio por la culpa era por los pecados de un judío contra un compañero judío o contra el pueblo judío en su conjunto. Estos fueron los delitos de propiedad personal (en oposición a la propiedad de Dios). Se ha dicho que los últimos seis de los Diez Mandamientos son un resumen de las leyes cuya violación requería un sacrificio por la culpa. Esto puede ser una simplificación excesiva, pero puede ser útil para distinguir los dos tipos de sacrificios para el perdón de los pecados.

Antes de pasar a los detalles de los dos sacrificios, debería mencionarse un punto muy importante que aplica a ambos. El hecho es que, bajo la Ley de Moisés, no se hizo ninguna provisión para el pecado intencional contra Dios o contra un compañero judío. Toma nota del énfasis añadido en los siguientes versículos:

> El SEÑOR le ordenó a Moisés que les dijera a los israelitas: "Cuando alguien viole **inadvertidamente** cualquiera de los mandamientos del SEÑOR, e incurra en algo que esté prohibido, se procederá de la siguiente manera ..." (Levítico 4:1-2)

> "Si la que peca **inadvertidamente** es toda la comunidad de Israel, toda la asamblea será culpable de haber hecho algo que los mandamientos del SEÑOR prohíben". (Levítico 4:13)

> "Si alguien comete una falta y peca **inadvertidamente** contra lo que ha sido consagrado al SEÑOR ..." (Levítico 5:15)

Específicamente, no había ninguna provisión para el perdón del asesinato intencional, las blasfemias contra Dios, el adulterio, la idolatría y otros pecados que no pueden ser cometidos por accidente.

Hay indicios en el Antiguo Testamento que, tras un profundo arrepentimiento y el aborrecimiento extremo del mal cometido, Dios ofreció la posibilidad del perdón. El caso del pecado de David al cometer adulterio con Betsabé y ordenar la muerte de su esposo en la batalla (2 Samuel 11 y 12), seguido por el humillante arrepentimiento de David, como se ve en el Salmo 51, es un ejemplo de este principio. Sin embargo, en general, el sistema mosaico no hizo provisión para aquellos que descaradamente rompían los mandamientos de la Ley.

¿Cómo vamos a ver este hecho? ¿Y qué presagia en el nuevo pacto? Una sugerencia de la respuesta se puede encontrar en Hebreos 10:26-31:

> Si después de recibir el conocimiento de la verdad pecamos **obstinadamente,** ya no hay sacrificio por los pecados. Solo queda una terrible expectativa de juicio, el fuego ardiente que ha de devorar a los enemigos de Dios. Cualquiera que rechazaba la ley de Moisés moría irremediablemente por el testimonio de dos o tres testigos. ¿Cuánto mayor castigo piensan ustedes que merece el que ha pisoteado al Hijo de Dios, que ha profanado la sangre del pacto por la cual había sido santificado, y que ha insultado al Espíritu de la gracia? Pues conocemos al que dijo: "Mía es la venganza; yo pagaré"; y también: "El Señor juzgará a su pueblo". ¡Terrible cosa es caer en las manos del Dios vivo! (énfasis añadido).

El plan de redención en el antiguo pacto es algo maravilloso. Su antitipo en el nuevo pacto es mucho mayor. Sin embargo, la gracia de Dios no se extiende a aquellos que tercamente rechazan su bondad y vuelven a continuar viviendo voluntariamente en pecado. ¡Esta es una enseñanza aleccionadora! Dios tiene consistencia sobre el pecado voluntario en ambos pactos. Esto tiene implicaciones para aquellos que enseñan la doctrina conocida como "una vez salvo, siempre salvo".

No es que Dios quiera que aquellos cuyos corazones se entregan a él vivan en constante temor del infierno y de la condenación cada vez que pecan. Por el contrario, es la intención de Dios para los que están en Cristo venir a su presencia con confianza, en plena expectación de las bendiciones de Dios.

> Así que, hermanos, mediante la sangre de Jesús, tenemos plena libertad para entrar en el Lugar Santísimo, por el camino nuevo y vivo que él nos ha abierto a través de la cortina, es decir, a través de su cuerpo; y tenemos además un gran sacerdote al frente de la familia de Dios. Acerquémonos, pues, a Dios con corazón sincero y con la plena seguridad que da la fe, interiormente purificados de una conciencia culpable y exteriormente lavados con agua pura. (Hebreos 10:19-22)

Dios quiere, e incluso tiene la expectativa, de que aquellos que son perdonados por la sangre del nuevo pacto vengan a él con confianza y plena seguridad de fe. Sin embargo, dejemos que nuestra confianza sea sazonada con el conocimiento sobrio, tanto desde el antiguo como el nuevo pacto, de que Dios no tolerará las continuas, obstinadas y premeditadas violaciones a su ley.

LA EXPIACIÓN *(jatat)*

Como ya se mencionó, el sacrificio expiatorio tenía por objeto proporcionar el perdón de las ofensas contra la autoridad de Dios. No es un presagio de lo que podríamos hacer. Más bien, es un presagio de la obra redentora del mismo Jesucristo. Los detalles del sacrificio expiatorio se describen en Levítico 4:1-5:13, así como en Levítico 6:24-30.

En el sacrificio expiatorio, la persona infractora, o un representante si es que el pecado fue colectivo, debía traer un animal sin defecto[20] al sacerdote. Tenía que poner sus manos sobre el animal como símbolo de transferir el pecado al animal. Significativamente, el pecador mismo mataba al animal. Con suerte, esto puso de relieve la seriedad de sus ofensas al pecador. Entonces el sacerdote rociaba la sangre siete veces delante de la cortina que daba hacia el Lugar Santísimo, así como sobre los cuernos del altar del incienso delante de la cortina. Esto es muy diferente de los sacrificios de culto, en los cuales la sangre no se llevó nunca al Lugar Santo. Después de esto, el resto de la sangre se derramaba al pie del altar de los holocaustos, como en los sacrificios de adoración. A continuación, los riñones y la grasa que se encuentra en los riñones, así como el hígado (igual como en el holocausto y el sacrificio de comunión) se quemaban en el altar. El resto del animal, incluyendo la piel, los órganos, la cabeza, los huesos y la carne, se llevaban fuera del campamento para ser quemados.

Cada aspecto de este sacrificio es un presagio de la obra redentora de Jesucristo. En primer lugar, el animal sacrificado tenía que ser sin mancha. Jesús también fue un sacrificio sin mancha por nuestros pecados. De hecho, basados en esta calificación, él es la única persona que ha vivido en esta tierra que habría calificado para ser sacrificada por el pecado. *"Como bien saben, ustedes fueron rescatados de la vida absurda que heredaron de sus antepasados. El precio de su rescate no se pagó con cosas perecederas, como el oro o la plata, sino con la preciosa sangre de Cristo, como de un cordero sin mancha y sin defecto"* (1 Pedro 1:18-19).

En segundo lugar, el pecador ponía sus manos sobre el sacrificio. Esto es una evocación de Isaías 53:6: *"El Señor hizo recaer sobre él la iniquidad de todos nosotros"*. Esta fue la fuente del mayor dolor de Jesús cuando él anticipó ir a la cruz: *"Es tal la angustia que me invade, que me siento morir"* (Mateo 26:38), e incluso mientras estaba en la cruz: *"Dios mío, Dios mío, ¿por qué me has desamparado?"* (Mateo 27:46). Basado en su propio conocimiento de la expiación, podemos suponer que Jesús era consciente de lo que iba a pasar con él en la cruz. En la muerte sacrificial de Jesús, Dios cargó en él el pecado de cada persona que ha vivido o va a vivir. *"Al que no cometió pecado alguno, por nosotros Dios lo trató como pecador, para que en él recibiéramos la justicia de Dios"* (2 Corintios 5:21). ¿Puedes, incluso, comenzar a imaginar lo devastador que fue esto para Jesús? Un hombre sin pecado, Dios en carne, asumió toda la responsabilidad por cada pecado cometido por la humanidad. Al aceptar esta responsabilidad, aceptó la muerte.

A continuación, el pecador mismo mataba al animal. Por favor, ten en cuenta las implicaciones de esta acción. Tú o yo no clavamos en realidad los clavos en las manos y los pies de Jesús, pero Dios nos considera responsables de haber matado a su Hijo. Las palabras de la gente en la multitud cuando Jesús fue condenado dicen mucho de nosotros: *"¡Que su sangre caiga sobre nosotros y sobre nuestros hijos!"* (Mateo 27:25). Dios cumplió su petición, para bien o para mal. Pedro le dijo a un grupo de miles de judíos que se reunieron en Jerusalén el día de Pentecostés: *"A este Jesús, a quien ustedes crucificaron, Dios lo ha hecho Señor y Mesías"* (Hechos 2:36). Solo una pequeña fracción de esta multitud estaba en Jerusalén en el momento de su ejecución. No es exagerado aplicar *"a quien ustedes crucificaron"* a todos los pecadores, especialmente en vista del presagio del sacrificio expiatorio. De hecho, en la expiación, cuando se cometía un pecado colectivo, uno solo mataba al animal como representante de todos los ofensores. La analogía es clara.

La sangre del sacrificio para la expiación era rociada sobre la cortina y sobre el altar del incienso, dentro del Lugar Santo. Jesús no entró en el santuario terrenal con su sangre, sino como el escritor de Hebreo nos dice:

> Cristo, por el contrario, al presentarse como sumo sacerdote de los bienes definitivos en el tabernáculo más excelente y perfecto, no hecho por manos humanas (es decir, que no es de esta creación), entró una sola vez y para siempre en el Lugar Santísimo. No lo hizo con sangre de machos cabríos y becerros, sino con su propia sangre, logrando así un rescate eterno. La sangre de machos cabríos y de toros, y las cenizas de una novilla rociadas sobre personas impuras, las santifican de modo que quedan

limpias por fuera. Si esto es así, ¡cuánto más la sangre de Cristo, quien por medio del Espíritu eterno se ofreció sin mancha a Dios, purificará nuestra conciencia de las obras que conducen a la muerte, a fin de que sirvamos al Dios viviente! (Hebreos 9:11-14)

La sangre de Jesús fue llevada directamente a la presencia del Dios vivo en el tabernáculo celestial, del cual el tabernáculo o templo en Jerusalén fue solo una copia. Del mismo modo, parte de la sangre del sacrificio expiatorio era llevada al santuario. Esta ofrenda es una prefigura impresionante de lo que vendrá. Recuerda que en el momento en que Jesús expiró, la cortina del templo se rasgó en dos, de arriba hacia abajo. A partir de ese momento, Dios ya no habitó en el templo de Jerusalén. Más bien, Dios estaba presente en el tabernáculo celestial donde la sangre de Jesús hace su trabajo.

A continuación, se quemaba la ofrenda. Aparte de los riñones y ciertas porciones de la grasa, que eran quemados en el altar del holocausto, el cuerpo era quemado fuera del campamento. Dios ordenó que el cuerpo del sacrificio expiatorio fuera quemado fuera del campamento como un símbolo de quitar el pecado del pueblo. Hay muchos ejemplos en la Ley de Moisés que señalan que las cosas impuras tuvieron que ser llevadas fuera del campamento para mantener a la comunidad ceremonialmente limpia. Esto también es un presagio de la muerte sacrificial de Jesús. Por razones simbólicas, Jesús murió fuera de la ciudad de Jerusalén, en el Gólgota. Como ya hemos visto, el pecado de todo el mundo se puso sobre Jesús cuando murió como un sacrificio expiatorio, lo que lo obligó a ser crucificado fuera de la ciudad de Jerusalén. La forma en que el escritor de Hebreos lo explica es:

El sumo sacerdote introduce la sangre de los animales en el Lugar Santísimo como sacrificio por el pecado, pero los cuerpos de esos animales se queman fuera del campamento. Por eso también Jesús, para santificar al pueblo mediante su propia sangre, sufrió fuera de la puerta de la ciudad. Por lo tanto, salgamos a su encuentro fuera del campamento, llevando la deshonra que él llevó. (Hebreos 13:11-13)

Aquí tenemos otro ejemplo de que los enemigos de Jesús, sin querer, ayudaron a cumplir una profecía del Mesías. Esto proporciona aún más evidencia, no solo de que la Biblia es la palabra inspirada de Dios, sino que Dios estaba en control de cada evento que rodeaba la muerte de Jesucristo.

Podemos ver que cada detalle del sacrificio de expiación mosaico era un presagio del sacrificio de Jesucristo por los pecados de todo el mundo. Como es habitual, lo que es prefigurado es mucho mayor que el original. Como Hebreos deja en claro:

> Esto nos ilustra hoy día que las ofrendas y los sacrificios que allí se ofrecen no tienen poder alguno para perfeccionar la conciencia de los que celebran ese culto. No se trata más que de reglas externas relacionadas con alimentos, bebidas y diversas ceremonias de purificación, válidas solo hasta el tiempo señalado para reformarlo todo. (Hebreos 9:9-10)

Si la sangre del sacrificio expiatorio tenía algún poder de perdonar los pecados de los judíos, solo se le dio ese poder por referencia futura al único sacrificio que alguna vez haya podido hacer que un pecador sea verdaderamente limpio: la sangre de Jesucristo. Al ver a Jesús, Juan el Bautista declaró: *"¡Aquí tienen al Cordero de Dios, que quita el pecado del mundo!"* (Juan 1:29). Recuerda que, desde la perspectiva de Dios, Jesús es un cordero sacrificado desde la creación del mundo, o como Pedro lo puso: *"Cristo, a quien Dios escogió (como un cordero sin mancha) antes de la creación del mundo"* (1 Pedro 1:20). Recuerda que, en el sacrificio para la expiación, el cordero era el sacrificio adecuado para la gente común. Gloria a Dios por Jesús, nuestro sacrificio expiatorio.

EL SACRIFICIO POR LA CULPA *(asham)*

El segundo sacrificio por el pecado del pueblo bajo el sistema mosaico fue el sacrificio por la culpa. Este sacrificio es a veces conocido como el sacrificio por la transgresión, lo que puede ayudar a clarificar su distinción del sacrificio expiatorio. El sacrificio por la culpa fue pensado para hacer frente a las transgresiones contra los vecinos (y, a veces, contra Dios). Los detalles de este sacrificio se describen en Levítico 5:14-6:7 y 7:1-10. El punto principal de este sacrificio para el judío era que la persona que pecaba contra su prójimo era expulsada de la comunión con Dios a menos que hiciera lo correcto con su compañero judío. Pecados contra las personas son pecados contra Dios.

Había dos diferencias muy significativas entre el sacrificio expiatorio y el sacrificio por la culpa respecto del tipo de pecado que no estaba destinado a ser eliminado. El sacrificio por la culpa solo debía ser ofrecido por un individuo. No había tal cosa como un pecado colectivo contra un individuo. Cada persona debía tomar la responsabilidad personal de sus propias acciones. La segunda diferencia importante entre el sacrificio expiatorio y el sacrificio por la culpa es que este último siempre incluye la restitución por el delito. Se requería que la restitución se hiciera antes de que se ofreciera el sacrificio. Al infractor se le pedía que obrara bien con su vecino antes de poder reparar su relación con Dios a través de un sacrificio. Aquí podemos ver que Dios se preocupa de nuestra relación con los demás, igual como con él. Este es, sin duda, un tema importante en el Nuevo Testamento.

Los detalles de este sacrificio fueron los siguientes. Si la violación fue contra Dios, por ejemplo, no haber dado un diezmo, se requería que el adorador compensara la cantidad completa más un veinte por ciento, y traiga un carnero para el sacrificio. Si la ofensa fue contra un compañero judío, tales como el robo, no devolver un animal perdido y así sucesivamente, se requería la misma restitución completa más un veinte por ciento, además de un carnero para el sacrificio por la culpa. Después de confesar y hacer la restitución, el carnero era sacrificado y la sangre derramada al pie del altar; y el animal se quemaba en el altar.

Dios siempre tuvo la intención de que las ofrendas por la culpa fueran un presagio del ministerio de Jesucristo. El antitipo en el Nuevo Testamento de esta ofrenda es único, ya que involucra tanto nuestra propia acción para hacer que nuestra relación con nuestro hermano o hermana sea correcta como el sacrificio de Jesús para hacernos justos con el Padre. Se encuentra en la profecía mesiánica de Isaías 53:10:

> El SEÑOR quiso quebrantarlo y hacerlo sufrir,
> y, como él ofreció su vida en expiación,
> verá su descendencia y prolongará sus días.

Cuando Dios hizo a Jesús una ofrenda por la culpa, tenía en mente a "su descendencia," que son los discípulos de Jesús, cuyas relaciones entre sí se harán a través del ministerio de Jesús.

Romanos 3:24-25 habla sobre Dios ofreciendo a Jesús como un

sacrificio de expiación. A través de Jesús, como en el sacrificio por la culpa, somos hechos uno con nuestros compañeros en la fe y con Dios. En Mateo 5:23-24, Jesús incluso proporcionó instrucciones específicas de cómo sus seguidores debían cumplir el equivalente del sacrificio por la culpa en el Nuevo Testamento:

> "Por lo tanto, si estás presentando tu ofrenda en el altar y allí te acuerdas de que tu hermano tiene algo contra ti, deja allí tu ofrenda delante del altar. Ve primero y reconcíliate con tu hermano; entonces ven y presenta tu ofrenda".

El paralelismo con el sacrificio por la culpa es inconfundible. Los cristianos no llevan ofrendas al templo, pero el punto de Jesús es que, si estamos adorando a Dios de cualquier manera, pero si hemos ofendido a nuestro hermano, entonces, al igual que en el sacrificio por la culpa, hay que dar prioridad a confesar y conseguir la reconciliación con nuestro hermano. Observa que, como es habitual en el nuevo pacto, no está definido un requisito legal (restitución total más veinte por ciento). En cambio, Jesús nos deja libres para solucionar los detalles con amor con nuestro hermano o hermana. El

	Sacrificio en el Antiguo Testamento	Sacrificio en el Nuevo Testamento	Citas de las Escrituras
Sacrificios de aroma grato	El holocausto	La devoción a Dios por parte de Jesús y de nosotros	Efesios 5:1-2; Romanos 12:1-2
	Ofrenda de cereal	Devolver una contribución a Dios	Mateo 6:19-21; Romanos 8-9
	Ofrenda de libación	Derramar nuestra vida para Dios	Lucas 22:20; Filipenses 2:16
	Sacrificio de comunión	Celebrar nuestras bendiciones de Dios	Juan 10:10; 1 Tesalonicenses 5:16
Sacrificios de la sangre	Sacrificio expiatorio	El sacrificio de Jesús por nuestros pecados	1 Pedro 1:18-19; 2 Corintios 5:21
	Sacrificio por la culpa	Mantener una sana relación el uno con el otro	Mateo 5:23-24

punto en cualquiera de los casos es que, si estamos fuera de comunión con nuestro hermano o hermana, afectará inevitablemente nuestra relación con Dios, y Dios espera que demos una prioridad muy alta a la resolución de conflictos de forma rápida.

En resumen, todos los sacrificios invocados por Dios bajo el sacerdocio de Aarón estaban destinados a prefigurar la obra y el ministerio de Jesucristo. Estos sacrificios estaban en el centro del judaísmo y, por tanto, tenían gran importancia para los judíos. Sin embargo, su verdadero significado encuentra su cumplimiento final en Jesucristo. Al estudiar estos sacrificios como tipos, junto con sus antitipos en el Nuevo Testamento, aprendemos mucho acerca de las clases de sacrificios que Dios quiere de los que están bajo el nuevo pacto. Dios nos quiere dar generosamente de las bendiciones físicas que nos ha preparado. Tiene la expectativa de que dediquemos nuestras vidas sin reservas; que nos derramamos por él. Dios quiere que nos dediquemos, pero también quiere que nos entusiasmemos por tener una relación con él. Las fiestas están a la orden del día. A la vez, debemos recordar nuestra dependencia absoluta y humilde del sacrificio de Jesucristo en la cruz para la salvación y una relación con Dios. La sangre de Jesús es el único camino hacia una relación correcta con Dios y con los demás. Gloria a Dios por el Cordero, escogido antes de la creación del mundo.

Notas

20. Cuanto mayor sea la posición de liderazgo del infractor, más valioso el animal requerido para hacer la expiación. Los sacerdotes y los ancianos de la comunidad debían traer un toro, y los líderes menores debían traer un macho cabrío, mientras que la gente común debía traer una cabra o un cordero.

CAPÍTULO SIETE

Las fiestas del antiguo pacto prefiguran aspectos específicos de la vida cristiana

Deshágan se de la vieja levadura para que sean masa nueva, panes sin levadura, como lo son en realidad. Porque Cristo, nuestro Cordero pascual, ya ha sido sacrificado. Así que celebremos nuestra Pascua no con la vieja levadura, que es la malicia y la perversidad, sino con pan sin levadura, que es la sinceridad y la verdad.

1 Corintios 5:7-8

"Cuando entren en la tierra que el Señor ha prometido darles, ustedes seguirán celebrando esta ceremonia. Y cuando sus hijos les pregunten: '¿Qué significa para ustedes esta ceremonia?', les responderán: 'Este sacrificio es la Pascua del Señor, que en Egipto pasó de largo por las casas israelitas. Hirió de muerte a los egipcios, pero a nuestras familias les salvó la vida'" (Éxodo 12:25-27). Con estas y otras palabras, Dios ordenó a su pueblo, a través de Moisés, que celebrara la Pascua. La Pascua es un recordatorio de la noche en que el ángel destructor pasó a través de Egipto para matar a los primogénitos en cada hogar. Los primogénitos de Israel fueron salvados de la muerte a través de la sangre de un cordero, rociada sobre la viga de madera sobre sus puertas. El ángel pasó de largo por estas casas.

Yo recibí del Señor lo mismo que les transmití a ustedes: Que el Señor Jesús, la noche en que fue traicionado, tomó pan, y, después de dar gracias, lo partió y dijo: "Este pan es mi cuerpo, que por ustedes entrego; hagan esto en memoria de mí". De la misma manera, después de cenar, tomó la copa y dijo: "Esta copa es el nuevo pacto en mi sangre; hagan esto, cada vez que beban de ella, en memoria de mí". Porque cada vez que comen este pan y beben de esta copa, proclaman la muerte del Señor hasta que él venga. (1 Corintios 11:23-26)

Con estas y otras palabras, Dios ordenó al Israel espiritual, a través de Pablo, que celebrara la Cena del Señor. La Cena del Señor es un recordatorio de la muerte del Cordero de Dios, Jesucristo, cuya sangre fue derramada sobre una viga de madera con el fin de salvar a los que están bajo el nuevo pacto. La Pascua fue dada por Dios a los descendientes físicos de Abraham como un recordatorio de su salvación de la muerte física, mientras que la Cena del Señor fue dada por Dios a los descendientes espirituales de Abraham como un recordatorio de su salvación de la muerte espiritual.

¿Es el paralelo un accidente? Considera el hecho de que, cuando Jesús instituyó la Cena del Señor, él y sus apóstoles estaban celebrando la cena de la Pascua. Tanto la comida de la Pascua como la de la Cena del Señor incluyen pan sin levadura y vino. La muerte de Jesús en la cruz tuvo lugar el mismo día en que los judíos celebraban la Pascua. Al igual que con el tipo, así es con el antitipo. En la noche en que Jesús fue traicionado, estaba muy consciente de la importancia del momento de esta última cena con sus apóstoles. Ya había dicho a sus seguidores que había venido, no para anular la ley, sino a darle cumplimiento (Mateo 5:17). En la noche de su última Pascua en la tierra, estaba a punto de demostrar esta afirmación cumpliendo lo que se prefiguraba en la Pascua. Una vez más, vemos a Dios usando un acontecimiento en la historia de su pueblo escogido como una prefigura de un aspecto clave del nuevo pacto. Dios había planeado desde el principio que la muerte de Jesús fuera un antitipo de la muerte del cordero de la Pascua que había ocurrido más de catorce siglos antes. También planeó desde el principio hacer de la fiesta de la Pascua y la Cena del Señor un tipo y antitipo.

Cuando uno lee el Antiguo Testamento, especialmente el libro de Levítico, es difícil pasar por alto el hecho de que Dios instituyó muchos festivales, ceremonias y fiestas. Estas fiestas fueron dadas por Dios a su pueblo con dos propósitos generales en mente. Algunas de las fiestas estaban destinadas a ayudar a Israel a recordar eventos específicos en su pasado (o en un caso, anticipar un evento futuro), que podría ayudarles a reflexionar sobre lo mucho que tenían que confiar en Dios. Las otras estaban destinadas, no para recordar un evento específico, sino para que contemplaran las bendiciones que tenían al permanecer en una relación con Dios. Veremos que los antitipos a estas fiestas en el Nuevo Testamento tienen el mismo propósito.

Hay siete grandes fiestas instituidas en el libro de Levítico. Las siete se describen con cierto detalle en Levítico 23. Además, más información y mandamientos relacionados con estas fiestas se encuentran dispersas en Levítico, Éxodo, Números, Deuteronomio y en otros libros. Las siete fiestas se pueden separar en dos categorías. Había cinco fiestas de un día. Estas eran la Fiesta de la Pascua, la Fiesta de las Primicias, la Fiesta de las Semanas (también conocida como la Fiesta de Pentecostés), la Fiesta de las Trompetas (la fiesta del Año Nuevo judío) y el Día de la Expiación. Cada una de las fiestas tenían por objeto recordar a Israel un evento especial en la vida de la nación de Israel y su relación con Dios. Se verá en este capítulo que cada una de las cinco fiestas de un día son tipos de días o eventos específicos en la vida de un cristiano, que Dios quiere que recordemos también.

Las otras dos fiestas se describen mejor con la palabra "festividad", y tenían una duración de siete días. La primera de estas era la Fiesta de los Panes sin levadura, un período de siete días de adoración en comunidad que era precedida por la Pascua. La Fiesta de las Primicias también se celebraba el segundo día de los Panes Sin Levadura. El segundo festival de una semana de duración era la Fiesta de los Tabernáculos (también conocida como la Fiesta de las Enramadas). El Día de la Expiación tenía lugar cinco días antes de la Fiesta de los Tabernáculos. Muchos de los festivales de una semana de duración fueron destinados por Dios para recordar la naturaleza de su relación con él. Por supuesto, su antitipo en el nuevo pacto servirá para el mismo propósito.

Otros festivales prescritos también se deben mencionar en este contexto. Hubo un día de descanso semanal, el sábado, que se describió en un capítulo anterior como un tipo. También hubo festivales mensuales referidos a la Luna Nueva. En los tiempos antiguos, estas se celebraban el día siguiente a la primera aparición de una Luna Nueva en el cielo. Más tarde, los judíos prepararon un calendario con años de antelación, incluidos los días designados de Luna Nueva en base a cálculos astronómicos. Este permitió a los judíos prepararse con anticipación para estos festivales. Las fechas de las siete fiestas judías se establecieron sobre la base de la sincronización de las Lunas Nuevas. Además, los judíos tenían sus años sabáticos y años jubilares, como se mencionó anteriormente.

Por último, hay dos fiestas adicionales celebradas por la mayoría de los judíos que se iniciaron después del Sinaí, y que, por lo tanto, no se mencionan en el Pentateuco. Estas son la Fiesta de Purim y la Fiesta de Janucá. La fiesta de Purim es un festival de tres días establecido para recordar la salvación de los judíos de sus perseguidores durante el tiempo de Ester (Ester 9:26-32). Janucá es un festival de ocho días que fue creado por los judíos en el siglo II a. C. para conmemorar la nueva consagración del templo después de las horribles persecuciones y profanación del templo bajo Antíoco Epífanes en 167-164 a. C.

Hay una enseñanza obvia que se puede obtener de todas estas fiestas y festivales. Si se puede suponer que todos fueron dados por Dios a su pueblo, se hace evidente que, desde la perspectiva de Dios, es muy importante para aquellos que están en una relación con él tomar tiempo para recordar las muchas bendiciones que les ha dado. La importancia de recordar las bendiciones de Dios se enfatiza repetidamente en el Antiguo Testamento. Por ejemplo, considera Deuteronomio 8:10-19. Esta es una cita extendida, pero tiene un poderoso mensaje (énfasis añadido):

"Cuando hayas comido y estés satisfecho, alabarás al SEÑOR tu Dios por la tierra buena que te habrá dado. Pero ten cuidado de **no olvidar al SEÑOR tu Dios**. No dejes de cumplir sus mandamientos, normas y preceptos que yo te mando hoy. Y cuando hayas comido y te hayas saciado, cuando hayas edificado casas cómodas y las habites, cuando se hayan multiplicado tus ganados y tus rebaños, y hayan aumentado tu plata y tu oro y sean abundantes tus riquezas, no te vuelvas orgulloso **ni olvides al SEÑOR tu Dios**, quien te sacó de Egipto, la tierra donde viviste como esclavo. El SEÑOR te guio a través del vasto y horrible desierto, esa tierra reseca y sedienta, llena de serpientes venenosas y escorpiones; te dio el agua que hizo brotar de la más dura roca; en el desierto te alimentó con maná, comida que jamás conocieron tus antepasados. Así te humilló y te puso a prueba, para que a fin de cuentas te fuera bien. No se te ocurra pensar: 'Esta riqueza es fruto de mi poder y de la fuerza de mis manos'. **Recuerda al SEÑOR tu Dios,** porque es él quien te da el poder para producir esa riqueza; así ha confirmado hoy el pacto que bajo juramento hizo con tus antepasados.

"Si llegas a olvidar al SEÑOR tu Dios, y sigues a otros dioses para adorarlos e inclinarte ante ellos, testifico hoy en contra tuya que ciertamente serás destruido".

Puede que no sea obvio a primera vista, pero hay un gran peligro que se oculta detrás de las bendiciones que uno recibe de Dios. Cuando hemos sido bendecidos por Dios, la tendencia que está siempre presente es olvidar de dónde las bendiciones provienen y empezar a darnos el crédito por nuestros "logros". Los festivales y fiestas en el antiguo pacto fueron dados específicamente para que los judíos nunca olvidasen de dónde venían sus bendiciones.

¿Son aquellos que están bajo el nuevo pacto inmunes a la tentación de olvidar de dónde vienen sus bendiciones ? Por supuesto que no. *"¿Qué tienes que no hayas recibido? Y, si lo recibiste, ¿por qué presumes como si no te lo hubieran dado?"* (1 Corintios 4:7). Al parecer, los discípulos de Corinto lucharon con este pecado. Recuerda que las leyes del Antiguo Testamento eran una sombra de lo que vendría. Si las fiestas del antiguo pacto estaban destinadas a ayudar a los judíos a recordar las bendiciones de Dios, entonces ellas tenían la intención de hacer lo mismo para aquellos que son cristianos. Esta es una muy buena razón para estudiar la relación tipo/antitipo implícito en los festivales del Antiguo Testamento. Dios espera e incluso exige que nos tomemos el tiempo para recordar nuestras bendiciones y estar agradecidos por ellas.

LA PASCUA *(pesaj)* [21]

La Pascua (*pesaj* en hebreo) era una fiesta de un día instituida por Dios con el fin de que los judíos pudieran recordar que el ángel destructor pasó de largo por las casas israelitas cuando el primogénito de cada hogar en Egipto fue matado. Esta fue la última de las plagas que Dios trajo sobre Egipto para que el faraón dejara que el pueblo de Dios fuera al desierto para adorarle. Recuerda el Capítulo Uno en el que se señala que todo el evento de la salida de Egipto, pasando por el Mar de los Juncos y entrar en el desierto es un presagio de que los que están bajo el nuevo pacto dejan su vida de pecado y entran en una relación de salvación con Dios. Dios estableció la Pascua porque quería que los judíos nunca olvidaran que fue solo por su poder milagroso que se salvaron, tanto de la esclavitud como del ángel destructor.

Hasta el día de hoy, los judíos sostienen que la Pascua es su segunda fiesta más importante, después de Yom Kipur, el Día de la Expiación. Cada familia judía, incluso algunas de las menos religiosas, celebra una comida de Pascua en sus casas muy similar a la instituida por Dios en Éxodo 12. Dios les dio instrucciones muy precisas en Éxodo de cómo la comida de la Pascua debía celebrarse. Cada uno de los detalles de esta comida tiene un profundo significado para aquellos que son salvados por la sangre de Jesús. Veremos que Dios destinó la cena de la Pascua desde el principio para ser un recordatorio, no solo para los judíos, sino también para los cristianos.

El registro histórico de la Pascua se encuentra en Éxodo capítulos 11 a 13. Dios ya había traído nueve desastres no naturales, conocidos comúnmente como "plagas" en Egipto, con el fin de convencer al faraón de que dejara ir a su gente al desierto para adorarle. Después de algunas de las plagas, el faraón se había arrepentido y había aceptado que los judíos salieran para adorarlo, solo para cambiar de opinión y endurecer su corazón al pensar en las implicaciones de dejarlos libres, aunque fuese por un corto período de tiempo. Dios le dijo a Moisés: *"Voy a traer una plaga más sobre el faraón y sobre Egipto. Después de eso, dejará que se vayan. Y, cuando lo haga, los echará de aquí para siempre"* (Éxodo 11:1). Moisés compartió con el pueblo lo que Dios le había dicho: *"Hacia la medianoche pasaré por todo Egipto, y todo primogénito egipcio morirá: desde el primogénito del faraón que ahora ocupa el trono hasta el primogénito de la esclava que trabaja en el molino, lo mismo que todo primogénito del ganado"* (Éxodo 11:4-5). Dado que los judíos mismos eran esclavos, esta terrible plaga presumiblemente incluiría a los primogénitos de cada familia judía. Con pocas excepciones, las nueve plagas anteriores habían afectado tanto a judíos como egipcios.

Dios proporcionó a su pueblo una forma de evitar esta plaga desastrosa. Cada familia debía tomar un cordero de un año "sin defecto", sacrificarlo al anochecer y poner un poco de la sangre de ese sacrificio en los dos postes y en el dintel de la puerta de sus casas. Si realizaban esto, Dios les prometió: *"Al verla pasaré de largo"* por sus casas cuando viniera a destruir a los primogénitos de Egipto. Las familias deberían comer el cordero sacrificado esa misma noche. Proféticamente, Dios les dijo que no quebraran ningún hueso del cordero sacrificado (Éxodo 12:46). También se les instruyó comer pan sin levadura y hierbas amargas con su cena de la Pascua. Dios les dijo que debían comer la comida a toda prisa *"con el manto ceñido a la cintura, con las sandalias puestas, con la vara en la mano"* (Éxodo 12:11).

Lo que Dios le había dicho a Moisés es exactamente lo que sucedió. Esa misma noche, el Señor abatió a los primeros hijos varones en todo Egipto, hasta en la casa del faraón, a excepción de aquellos cuyas casas fueron marcadas con la sangre del cordero pascual. El faraón llamó a Moisés y a Aarón a su palacio y les ordenó salir al desierto para adorar a Jehová. A diferencia de sus anteriores pedidos similares, se les dijo que se fueran con sus rebaños y sus pertenencias. Los judíos salieron de Egipto cargados de muchos regalos valiosos de sus vecinos egipcios ansiosos por verlos partir. Los judíos salieron con tanta prisa que no podían añadir levadura a su masa de pan. El resto de la historia de la salida ya se ha descrito en el Capítulo Uno. Las personas escaparon de la esclavitud en Egipto, lo que es un símbolo de que quienes están bajo el nuevo pacto escapan de la esclavitud del pecado. Solo pudieron escapar al pasar a través de las aguas del Mar Rojo, mientras fueron bautizados en Moisés.

Al mismo tiempo que Dios llevó a cabo el milagro de la Pascua, también instruyó a su pueblo para llevar a cabo una comida de Pascua ritual cada año desde ese día en adelante como un recordatorio de cómo los había liberado de su cautiverio:[22]

> "Este es un día que por ley deberán conmemorar siempre. Es una fiesta en honor del SEÑOR, y las generaciones futuras deberán celebrarla". (Éxodo 12:14)

> "Cuando entren en la tierra que el SEÑOR ha prometido darles, ustedes seguirán celebrando esta ceremonia. Y cuando sus hijos les pregunten: '¿Qué significa para ustedes esta ceremonia?', les responderán: 'Este sacrificio es la Pascua del SEÑOR, que en Egipto pasó de largo por las casas israelitas. Hirió de muerte a los egipcios, pero a nuestras familias les salvó la vida'". (Éxodo 12:25-27)

Si alguna vez hubo un mandamiento que Dios dio a los judíos que han seguido religiosamente, es el de celebrar la comida de la Pascua anualmente.

Cada año, las familias judías realizan una limpieza ritual de toda la levadura de sus casas antes de la celebración de la Pascua. En la noche de la cena de la Pascua, conocida como el *seder*, toda la familia se reúne para compartir la comida de cordero, pan sin levadura y hierbas amargas. El cordero se come para recordar el sacrificio y el escape de la destrucción. El pan sin levadura es para recordar la prisa con la cual escaparon de su esclavitud. Las hierbas amargas se comen para recordarles la amargura de la esclavitud bajo el faraón. Tradicionalmente, el patriarca de la familia lee pasajes de Éxodo predeterminados. Antes de las lecturas, es tradicional elegir a un niño de la familia para hacer cuatro preguntas. Una de ellas es: *"¿Y esto qué significa?"* (Éxodo 13:14), después de lo cual, se le enseña a todo el grupo acerca del significado de la Pascua. Las otras tres preguntas son: "¿Por qué esta noche es diferente de todas las otras noches?" "¿Por qué en esta noche comemos solo pan sin levadura?" y "¿Por qué comemos hierbas amargas?". Tradicionalmente, se han utilizado tres piezas de pan sin levadura. La tercera pieza de pan se rompe y se esconde, solo para ser recuperada y distribuida a todos más tarde. Además, se comparten cuatro copas de vino. Para los judíos, la tercera copa, compartida justo al final de la cena, se conoce como la copa de la redención.

Cada uno de los detalles de esta fiesta sirve como un maravilloso presagio de la salvación en Jesucristo. Para citar a Phillip Lester,[23] "La esencia de la Pascua es la de la Cena del Señor. Todo se trata de recordar de dónde venimos, la amargura de nuestra esclavitud (al pecado), y el precio de nuestra liberación por la sangre del Cordero". La Pascua de los judíos es un tipo, mientras que la Cena del Señor es el antitipo. De hecho, probablemente sería más exacto llamar a la comida de la noche en que Jesús fue entregado el Último *Seder,* en lugar de la Última Cena. Esta instancia fue realmente la última cena de la Pascua antes de que encontrara su cumplimiento en el antitipo en el Nuevo Testamento, la Cena del Señor (no es que haya algo de malo con un cristiano que celebra una comida del *seder*). Esto es exactamente lo que Jesús quiso decir mientras compartía la última cena con sus amigos más cercanos:

> Cuando llegó el día de la fiesta de los Panes sin levadura, en que debía sacrificarse el cordero de la Pascua, Jesús envió a Pedro y a Juan, diciéndoles:
> "Vayan a hacer los preparativos para que comamos la Pascua". [...]
> Cuando llegó la hora, Jesús y sus apóstoles se sentaron a la mesa. Entonces les dijo:
> "He tenido muchísimos deseos de comer esta Pascua con ustedes antes de padecer, pues les digo que no volveré a comerla hasta que tenga su pleno cumplimiento en el reino de Dios". (Lucas 22:7-8, 14-16)

En este pasaje, Jesús les dice a los discípulos que la próxima celebración de la Pascua sería en la forma de su antitipo en el nuevo pacto, la Cena del Señor. Se nos recuerda una vez más la afirmación de Jesús de que él no vino a poner fin a la ley, sino para llevarla a su cumplimiento en el nuevo pacto.

Considera algunas de las relaciones de tipo/antitipo entre la Pascua y la Cena del Señor. Como se mencionó en la introducción a este capítulo, cuando Dios hizo que la Pascua fuera un tipo de la Cena del Señor, no estaba siendo sutil, ya que Jesús celebró la Última Cena en la noche de la cena de la Pascua. En la cena de la Pascua, se sacrifica un cordero inocente. La Cena del Señor conmemora la muerte de Jesús, que *"fue llevado al matadero; como oveja, enmudeció ante su trasquilador; y ni siquiera abrió su boca"*. El cordero de la Pascua tenía que ser sin defecto físico. El antitipo del cordero, Jesucristo, era sin defecto espiritual. Él nunca pecó.

Los corderos de la Pascua originales fueron sacrificados para salvar a las personas que se encontraban bajo una sentencia de muerte, ya que el ángel de la muerte había de pasar a través de Egipto esa noche. La Cena del Señor conmemora la muerte de Jesús para un pueblo que estaba bajo una sentencia de muerte espiritual. *"Pero Dios, que es rico en misericordia, por su gran amor por nosotros, nos dio vida con Cristo, aun cuando estábamos muertos en pecados. ¡Por gracia ustedes han sido salvados!"* (Efesios 2:4-5). La sangre del sacrificio del cordero de la Pascua debía ser untada en los dinteles de las puertas de los israelitas. Cuando hicieron esto, los judíos no tenían idea de que estaban actuando prefigurativamente lo que pasó con la sangre de Jesús, *"el Cordero de Dios, que quita el pecado del mundo"* (Juan 1:29), que iba a ser derramada sobre una viga transversal catorce siglos después. A causa de la sangre del cordero de la Pascua, Dios pasó de largo por las casas de los judíos. Debido a la sangre del Cordero de Dios *"sacrificado desde la creación del mundo"*, Dios va a pasar de largo ante el pecado en nuestro propio hogar personal, nuestra vida.

Los cinco paralelos tipos/antitipos ya mencionados son solo el principio. Dios ordenó a los judíos no romper ninguno de los huesos del cordero de la Pascua: *"Tampoco se le quebrará ningún hueso al animal sacrificado"* (Éxodo 12:46). ¿Cómo interpretaron los judíos este mandamiento poco claro? ¿Qué tenía Dios en mente? Era un misterio para ellos. El misterio se revela en el evangelio. El mandamiento de no quebrar cualquiera de los huesos del cordero de la Pascua es una profecía del antitipo del Cordero de la Pascua, Jesucristo. Es una rememoración de la profecía mesiánica en el Salmo 22:17: *"Puedo contar todos mis huesos"*.

Jesús fue crucificado junto con dos ladrones. Jesús fue el primero de los tres que murió, muy probablemente debido al trato brutal que recibió antes de ser crucificado. Debido a que la crucifixión ocurrió en el mismo día de la cena de la Pascua, los judíos querían que los cuerpos fueran bajados de las cruces antes de la puesta del sol. Cuando hicieron esta solicitud, los soldados romanos rompieron los huesos de los dos ladrones crucificados junto con Jesús. Hicieron esto porque todo el mundo sabía que una vez que las piernas de la persona condenada se rompieran, ya no podía empujarse hacia arriba para respirar. Por lo tanto, los dos ladrones murieron a los pocos minutos. Cuando los soldados se acercaron a Jesús, no le quebraron las piernas, porque ya había muerto (Juan 19:31-33). Así se cumplió la profecía, debidamente recreada cada año cuando los judíos evitaron cuidadosamente romper cualquiera de los huesos del cordero de la Pascua.

Los judíos tuvieron que huir de Egipto tan rápidamente que ni siquiera pudieron añadirle levadura al pan. Ya hemos visto en el Capítulo Seis que la levadura en el Antiguo Testamento es un tipo del pecado en el Nuevo Testamento. Jesús tiene la expectativa de que quienes lo siguen huyan de su vida de esclavitud espiritual en el pecado sin mirar atrás (Lucas 9:62). Por supuesto, tanto la cena de la Pascua como la Cena del Señor incluye el consumo de pan sin levadura. En la Cena del Señor, el pan sin levadura tiene la intención de simbolizar el cuerpo de Jesús, cuya vida fue sin levadura (pecado). Antes de la cena de la Pascua, los judíos realizan una búsqueda tradicional en la casa para eliminar cualquier posible levadura que se encuentre allí. Del mismo modo, Dios nos manda, antes de tomar la Cena del Señor, a mirar nuestra propia casa espiritual personal para descartar la levadura del pensamiento mundano que, inevitablemente, vamos a encontrar allí:

> Cada uno debe examinarse a sí mismo antes de comer el pan y beber de la copa. (1 Corintios 11:28)

> Hacen mal en jactarse. ¿No se dan cuenta de que un poco de levadura

hace fermentar toda la masa? Deshágense de la vieja levadura para que sean masa nueva, panes sin levadura, como lo son en realidad. Porque Cristo, nuestro Cordero pascual, ya ha sido sacrificado. Así que celebremos nuestra Pascua no con la vieja levadura, que es la malicia y la perversidad, sino con pan sin levadura, que es la sinceridad y la verdad. (1 Corintios 5:6-8)

En este caso, las imágenes de la cena de la Pascua y la Cena del Señor están estrechamente entrelazadas. Ten en cuenta que la Cena del Señor es, a la vez, un recordatorio del hecho ya cumplido de estar sin pecado y una llamada a alejarse del pecado actual en nuestra vida.

Como parte de la cena de la Pascua, Dios ordenó comer hierbas amargas. Esto fue para recordarle a los judíos la amargura de la esclavitud en Egipto. Uno podría pensar que los judíos nunca olvidarían lo terrible que era estar esclavizados. Uno podría estar muy equivocado. Mientras deambularon por el desierto, los judíos pronto olvidaron los horrores de la esclavitud y desearon volver a Egipto (Números 20:5-6). Por eso, Dios les dio la Pascua como recordatorio, no solo del increíble milagro de su liberación de la esclavitud, sino también de la amargura de la esclavitud. Qué gran presagio para aquellos bajo el nuevo pacto que celebran la Cena del Señor. Uno podría pensar que resulta fácil para un discípulo de Jesús recordar cuán amarga era la vida de pecado y cuán sorprendentemente mejor es su vida bajo el buen pastor, Jesucristo, que da la vida en abundancia (Juan 10:10-11). Una vez más, uno estaría muy equivocado. Los cristianos necesitan que se les recuerde lo verdaderamente amarga que era la vida bajo la esclavitud del pecado. El recordatorio ritual de la Pascua y de la Cena del Señor fomentan que el pueblo de Dios recuerde la amargura de la esclavitud.

Aunque no está ordenado en el Pentateuco, los judíos tienen una antigua tradición de compartir tres piezas de pan y cuatro copas de vino. La tercera pieza de pan sin levadura se rompe en pedazos y estos se esconden alrededor de la casa. Después de la comida, la familia busca en la casa, recupera las piezas y las comparten. Poco saben, la mayoría de ellos, que están representando un presagio de la resurrección corporal de Jesús en esta parte interesante de la cena de la Pascua. La tercera copa tradicional de vino se bebe inmediatamente después de la comida. Los judíos reconocen esto como la copa de la redención. Esta tercera copa es la que Jesús tomó la noche en que fue sacrificado como un cordero de la Pascua. *"Tomó la copa después de la cena, y dijo: 'Esta copa es el nuevo pacto en mi sangre, que es derramada por ustedes'".* Si solo los que compartieron esta tercera copa tuvieran alguna idea de lo profético que la copa de la redención llegaría a ser cuando Jesús la compartió con sus apóstoles la noche antes de que él se diera en sacrificio para la redención de todo el mundo.

Hay tres temas en este capítulo. Uno de ellos es que todo el Antiguo Testamento apunta a Jesucristo. El segundo es que los abundantes y complejos presagios en el Antiguo Testamento demuestran, sin lugar a duda, que la Biblia es inspirada por Dios. El tema adicional en este capítulo es que Dios quiere y espera que incluso aquellos que vienen a él tomen el tiempo para hacer un hábito regular de recordar lo que ha hecho en su vida. Tanto en la Pascua como en la Cena del Señor, Dios está llamando a los cristianos a recordar la muerte del Cordero sacrificial, Jesucristo, y el milagro de la salvación que esta obra en la vida de aquellos que ponen su fe en la sangre del Cordero pascual.

Tal vez los padres cristianos harían bien en instituir su propia ceremonia similar a las cuatro preguntas formuladas por los niños judíos. Recordar en forma de ritual es valioso para todos los discípulos de Jesús. Esta verdad se aplica más aún a sus hijos. Para reforzar el mensaje paralelo de la Cena del Señor y de la Pascua, una idea útil sería que una familia cristiana o un grupo de discípulos de Jesús celebren un *seder* de la Pascua juntos. Lo que podría hacer esto aún más alentador sería invitar a un cristiano judío a participar. El punto es que en estas dos ceremonias Dios nos está diciendo que necesitamos recordar la amargura de la esclavitud y la maravillosa salvación realizada por la sangre del Cordero de la Pascua.

LA FIESTA DE LAS PRIMICIAS

La mayoría de los creyentes en Jesús están, al menos casualmente, al tanto de la Pascua y el hecho de que ocurre cerca de la fecha de la muerte de Jesús en el calendario judío. Por el contrario, los cristianos, en general, no saben absolutamente nada acerca de la fiesta de las primicias: cuándo se celebra, cuál es su propósito en la Ley de Moisés, y en especial su papel como un presagio de la dispensación cristiana.

La Fiesta de las Primicias fue instituida como parte de la Ley de Moisés en el Sinaí. El propósito, el tiempo y la ceremonia de la fiesta se encuentran en Levítico 23:9-14. Básicamente, esta fiesta fue creada por Dios a fin de que las personas celebren la promesa inherente en el primer fruto de la cosecha de sus cultivos. No era tanto una fiesta de la cosecha, sino un festival anticipando la cosecha. La Fiesta de las Primicias se celebraba varias semanas antes de que se cosechara cualquier cultivo. Los judíos tomaban una porción del grano cuando recién comenzaba a producir una cabeza de semillas, mucho antes de que madurara. Muchos pueblos antiguos tenían festivales de la cosecha, pero los judíos debieron haber sido únicos entre sus vecinos por tener un festival de una cosecha que todavía estaba en el futuro. Para crear una analogía, si uno fuera a plantar una hortaliza grande con muchos cultivos diferentes, la fiesta de las primicias se celebra cuando la primera cosecha está en las plantas, pero definitivamente no lo suficientemente madura para comerse. Si uno vive en los Estados Unidos, esto sucedería en los primeros días de mayo, como muy temprano, pero en Palestina sucede en marzo o abril. Este primer fruto de la hortaliza de uno se llevaba ante Dios y se dedicaba a él tanto en el reconocimiento de que todo buen fruto proviene de él como en previsión de una buena cosecha el resto del año, junto con la solicitud de ello.

> "Cuando ustedes hayan entrado en la tierra que les voy a dar, y sieguen la mies, deberán llevar al sacerdote una gavilla de las primeras espigas que cosechen. El sacerdote mecerá la gavilla ante el SEÑOR para que les sea aceptada. La mecerá a la mañana siguiente del sábado".
> (Levítico 23:10-11)

Para nuestros propósitos, el tiempo de la Fiesta de las Primicias es de vital importancia. Como se puede ver en el pasaje anterior, esta fiesta se celebra el día después del sábado. ¿Cuál sábado? En realidad, en el calendario judío, la Fiesta de las Primicias se celebraba el día después del sábado durante la Fiesta de los Panes sin levadura. Es posible confundirse aquí, así que vamos a examinar esto cuidadosamente. Para los judíos, el término "Pascua" ha evolucionado para abarcar la cena de la Pascua, o *seder,* la fiesta de siete días de los Panes sin levadura que sigue directamente la Pascua y la Fiesta de las Primicias que se celebra el segundo día de la Fiesta de los Panes sin levadura. En otras palabras, para los judíos, la Pascua abarca ocho días y tres festivales, empezando por la preparación de la cena de la Pascua, también toda la Fiesta de los Panes sin levadura y la Fiesta de las Primicias que dura un solo día.

Si consideras con atención el tiempo de la Fiesta de las Primicias, salta una conclusión fascinante. ¡Jesús resucitó de entre los muertos en la Fiesta de las Primicias! Jesús fue crucificado el viernes,[24] el día de la Fiesta de la Pascua, que fue el 14 de Nisán. El día siguiente, el 15 de Nisán, era un sábado y fue también el primer día de la Fiesta de los Panes sin levadura. El tercer día, el 16 de Nisán, un domingo, fue la Fiesta de las Primicias. También fue el día en que Jesús se levantó de entre los muertos. Dios les dio la Fiesta de las Primicias a los judíos para que recordaran que ellos eran totalmente dependientes de él en cuanto a sus bendiciones físicas. Como a estas alturas es un patrón muy familiar, Dios también tenía un significado espiritual más profundo en la Fiesta de las Primicias para los que serían salvados bajo el nuevo pacto. La Fiesta de las Primicias es un recordatorio de nuestra dependencia total de Dios para heredar la vida eterna. También es un presagio de la resucitación de Jesús.

En el tipo en el antiguo pacto, la Fiesta de las Primicias, el primer fruto de la cosecha fue llevado y presentado a Jehová. La presentación de los primeros frutos de sus campos representó una expectativa por parte de los judíos de una cosecha futura abundante. En el antitipo, la resurrección, Jesús se levantó como el primero de los frutos entre los muertos que habrán de resucitar. La resurrección de Jesús representa las primicias; él es el precursor y la promesa de la resurrección final de toda la humanidad.

> Y del polvo de la tierra se levantarán
>> las multitudes de los que duermen,
> algunos de ellos para vivir por siempre,
>> pero otros para quedar en la vergüenza
>> y en la confusión perpetuas. (Daniel 12:2)

Para apoyar esta afirmación, considera 1 Corintios 15:20-21, donde Pablo escribe acerca de la resurrección de los muertos:

> Lo cierto es que Cristo ha sido levantado de entre los muertos, como primicias de los que murieron. De hecho, ya que la muerte vino por medio de un hombre, también por medio de un hombre viene la resurrección de los muertos.

En otras palabras, la resurrección de Jesús representa las primicias de todos los que han muerto. Es una promesa de una futura cosecha de almas: la resurrección de entre los muertos. Sobre la base de este pasaje, podemos asumir que Pablo era consciente de que la resurrección de Jesús era el antitipo de la Fiesta de las Primicias.

Vale la pena notar que Jesús no fue la primera persona en la Biblia resucitada de entre los muertos. Se podría hablar de Lázaro (Juan 11) o del hijo de la mujer sunamita (2 Reyes 4:8-37) y otros. Sin embargo, cada uno de estos casos, nos lleva a suponer que la persona milagrosamente resucitada más tarde murió de la forma habitual. Jesús es el primer fruto de la muerte en que se elevó a la vida eterna con Dios.

Ten en cuenta también Colosenses 1:18:

> Él es la cabeza del cuerpo,
> que es la iglesia.
> Él es el principio,
> el primogénito de la resurrección,
> para ser en todo el primero.

Jesús es el primogénito, las primicias de los que murieron y fueron resucitados a la vida eterna con Dios. Como Pablo dijo a sus oyentes en Atenas, la resurrección de Jesús demuestra que Dios ha destinado un día en el que todos los seres humanos serán juzgados con justicia (Hechos 17:31). Esto es cierto porque Jesús es el primer fruto de una cosecha mucho mayor que resucitará de entre los muertos para enfrentar el juicio. Desde la promulgación de la Ley de Moisés, los judíos celebraron la cosecha de los primeros frutos físicos, sin darse cuenta de que estaban actuando proféticamente la resurrección de Jesús y su promesa de una cosecha de almas en el final de los tiempos.

Si la resurrección de Jesús está profetizada en la Fiesta de las Primicias, surge una pregunta natural. ¿Deberían los que están bajo el nuevo pacto recordar el evento en algún tipo de ceremonia cristiana anual de primicias como Dios les dijo a los judíos que hicieran?

La respuesta es que Dios no manda tal celebración, así que lo deja en manos de los cristianos individuales. Las raíces históricas exactas de la fiesta religiosa que se celebra actualmente como la Pascua es un tanto oscura. Se puede suponer que fue iniciada por los líderes de la iglesia primitiva en un intento de animar a los discípulos a no olvidar la resurrección de Jesús. Desafortunadamente, a pesar de las buenas intenciones, con el tiempo, la celebración de la resurrección por parte de la iglesia adquirió fuertes asociaciones paganas. La Pascua asumió aspectos de un rito de fertilidad, incluso tomando prestado su nombre en inglés de la diosa pagana Ishtar.

¡Los cristianos probablemente deberían dejar a un lado tales aspectos paganos en su conmemoración de la resurrección de Jesús! Sin embargo, algunos han reaccionado de manera exagerada ante la fiesta católica al declarar que es un pecado celebrar la Pascua. Si hay algún mensaje que se extraiga de este capítulo es que la gente tiende a olvidar. Los recordatorios regulares de eventos benditos tales como la resurrección de Jesús son una cosa muy buena.

Para los judíos, la Fiesta de las Primicias tenía que ver con la fe. Desde la primera señal del desarrollo de la semilla en el grano, los judíos celebraron una cosecha que aún no existía, con la fe de que Dios se haría cargo de sus necesidades. Es lo mismo para el seguidor de Jesús. El antitipo tiene que ver con la fe también. Tomamos la resurrección de Jesús de entre los muertos como una promesa de una gran cosecha futura. Entendemos que seremos parte de esta cosecha de almas para la eternidad. ¿Por qué no empezar a celebrar ahora? ¡Que empiece la fiesta!

LA FIESTA DE LOS PANES SIN LEVADURA

Como se señaló anteriormente, la Fiesta de los Panes sin levadura es parte de las tres celebraciones que comprenden lo que se conoce colectivamente como la Pascua. La Fiesta de los Panes sin levadura era una fiesta de siete días que se celebraba inmediatamente después del día de la cena de la Pascua, por lo que toda la Pascua es un evento de ocho días. La Fiesta de los Panes sin levadura se instituyó al mismo tiempo que la cena de la Pascua, como se describe en Éxodo 12.[25]

"Celebrarán la fiesta de los Panes sin levadura, porque fue ese día cuando los saqué de Egipto formados en escuadrones. Por ley, las generaciones futuras siempre deberán celebrar ese día. Comerán pan sin levadura desde la tarde del día catorce del mes primero hasta la tarde del día veintiuno del mismo mes. Durante siete días se abstendrán de tener levadura en sus casas. Todo el que coma algo con levadura, sea extranjero o israelita, será eliminado de la comunidad de Israel". (Éxodo 12:17-19)

Se puede ver, a partir de esta descripción, que la Fiesta de los Panes sin levadura fue diseñada para celebrar y recordar el éxodo, el que implicó la liberación del pueblo de Dios de su cautiverio y esclavitud en Egipto. Es importante distinguir la cena de la Pascua de la Fiesta de los Panes sin levadura. La cena de la Pascua fue dada como un recordatorio de la salvación de Israel del ángel destructor. Es un presagio de la salvación a través de la sangre de Jesús, así como un presagio de la Cena del Señor. La Fiesta de los Panes sin levadura, por el contrario, se entendía como un recordatorio de la liberación de la esclavitud que resultó del evento de la Pascua, por dos razones. Una de las razones fue que era un recordatorio de los acontecimientos reales del éxodo. *"Con la masa que sacaron de Egipto cocieron panes sin levadura, pues la masa aún no había fermentado. Como los echaron de Egipto, no tuvieron tiempo de preparar comida"* (Éxodo 12:39). El pan sin levadura es un recordatorio de lo repentino y plena liberación del cautiverio. Contemplar esta fiesta judía, puede tener el mismo propósito para nosotros. La segunda razón por qué Dios hizo que usaran pan sin levadura para la fiesta de siete días es que sirve como un presagio para nosotros de nuestra libertad que se obtiene cuando escapamos de nuestro propio cautiverio al pecado. Como ya hemos visto, la levadura se utiliza, a menudo, en el Nuevo Testamento como un símbolo del efecto insidioso de pecado: *"Un poco de levadura fermenta toda la masa"*. Este es otro ejemplo de una fiesta del antiguo pacto que es un recuerdo de un acontecimiento físico para los judíos y de una realidad espiritual para los cristianos.

Ya se ha señalado que, en general, las fiestas de un día de los judíos fueron dadas por Dios como prefigura para recordarles a los que están en Cristo un evento específico de importancia para su vida espiritual, mientras que los festivales de una semana de duración fueron dados como prefigura y recordatorios de un aspecto de la vida cristiana. Esto se aplica a la Fiesta de los Panes sin levadura. Para los judíos, era un recordatorio de su liberación de la esclavitud. Para los cristianos, es un recordatorio de la libertad del pecado. Gracias a este evento de la Pascua —la muerte sacrificial de Jesús en la cruz— la persona que está en Cristo está libre de la influencia destructiva del pecado en su vida. Romanos 6:5-7 nos da un gran recordatorio del significado de los tres festivales de la semana de Pascua.

Si hemos estado unidos con él en su muerte, sin duda también estaremos unidos con él en su resurrección. Sabemos que nuestra vieja naturaleza fue crucificada con él para que nuestro cuerpo pecaminoso perdiera su poder, de modo que ya no siguiéramos siendo esclavos del pecado; porque el que muere queda liberado del pecado.

En este sorprendente pasaje, Pablo les recuerda a sus lectores cómo la muerte del Cordero de la Pascua, Jesucristo, conllevó a que se pasara de largo por sus pecados. También les recuerda que, sin la resurrección de Jesús, que se celebra en la Fiesta de las Primicias, no habrían sido resucitados para vivir una nueva vida. Lo más importante de la discusión que nos ocupa, Pablo también recuerda a sus lectores que, como resultado de la Pascua y las primicias, pueden celebrar una vida sin levadura; es decir, sin ser esclavizados por el pecado. La muerte de Jesús crea para nosotros una vida que ya no es cautiva de los aspectos esclavizantes del pecado.

¡De la Fiesta de los Panes sin levadura, aprendemos que la Biblia es inspirada por Dios! Es sorprendente cómo Dios creó estos tres festivales y fue capaz de entretejer sus implicaciones proféticas en todo el mensaje del evangelio. Desde una perspectiva práctica, aprendemos que los que están en Cristo necesitan apreciar ser perdonados. Los judíos tomaron siete días durante cada año de sus ocupadas vidas para celebrar su libertad de la esclavitud. La libertad del pecado es algo para estar aún más entusiasmados. Necesitamos que se nos recuerde de forma regular que, no importa lo que esté sucediendo en nuestras vidas, ya sea luchas, desafíos o tentaciones, el simple hecho de estar libres del poder destructivo y esclavizante del pecado es un motivo de celebración.

De hecho, aquellos que no celebran su libertad del pecado están en peligro espiritual. Dios le dio la Fiesta de los Panes sin levadura a Israel como un recordatorio periódico tanto de lo que habían dejado atrás como lo que habían ganado cuando salieron de la esclavitud en Egipto. Celebremos con nuestros hermanos judíos nuestra maravillosa vida de libertad. Nunca actuemos como lo hicieron cuando, poco tiempo después del éxodo, el pueblo de Israel se centró en las pruebas de la necesidad de alimentos y agua en el desierto, deseando volver a su vida de esclavitud. Sí, esto nos puede pasar a nosotros. Como Pablo amonestó a los discípulos de Tesalónica: *"Estén siempre alegres, oren sin cesar, den gracias a Dios en toda situación, porque esta es su voluntad para ustedes en Cristo Jesús"* (1 Tesalonicenses 5:16-18).

LA FIESTA DE LAS SEMANAS/PENTECOSTÉS *(shavuot)*

La cuarta fiesta prescrita en el Antiguo Testamento fue la Fiesta de las Semanas, *shavuot* en hebreo. Esta fue la principal fiesta de la cosecha del año judío. El momento de la fiesta estaba vinculado a la Fiesta de las Primicias.

> "A partir del día siguiente al sábado, es decir, a partir del día en que traigan la gavilla de la ofrenda mecida, contarán siete semanas completas. En otras palabras, contarán cincuenta días incluyendo la mañana siguiente al séptimo sábado; entonces presentarán al SEÑOR una ofrenda de grano nuevo. Desde su lugar de residencia le llevarán al SEÑOR, como ofrenda mecida de las primicias, dos panes hechos con cuatro kilos de flor de harina, cocidos con levadura". (Levítico 23:15-17)

El sábado al que se hace referencia en este pasaje de Levítico es el sábado posterior a la Pascua. El día después de este sábado correspondía a la Fiesta de las Primicias. La Fiesta de las Semanas obtuvo su nombre del hecho de que caía exactamente siete semanas después de la Fiesta de las Primicias. Esta fiesta, más tarde, llegó a ser conocida como el día de Pentecostés, ya que también ocurre exactamente cincuenta días después del sábado de Pascua.

Observa la frase "desde su lugar de residencia" en el pasaje anterior. Una vez que los israelitas entraron en la tierra prometida, se esperaba que trajeran el fruto de su cosecha para celebrar la Fiesta de las Semanas en Jerusalén todos los años, a menos que se volviera imposible porque habían sido dispersados demasiado lejos de la santa ciudad para hacer el viaje. Incluso entonces, se esperaba que los judíos hicieran el viaje desde distancias tan grandes, al menos en algún momento de sus vidas. Este hecho será significativo cuando discutamos el antitipo del Nuevo Testamento respecto a la Fiesta de las Semanas. De hecho, se esperaba que los judíos viajaran a la ubicación del tabernáculo o el templo tres veces por año, en la Pascua, en Pentecostés y en el Día de la Expiación, por lo que estas llegaron a ser consideradas como las tres fiestas principales del judaísmo.

El uso de la palabra "primicias" en el pasaje arriba puede dar lugar a confusión entre la Fiesta de las Primicias y la Fiesta de Pentecostés.

En el momento de la Fiesta de las Semanas, que cae a mediados de mayo o hasta los principios de junio, prácticamente toda la cosecha del cereal que debía darse durante la primavera ya se completó. Dios ordenó a los judíos que le dedicaran los primeros frutos de sus cosechas a él, incluyendo las primeras crías de sus ovejas y vacas (Éxodo 34:19-20), e incluso a sus primeros hijos. Con la Fiesta de las Semanas, siendo el festival principal de la cosecha (de hecho, se llama la fiesta de la cosecha en Éxodo 23:16), se da de forma natural un tiempo para dedicar las primicias. En pocas palabras, la Fiesta de las Semanas era un festival de primicias, mientras que el día en que Jesús resucitó fue en la Fiesta de las Primicias.

La Fiesta de las Semanas, entonces, fue destinada por Dios como un tiempo para que su pueblo celebrara la cosecha de sus cultivos. La gente puede haber hecho el trabajo duro, pero Dios esperaba que recordaran que, al final, fue solo a través de su bendición que pudieron traer una cosecha. Los judíos estarían perpetuamente tentados a olvidar este hecho, por lo que Dios les dio un banquete que los obligaba a viajar a Jerusalén para celebrar. Cada año esto fue un recordatorio de que Dios es responsable de la cosecha.

Si la Fiesta de Pentecostés es un tipo, ¿cuál es el antitipo? Al igual que con la Pascua y las Primicias, Dios ha hecho que sea fácil para nosotros determinarlo. Siete semanas después de que Jesús se levantara de entre los muertos, decenas de miles de judíos estaban reunidos en Jerusalén; ellos provenían de todas las naciones a las que los judíos fueron dispersados debido a las persecuciones. Llegaron a Jerusalén para celebrar el Pentecostés. Jesús ya había ascendido al cielo, después de haber dicho a sus seguidores que esperaran en Jerusalén.

Temprano esa mañana, los apóstoles y otros seguidores se reunieron en un mismo lugar. *"De repente, vino del cielo un ruido como el de una violenta ráfaga de viento y llenó toda la casa donde estaban reunidos"* (Hechos 2:2). Con este sorprendente milagro y muchos otros que siguieron en ese día, Dios anunció el inicio de su gran cosecha espiritual. En lo que los cristianos conocen ahora como "el Día de Pentecostés", Dios derramó el Espíritu Santo sobre los apóstoles como lenguas de fuego que se posaron sobre cada uno de ellos, y se les permitió hablar milagrosamente en los diferentes idiomas de los judíos de todas las naciones a las cuales habían sido dispersados. En este momento, Pedro predicó el primer sermón público del evangelio, anunciando el nuevo pacto a los judíos que habían llegado a Jerusalén para celebrar la Fiesta de las Semanas. *"Con muchas otras razones les exhortaba insistentemente: '¡Sálvense de esta generación perversa!' Así, pues, los que recibieron su mensaje fueron bautizados, y aquel día se unieron a la iglesia unas tres mil personas"* (Hechos 2:40-41). En la Fiesta de Pentecostés, la fiesta de la cosecha física de los judíos, se inició la cosecha espiritual de almas para la vida eterna. ¡Y qué comienzo fue! Hubo alrededor de tres mil bautismos en un solo día.

Dios usó la Fiesta de Pentecostés como un presagio del Día de Pentecostés. La cosecha física fue un presagio de la cosecha espiritual. También fue un presagio del derramamiento del Espíritu Santo. Cuando Dios derramó el Espíritu Santo sobre los apóstoles ese día de Pentecostés, él estaba anunciando que, a partir de este día en adelante, el Espíritu Santo estaría disponible para habitar en cualquier persona que se arrepintiera y se bautizara.

> "Arrepiéntase y bautícese cada uno de ustedes en el nombre de Jesucristo para perdón de sus pecados", les contestó Pedro, "y recibirán el don del Espíritu Santo. En efecto, la promesa es para ustedes, para sus hijos y para todos los extranjeros, es decir, para todos aquellos a quienes el Señor nuestro Dios quiera llamar". (Hechos 2:38-39)

La Fiesta de las Semanas sirvió como un presagio de la cosecha espiritual en el reino de Dios. En el Día de Pentecostés, la iglesia cristiana nació. Algunos han argumentado que después del día en que Jesús murió (en la Pascua) y el día en que Jesús resucitó (en las Primicias), el Día de Pentecostés es el tercer día en importancia en toda la historia espiritual de la humanidad. No es de extrañar que Dios les haya dado a los judíos un día de fiesta que sirva como un tipo de este gran día.

¿Cuál es el mensaje de la Fiesta de las Semanas/Pentecostés para aquellos bajo el nuevo pacto? Dios quiere que trabajemos muy duro para producir una cosecha espiritual de almas para la eternidad. Aunque Dios produce la cosecha, esto no sucede sin un esfuerzo humano. Dios celebra incluso la salvación de un solo alma, lo suficiente para organizar la Fiesta de las Semanas como un presagio de esta gran cosecha. Dicho esto, aquellos que traen la cosecha de almas en el reino de Dios nunca olviden quién les da la capacidad de recoger el cultivo. Como Pablo dijo a los discípulos de Corinto:

> Yo sembré, Apolos regó, pero Dios ha dado el crecimiento. Así que no cuenta ni el que siembra ni el que riega, sino solo Dios, quien es el que hace crecer. El que siembra y el que riega están al mismo nivel, aunque cada uno será recompensado según su propio trabajo. En efecto, nosotros somos colaboradores al servicio de Dios; y ustedes son el campo de cultivo de Dios, son el edificio de Dios. (1 Corintios 3:6-9)

A través de la Fiesta de Pentecostés, Dios nos enseña que debemos trabajar como un granjero que trabaja duro para llevar la cosecha espiritual de almas a su reino, pero nunca debemos olvidar que toda la gloria recae en aquel sin el cual no habría cosecha en absoluto. Y cuando veamos la cosecha venir, ¡celebremos!

LA FIESTA DE LAS TROMPETAS *(Rosh Hashaná)*

En la cultura judía moderna, Rosh Hashaná, la Fiesta de las Trompetas, se ha convertido en una de las fiestas religiosas más importantes, junto con Yom Kipur, Janucá y la Pascua. Se celebra como el Año Nuevo judío. De hecho, las palabras hebreas *rosh hashaná* se traducen como "cabeza de año". Hay que tener en cuenta que, para los judíos, hay dos Años Nuevos importantes por cada año. El Año Nuevo religioso cae en la Pascua, que es el día catorce de marzo o abril. El Año Nuevo civil viene casi seis meses después, el primero de Tishrei, la fecha de Rosh Hashaná. Para los judíos, el cambio de número del año ocurre en la Fiesta de las Trompetas. Por ejemplo, el 4 de octubre de 2019 fue el comienzo del año 5780 en el calendario judío. Por otro lado, cuando los judíos en el período del reino unido de Israel y Judá mantuvieron un registro de cuántos años habían gobernado sus reyes, contaron el año de su reinado desde el día catorce de Nisán, no el primero de Tishrei. Otro aspecto que hace aún más difícil para los no judíos entender las fechas es el hecho de que ambas celebraciones del Año Nuevo no son fijas, de acuerdo con el calendario gregoriano moderno. Esto es así porque los judíos usan un calendario lunar. Sus meses comienzan con la luna nueva. Dependiendo de qué día cae la luna nueva, la Fiesta de las Trompetas puede ser desde los principios de septiembre hasta los principios de octubre.

Al principio, puede parecer extraño para los no judíos tener dos Años Nuevos, pero si se piensa en ello, realmente no es tan diferente de otras culturas. Muchos piensan más en el inicio del año escolar que en lo del año civil. En cuanto a mí, como profesor universitario norteamericano, cuando la gente me pregunta cómo va mi año, por lo general pienso en el mes de septiembre anterior, no en el primero de enero anterior, al responder a la pregunta.

La Fiesta de las Trompetas no siempre se ha llamado Rosh Hashaná por los judíos. Cuando la fiesta se instituyó originalmente, tal como se describe en Levítico 23:24-25, se llamaba *Yom Teruah*, lo que se traduce como "el día de sonar el *shofar*". El *shofar* era una trompeta hecha de un cuerno de carnero (ve la foto a continuación). Esto explica el nombre de "la Fiesta de las Trompetas".

Un *shofar*

La Fiesta de las Trompetas original no fue creada necesariamente como una celebración del Año Nuevo. Uno puede leer en Levítico 23:24-25:

> "El primer día del mes séptimo será para ustedes un día de reposo, una conmemoración con toques de trompeta, una fiesta solemne en honor al SEÑOR. Ese día no harán ningún trabajo, sino que presentarán al SEÑOR ofrendas por fuego".

Poco se dice aquí que podría servir como una pista para el propósito de la Fiesta de las Trompetas. El pasaje de Números 29:1-6 no añade mucho a esta descripción. Ya se ha mencionado que, en el antiguo Israel, el momento de la luna nueva se basó en el avistamiento visual del pequeño creciente de la luna nueva. Debido a la preocupación de que pudieran perderse el día correcto de la Luna Nueva en la que Rosh Hashaná ocurre, los maestros judíos en realidad añadieron un segundo día para la Fiesta de las Trompetas por si acaso la luna creciente no podía ser vista debido a las nubes en el cielo nocturno. La fiesta adquirió un aspecto de estar en guardia o estar alerta en espera del tiempo de Dios. Muchos rabinos incluso sugirieron que los judíos no durmieran en toda la noche de Rosh Hashaná. La Fiesta de las Trompetas se convirtió en el símbolo de un día del juicio para los judíos. Los maestros judíos instruyeron que la Fiesta de las Trompetas fuera un día de reflexión y arrepentimiento para Israel, con el fin de estar preparados para el juicio de Dios.

Hubo una buena razón para que los judíos asociaran el sonido de las trompetas en *Yom Teruah* con el juicio. Cuando oyeron el sonido de la trompeta en el Sinaí,

> Ante ese espectáculo [...] los israelitas temblaban de miedo y se mantenían a distancia. Así que le suplicaron a Moisés:
>
> "Háblanos tú, y te escucharemos. Si Dios nos habla, seguramente moriremos".
>
> "No tengan miedo", les respondió Moisés. "Dios ha venido a ponerlos a prueba, para que sientan temor de él y no pequen". (Éxodo 20:18-20)[26]

Este incidente cuando Israel oyó el sonido de la trompeta en el Sinaí hizo que se asociaran juicio y arrepentimiento con la Fiesta de las Trompetas. Como ejemplo adicional, cuando los ejércitos de Israel rodearon Jericó, se tocaron *shofarot*, derribando los muros de la ciudad. Todo esto nos ayudará a entender lo que Dios pretendía que presagiara la Fiesta de Trompetas.

Ya se ha señalado que las fiestas de un solo día son los tipos de un evento específico de relevancia para el creyente en Jesucristo. La Fiesta de las Trompetas no es una excepción a esta regla. A pesar de que la fiesta tiene un significado para los judíos también, la intención de Dios desde el principio para esta la fiesta es un tipo del día cuando Jesús regrese a la tierra para poner fin a este mundo actual y marcar el comienzo del día del juicio final.

Cuando Jesús describió su propio regreso al final de los días, él utilizó imágenes muy familiares (es decir, familiares para los judíos) de la Fiesta de las Trompetas.

> "La señal del Hijo del hombre aparecerá en el cielo, y se angustiarán todas las razas de la tierra. Verán al Hijo del hombre venir sobre las nubes del cielo con poder y gran gloria. Y al sonido de la gran trompeta mandará a sus ángeles, y reunirán de los cuatro vientos a los elegidos, de un extremo al otro del cielo". (Mateo 24:30-31)

Inmediatamente después de hacer esta declaración, Jesús comenzó un largo discurso sobre ser vigilante y estar listo para el día de su venida (*"En cuanto al día y la hora, nadie lo sabe"* [v. 36], *"Por lo tanto, manténganse despiertos"* [v. 42], *"Por eso también ustedes deben estar preparados"* [v. 44], *"Manténganse despiertos porque no saben ni el día ni la hora"* [25:13]). Este sermón hubiera encajado perfectamente con el tema de cada celebración de la Fiesta de las Trompetas para los catorce siglos anteriores.

El antitipo de la Fiesta de las Trompetas se menciona en otros pasajes del Nuevo Testamento. El regreso de Cristo y la resurrección de toda la humanidad al final de esta era actual se describen también en 1 Corintios 15:51-53:

> Fíjense bien: [...] todos seremos transformados, en un instante, en un abrir y cerrar de ojos, al toque final de la trompeta. Pues sonará la trompeta y los muertos resucitarán con un cuerpo incorruptible, y nosotros seremos transformados. Porque lo corruptible tiene que revestirse de lo incorruptible, y lo mortal, de inmortalidad.

Este sonido final de la trompeta será la realización de todos los sonidos del *shofar* anuales en Israel. El arrepentimiento y la vigilancia darán sus frutos en la vida eterna.

Pablo vuelve una vez más a este tema en 1 Tesalonicenses 4:15-16:

> Conforme a lo dicho por el Señor, afirmamos que nosotros, los que estemos vivos y hayamos quedado hasta la venida del Señor, de ninguna manera nos adelantaremos a los que hayan muerto. El Señor mismo descenderá del cielo con voz de mando, con voz de arcángel y con trompeta de Dios, y los muertos en Cristo resucitarán primero.

Después de esta impresionante descripción de la venida de Cristo, Pablo continúa con un llamado al arrepentimiento y disposición continuos que, probablemente, muy bien pueden reflejar algunas de las lecciones que escuchaba en la Fiesta de las Trompetas cuando era un joven fariseo en formación.

Si se supone que Dios diseñó todo el Antiguo Testamento como una preparación profética de la venida de Jesús y su ministerio al mundo, entonces es razonable imaginar las fiestas que dio a los judíos como presagios de los grandes momentos de la nueva dispensación traída por Cristo. Cuando uno lee el Nuevo Testamento, es muy claro que el día en que Jesús regrese, con voz de mando, voz de arcángel y con trompeta de Dios, será un día muy importante, por cierto. No debería sorprendernos en absoluto que Dios haya presagiado este gran día en los festivales celebrados por los judíos. La Fiesta de las Trompetas es el tipo del Antiguo Testamento. El regreso de Jesús y el día del juicio de toda la humanidad es el antitipo. Así como los líderes judíos enseñaron, y como Jesús y Pablo predicaron, haríamos bien en mantenernos vigilantes y listos para ese día. No seamos como las vírgenes insensatas en Mateo 25, que dejaron que sus lámparas se apagaran. Vivamos una vida de arrepentimiento y devoción diaria, porque tan cierto como en la mañana se levanta el sol, un día sonará ese sonido de la trompeta final. ¿Estarás listo?

EL DÍA DE LA EXPIACIÓN *(Yom Kipur)*

El Día de la Expiación, o día del Perdón, Yom Kipur, era la fiesta más importante del año judío. Era el único día del año en que el sumo sacerdote entraba en el Lugar Santísimo para interceder por el pecado cometido por toda la gente durante ese año. Mientras que la ofrenda por el pecado y la ofrenda por la culpa se centraron en aceptar la responsabilidad personal por los pecados de uno, el día de la Expiación se trataba del perdón de los pecados. Podría decirse que Yom Kipur es el presagio central de todo el Antiguo Testamento.

Yom Kipur es parte del ciclo de fiestas del otoño del año religioso judío, que cae en algún lugar entre mediados de septiembre y mediados de octubre, dependiendo del momento de la luna nueva. Las fiestas del otoño incluyen la fiesta de un día de las Trompetas y el Día de la Expiación, así como los siete días de los Tabernáculos. El Día de la Expiación cae en el décimo día de Tishrei en el calendario judío y, por lo tanto, llega nueve días después de Rosh Hashaná. Era una de las tres ceremonias a la que todos los judíos —que vivieran a una distancia razonable— debían peregrinar a Jerusalén para celebrarla. Yom Kipur todavía se observa hoy por los judíos en todo el mundo como una de sus fiestas más importantes. Sin embargo, la celebración de hoy es muy limitada con respecto al original, ya que, sin el sacrificio real de la cabra en el tabernáculo, se pierde la significancia central del evento.

Yom Kipur fue instituido con la entrega de la Ley de Moisés en el Sinaí. Los detalles de la ceremonia se encuentran en Levítico 16, Levítico 23:26-32 y Números 29:7-11. El punto focal del

Día de la Expiación era la entrada del sumo sacerdote en el Lugar Santísimo para esparcir la sangre del macho cabrío del sacrificio en el propiciatorio por el pecado de todo el pueblo. Sin embargo, para enfatizar la santidad de Dios, se requería una elaborada ceremonia, con muchas otras ofrendas, como un preludio a este increíble sacrificio '*"Aarón* [y todos los sumo sacerdotes después de él] *deberá entrar en el santuario con un novillo para el sacrificio expiatorio y un carnero para el holocausto"* (Levítico 16:3). Para evitar que la información se vuelva abrumadora, los eventos más importantes en torno a la ceremonia de Yom Kipur se enumeran a continuación:

1. El sumo sacerdote se lava todo el cuerpo con agua del lavamanos (más lavado de lo que normalmente se requiere).

2. El sumo sacerdote luego se pone una túnica blanca "sagrada" de lino (en comparación con sus vestidos de colores normales).

3. Un novillo es sacrificado por los pecados del sumo sacerdote y su familia (así como un carnero para el holocausto).

4. Dos cabras son seleccionadas. Una es sacrificada en expiación por todo el pueblo. El otro será el chivo expiatorio (se explica en el punto 8).

5. El sumo sacerdote entra solo al Lugar Santo. Toma un gran incensario lleno de incienso y un carbón del altar y con cuidado lo coloca detrás de la cortina delante del Lugar Santísimo.

6. Una vez que el humo del incienso ha llenado el Lugar Santísimo lo suficiente para que el sumo sacerdote no muera al ver la presencia de Dios, él pasa a través de la cortina y rápidamente rocía la sangre del toro, seguido por la sangre de la cabra, en el propiciatorio *"para purificarlo de las impurezas y transgresiones de los israelitas, cualesquiera que hayan sido sus pecados"* (Levítico 16:16).

7. Luego el sumo sacerdote rocía la sangre de ambos sacrificios en los artículos sagrados del Lugar Santo, en el altar del holocausto, y así sucesivamente.

8.	A continuación, toma la segunda cabra, el chivo expiatorio, y pone sus manos sobre su cabeza, simbólicamente imponiendo los pecados de todo el pueblo sobre el chivo. La cabra es entonces expulsada al desierto para llevar los pecados de la gente lejos del campamento.

9.	Después de hacer el holocausto en el altar, y la quema de la grasa del sacrificio expiatorio, los órganos de la cabra y el toro se llevan fuera del campamento (o fuera de la ciudad de Jerusalén durante el período del templo) para ser quemados por completo.

El Día de la Expiación tenía que ver con el perdón de los pecados. La palabra hebrea *kapar* (de la cual obtenemos Kipur) significa, literalmente, cubrir.[27] *"Este les será un estatuto perpetuo: Una vez al año se deberá hacer propiciación por todos los israelitas a causa de todos sus pecados"* (Levítico 16:34). Sirvió como un presagio del evento central en el nuevo pacto: la entrada del Gran Sumo Sacerdote, Jesucristo, en virtud de su propia sangre, en el tabernáculo celestial para llevar los pecados de todo el mundo.

Yom Kipur sirve como un presagio de la obra expiatoria de Jesucristo, al señalar, tanto lo que el antiguo pacto *no* logró como lo que sí puede hacer la sangre de Jesús. El sumo sacerdote tenía que lavarse bien en el lavamanos. Tenía que ponerse nuevas prendas de lino blanco. Tenía que sacrificar un toro, primero, por sus propios pecados. El antitipo del Sumo Sacerdote, Jesucristo, fue capaz de entrar en el tabernáculo celestial por nosotros sin ninguna de estas medidas, porque era sin pecado. El sumo sacerdote tenía que encender un incensario lleno de incienso detrás del Lugar Santísimo para crear una nube de tal manera que no muriera al ver despejada la presencia de Dios.[28] Jesús pudo entrar sin miedo en la presencia del Padre celestial sin la nube de incienso.

> Así que era necesario que las copias de las realidades celestiales fueran purificadas con esos sacrificios, pero que las realidades mismas lo fueran con sacrificios superiores a aquellos. En efecto, Cristo no entró en un santuario hecho por manos humanas, simple copia del verdadero santuario, sino en el cielo mismo, para presentarse ahora ante Dios en favor nuestro. (Hebreos 9:23-24).

Lo más significativo de todo era que el sumo sacerdote tenía que realizar esta ceremonia año tras año. Este fue un doloroso recordatorio de que los pecados de la gente no fueron perdonados de una vez por todas en Yom Kipur. El antitipo, el sacrificio de Jesús, es muy diferente. *"Ahora, al final de los tiempos, se ha presentado una sola vez y para siempre a fin de acabar con el pecado mediante el sacrificio de sí mismo"* (Hebreos 9:26). El hecho es que el sacrificio de la cabra en Yom Kipur no trajo consigo el perdón de los pecados de Israel en absoluto. Eso fue solo en anticipación del único sacrificio que verdaderamente quita el pecado de la humanidad: la sangre de Jesucristo. Si el sacrificio antitipo nunca se ofreciera, el tipo no habría tenido ningún efecto de expiación por el pecado. Todo esto se resume y se dejó en claro en Hebreos 9:11-14:

> Cristo, por el contrario, al presentarse como sumo sacerdote de los bienes definitivos en el tabernáculo más excelente y perfecto, no hecho por manos humanas (es decir, que no es de esta creación), entró una sola vez y para siempre en el Lugar Santísimo. No lo hizo con sangre de machos cabríos y becerros, sino con su propia sangre, logrando así un rescate eterno. La sangre de machos cabríos y de toros, y las cenizas de una novilla rociadas sobre personas impuras, las santifican de modo que quedan limpias por fuera. Si esto es así, ¡cuánto más la sangre de Cristo, quien por medio del Espíritu eterno se ofreció sin mancha a Dios, purificará nuestra conciencia de las obras que conducen a la muerte, a fin de que sirvamos al Dios viviente!

¡Jesús hizo que aquellos que son salvados por su sangre sean sacerdotes para servir en el tabernáculo celestial! Para aquellos que son salvados por la sangre de Cristo, ya no es el Día de la Expiación; ¡es una vida de expiación! El Día de la Expiación es un presagio del día en que uno se salva personalmente de las consecuencias de sus pecados.

Pero hay más en el presagio. Después de que el tabernáculo era purificado, el sumo sacerdote ponía sus manos sobre el chivo expiatorio. Al igual que los pecados del pueblo se ponían simbólicamente en el chivo expiatorio, los de todo el mundo estaban puestos sobre Jesucristo. *"Él mismo, en su cuerpo, llevó al madero nuestros pecados, para que muramos al pecado y vivamos para la justicia. Por sus heridas ustedes han sido sanados"* (1 Pedro 2:24). A medida que el chivo expiatorio lleva simbólicamente los pecados de los judíos fuera del campamento, Jesús realmente lleva los pecados de su pueblo lejos del "campamento", lo cual es su vida. *"Tan lejos de nosotros echó nuestras transgresiones como lejos del oriente está el occidente"* (Salmo 103:12). Los judíos llamaron al chivo expiatorio *azazel,* que significa la remoción. No es suficiente que nuestros pecados sean expiados, tienen que ser eliminados de nuestra vida.

No solo hicieron que el chivo expiatorio huyera al desierto, para nunca volver, también se llevaron los cuerpos de los sacrificios por el pecado fuera del campamento para ser quemados. Esto también es un presagio del sacrificio de Jesús. Los sacrificios expiatorios tenían que ser quemados fuera del campamento, porque Dios no habita donde hay pecado. Del mismo modo, el sacrificio del antitipo, Jesucristo, tuvo que ocurrir fuera de la ciudad de Jerusalén.

> El sumo sacerdote introduce la sangre de los animales en el Lugar Santísimo como sacrificio por el pecado, pero los cuerpos de esos animales se queman fuera del campamento. Por eso también Jesús, para santificar al pueblo mediante su propia sangre, sufrió fuera de la puerta de la ciudad. Por lo tanto, salgamos a su encuentro fuera del campamento, llevando la deshonra que él llevó, pues aquí no tenemos una ciudad permanente, sino que buscamos la ciudad venidera. (Hebreos 13:11-14)

Aquí el escritor de Hebreos identifica a la ciudad física de Jerusalén como un tipo de la Jerusalén espiritual donde Jesús ministra, incluso ahora, en la presencia del Padre. Así como los sacrificios por el pecado tenían que ser llevados fuera de Jerusalén para ser quemados en el Día de la Expiación, también Jesús, quien llevó los pecados de todo el mundo, tuvo que ser sacado de la puerta de la ciudad para ser sacrificado.

Yom Kipur, el Día de la Expiación, fue usado por Dios como un presagio del sacrificio expiatorio de Jesucristo. Fue una declaración profética de Dios acerca de que las personas bajo el nuevo pacto entrarían directamente en la presencia del Dios Altísimo a través de la sangre de Jesús. Las otras seis fiestas de los judíos eran celebradas, ya sea como un recordatorio de algo que Dios había hecho por su pueblo en el pasado (por ejemplo, la Pascua) o en anticipación de algo que Dios haría en el futuro (las Primicias, la Fiesta de las Trompetas). El Día de la Expiación no era ninguna de las dos. Era una celebración de algo que sucedía ese mismo día: expiación de los pecados del pueblo. En el presente, cada vez que un discípulo de Jesús es bautizado en Cristo, se cumple la promesa presagiada en el Día de la Expiación. Los que son bautizados en Cristo son sepultados con él, están unidos con él en su muerte, son crucificados con él, y son resucitados para vivir con él (Romanos 6:2-7). Eso merece ser celebrado.

LA FIESTA DE LOS TABERNÁCULOS

La Fiesta de los Tabernáculos, o la fiesta de las Enramadas, era una fiesta de siete días que marcaba el final del ciclo de las fiestas religiosas del otoño de los judíos.[29] El nombre judío para esta fiesta es *Sukkot*, lo que significa cabina o choza. Este es un nombre muy apropiado, porque los judíos debían vivir en chozas simples durante el festival. Por eso, también se conoce como la Fiesta de las Enramadas. Para hacer las cosas aún más confusas para los no iniciados, la fiesta también es conocida como la fiesta de la cosecha (Éxodo 23:16), ya que ocurre en el momento de la cosecha final de los cultivos de otoño. De hecho, la Fiesta de los Tabernáculos era una parte tan importante de la vida judía que simplemente llegó a ser conocida como *"la fiesta"* (Juan 7:37).

Sukkot fue ordenado por Dios como la última de las tres festividades de la cosecha (las otras son Primicias y Pentecostés). Debía celebrarse a partir de cinco días después de Yom Kipur; desde el quince hasta el vigésimo primero de Tishrei. A diferencia de la seriedad del Día de la Expiación, fue concebido como una alegre celebración por las bendiciones de Dios. Algunos lo han descrito apropiadamente como el Día de Acción de Gracias judío. Los mandamientos específicos con respecto a este festival se encuentran en Levítico 23:33-43, Éxodo 23:16 y Deuteronomio 16:16. En el judaísmo moderno, la Fiesta de los Tabernáculos ha disminuido un poco en importancia, pero en los tiempos bíblicos fue muy significativa, por lo menos tan importante como el Día de Acción de Gracias para los estadounidenses hoy en día. De hecho, Josefo, el historiador judío del primer siglo d. C., la describió como la mayor fiesta de los judíos.[30] Filón, el filósofo judío del primer siglo, hizo un comentario similar sobre *Sukkot*.

La celebración de la Fiesta de los Tabernáculos requería que los judíos construyeran una "enramada", una estructura simple y temporal, diseñada para recordarles las tiendas donde habían vivido mientras deambularon en el desierto. Estas enramadas debían ser pequeñas, pero de dimensiones suficientes para que las familias pasen la noche en ellas. *"Durante siete días vivirán bajo enramadas. Todos los israelitas nativos vivirán bajo enramadas, para que sus descendientes sepan que yo hice vivir así a los israelitas cuando los saqué de Egipto. Yo soy el Señor su Dios"* (Levítico 23:42-43). Todos los judíos debían peregrinar a Jerusalén para celebrar "la fiesta". Esta puede ser parte de la razón por la que Esdras hizo su famosa llamada al reavivamiento y arrepentimiento durante la Fiesta de los Tabernáculos (Esdras 10:1-17). Al igual que con los otros dos festivales de la cosecha, la intención era que los judíos recordaran que todas las bendiciones vienen de Dios. La Fiesta de las Primicias era acerca de una bendición anticipada, Pentecostés sobre una bendición que estaba comenzando, y Tabernáculos sobre dar gracias a Dios por la cosecha completa que ya había sucedido.

Aunque no se indica específicamente en el Antiguo Testamento, la conexión entre el Día de la Expiación y la Fiesta de los Tabernáculos es bastante obvia. A través del perdón de los pecados, recibido en el Día de la Expiación, los judíos tenían una relación con Dios, y a través de esa relación, se les dieron abundantes bendiciones físicas, que se celebraron en la Fiesta de las Enramadas.

La Fiesta de los Tabernáculos, por supuesto, es un presagio de algo que se celebra en el nuevo pacto. Es un presagio del Antiguo Testamento de nuestra vida en una bendita relación con Dios a través de Jesucristo. Un indicio de este hecho se puede encontrar en Ezequiel 37:24 y 26-27:

> "Mi siervo David será su rey, y todos tendrán un solo pastor. Caminarán según mis leyes, y cumplirán mis preceptos y los pondrán en práctica. [...] Y haré con ellos un pacto de paz. Será un pacto eterno. Haré que se multipliquen, y para siempre colocaré mi santuario en medio de ellos. Habitaré entre ellos, y yo seré su Dios y ellos serán mi pueblo".

Esta es una profecía mesiánica. *"Mi siervo David"* es una referencia a Jesús, el Mesías. En esta profecía, Dios le está diciendo a su pueblo que, a través del Mesías, su santuario, su morada, en otras palabras, su tabernáculo, estará en medio de su pueblo. En Ezequiel, Dios está diciendo en esencia: "Voy a venir a vivir con mi pueblo".

Zacarías 14:16-21 es otra profecía acerca de la Fiesta de los

Tabernáculos con implicaciones mesiánicas. En este pasaje, Zacarías profetiza que un remanente de las naciones que anteriormente persiguieron a Israel será llamado a la nueva Jerusalén para celebrar la Fiesta de los Tabernáculos.

Dios ha cumplido la profecía implícita en la Fiesta de los Tabernáculos en más de una forma. Cuando Jesús vivió aquí entre la humanidad, Dios estaba literalmente tabernaculizándose con su pueblo. *"Y el Verbo se hizo hombre y habitó entre nosotros"* (Juan 1:14). La palabra griega traducida "habitó" se podría traducir un poco más torpemente, pero también con más precisión, como "tabernaculó". Es irónico que mientras los judíos vivían en enramadas en la Fiesta de los Tabernáculos durante el ministerio de Jesús, Dios estaba, literalmente, viviendo y caminando —tabernaculizándose— entre su pueblo. La Fiesta de los Tabernáculos era un presagio de que Jesús, Dios en la carne, vendría y habitaría con la humanidad.

Dios también completó el antitipo para la Fiesta de Tabernáculos cuando envió al Espíritu Santo que mora en su pueblo. *"En él todo el edificio, bien armado, se va levantando para llegar a ser un templo santo en el Señor. En él también ustedes son edificados juntamente para ser morada de Dios por su Espíritu"* (Efesios 2:21-22). Los discípulos de Jesús son los tabernáculos, las enramadas, en el que habita Dios mediante su Espíritu. Jesús dejó en claro que esto iba a pasar.

> "Si ustedes me aman, obedecerán mis mandamientos. Y yo le pediré al Padre, y él les dará otro Consolador para que los acompañe siempre: el Espíritu de verdad, a quien el mundo no puede aceptar porque no lo ve ni lo conoce. Pero ustedes sí lo conocen, porque vive con ustedes y estará en ustedes". (Juan 14:15-17)

Mediante el Espíritu Santo, Dios habita en su pueblo, haciéndolo un templo santo. Otro pasaje relevante es 2 Corintios 5:1-5:

> Sabemos que, si esta tienda de campaña (tabernáculo) en que vivimos se deshace, tenemos de Dios un edificio, una casa eterna en el cielo, no construida por manos humanas. Mientras tanto suspiramos, anhelando ser revestidos de nuestra morada celestial, porque cuando seamos revestidos, no se nos hallará desnudos. Realmente, vivimos en esta tienda de campaña, suspirando y agobiados, pues no deseamos ser

desvestidos, sino revestidos, para que lo mortal sea absorbido por la vida. Es Dios quien nos ha hecho para este fin y nos ha dado su Espíritu como garantía de sus promesas.

El cielo será una larga Fiesta de los Tabernáculos. Para los que están en Cristo, el Espíritu Santo es un sello que garantiza su asiento en esa fiesta bendita.

Un aspecto interesante de la celebración judía de la Fiesta de los Tabernáculos es que cada día de la fiesta, había una alegre procesión de los judíos al estanque de Siloé, encabezada por un sacerdote que llevaba un cántaro. Al llegar al estanque, el sacerdote llenaba el cántaro con agua. Llevaba el cántaro a través de la puerta del Agua (el origen del nombre para esa puerta) de regreso al recinto del templo, donde, después de un triple sonido de las trompetas, se vertía el agua en un recipiente de plata en el altar. Para los judíos, esto era un recordatorio del agua que salió de la roca en el desierto. Esto le da un significado adicional a los acontecimientos en Juan 7.

> En el último día, el más solemne de la fiesta (de los Tabernáculos), Jesús se puso de pie y exclamó:
> "¡Si alguno tiene sed, que venga a mí y beba! De aquel que cree en mí, como dice la Escritura, brotarán ríos de agua viva".
> Con esto se refería al Espíritu que habrían de recibir más tarde los que creyeran en él. (Juan 7:37-39)

Para los judíos presentes durante las palabras de Jesús, era imposible pasar por alto la referencia al vertido de agua en la ceremonia de la Fiesta de los Tabernáculos. Para Jesús, esta fiesta era un presagio de la morada de Dios con la humanidad para siempre: primero, con su venida para físicamente tabernaculizar con nosotros (Juan 1:14); segundo, con Dios habitando en nosotros en la forma del Espíritu Santo (Juan 7:38; también Juan 4:14; Isaías 12:3) y, finalmente, culminando con nosotros viviendo con Dios Padre para siempre en el gran y último tabernáculo, que será el cielo.

¿Qué aprendemos de la Fiesta de los Tabernáculos? Aprendemos que la intención de Dios desde el principio fue habitar con su pueblo mediante Jesucristo. Aprendemos que esto es algo que debe ser recordado, apreciado y celebrado con todas nuestras fuerzas.

FIESTA JUDÍA	ANTITIPO EN EL NUEVO PACTO
La Pascua *(pesaj)*	La muerte sacrificial de Jesucristo
Fiesta de las Primicias	La resurrección de Jesucristo
Fiesta de los Panes sin levadura	Celebrar ser libres del pecado en nuestras vidas
Fiesta de las Semanas/ Pentecostés *(shavuot)*	La entrega del Espíritu Santo y la fundación de la iglesia
Fiesta de las Trompetas (Rosh Hashaná)	El juicio final, el regreso de Jesús
Día de la Expiación (Yom Kipur)	El día que fuimos salvados; nuestro cumpleaños espiritual
Fiesta de las Enramadas (Tabernáculos)	Celebrar la vida en comunión con Dios

Dios consideró que los judíos necesitaban un recordatorio anual de una semana de duración para que no olvidaran que los había escogido, entre todos los pueblos de la tierra, para habitar en medio de ellos y bendecirlos. Los judíos necesitaron apartar toda una semana de sus vidas ocupadas para romper su rutina, viviendo en enramadas, lo que les recordaba la gran bendición de vivir en una relación con Dios. Siendo esto cierto, es justo decir que los seguidores de Jesús también necesitarán recordatorios continuos para celebrar la bendición de ser un tabernáculo viviente en el que Dios habita. Hay que romper con la rutina de la vida diaria. Tenemos que salir de nuestra zona de confort. Tenemos que hacer algo fuera de lo común para celebrar la vida en una relación con Dios. Tal vez tener una Fiesta de los Tabernáculos personal podría ser útil. Sería una buena idea pasar un fin de semana acampando en el bosque en una tienda de campaña, dedicando el tiempo para celebrar su relación con Dios. La salida podría ser un asunto de uno a uno con Dios, o podría ser una celebración en grupo, como la fue para los judíos. Sería justo decir que en nuestra cultura moderna súper ocupada, necesitamos celebrar Fiestas de los Tabernáculos regularmente, incluso más de lo que los judíos lo necesitaban.

Recuerda que cada aspecto del antiguo pacto fue creado para los judíos, pero tiene un significado aún más profundo para aquellos bajo el nuevo pacto. Los seguidores de Jesús deben considerar cómo implementar la Fiesta de los Tabernáculos en sus propias vidas.

CONCLUSIÓN

Al considerar las fiestas mandadas en el Antiguo Testamento, ¡se hace evidente que Dios llamó a los judíos a una vida de celebración! Ser un judío no se trataba de ser sombrío y triste; se trataba de celebrar las bendiciones de una vida en una relación de pacto con Dios Todopoderoso. En sus fiestas, los judíos celebraron las bendiciones pasadas, presentes y futuras de Dios.

A la luz del ministerio de Jesucristo, las fiestas de los judíos adquieren un significado más completo y profundo. La sombra se encuentra en las celebraciones mosaicas. La realidad se encuentra en su cumplimiento en Cristo. Durante miles de años, los judíos nos han estado diciendo acerca de la muerte sacrificial de Jesús en la cruz (la Pascua), la resurrección de Jesús de entre los muertos (las Primicias), el nacimiento de la iglesia y el envío del Espíritu Santo (el Pentecostés), el regreso de Jesucristo al final de los siglos (las Trompetas), y, en última instancia, de nuestra propia salvación personal de nuestro pecado (Yom Kipur). A la luz de estas sorprendentes verdades, según lo previsto por la Ley de Moisés, debemos vivir en la celebración diaria de ser perdonados de nuestros pecados (las Panes sin levadura) y de estar en comunión continua con nuestro Creador (los Tabernáculos). En las palabras de 1 Corintios 5:7-8,

> Cristo, nuestro Cordero pascual, ya ha sido sacrificado. Así que celebremos nuestra Pascua no con la vieja levadura, que es la malicia y la perversidad, sino con pan sin levadura, que es la sinceridad y la verdad.

Notas ____

21. El autor agradece a Phillip Lester por la ayuda en esta sección y un artículo no publicado de sus "Passover Reflections" (reflexiones de la Pascua).

22. Dios instituyó la fiesta de una semana de pan sin levadura en este momento, como se verá más adelante.

23. Phillip Lester, de su ensayo no publicado "Appreciating the Significance of the Passover" (apreciando el significado de la Pascua).

24. El día judío siempre ha comenzado y finalizado con la puesta del sol. Por lo tanto, el día de la fiesta de la Pascua comenzó el jueves por la noche, cuando Jesús celebró lo que llegó a ser conocido como la Cena del Señor. Se extendió durante toda la noche del jueves cuando Jesús fue arrestado y sometido a un simulacro de juicio ante los judíos. También incluyó el juicio ante Pilato y la crucifixión que ocurrió durante el día en el viernes.

25. Ve también Levítico 23:4-8.

26. Ve también Isaías 27:12-13 y Zacarías 9:13-15.

27. Es interesante notar que la palabra latina para cabra, *caper,* viene de la palabra hebrea *kapar,* que significa expiación.

28. Levítico 16:2.

29. Los judíos celebran tradicionalmente dos días festivos adicionales y separados que se suman al final de la semana de los Tabernáculos en el vigésimo segundo y vigésimo tercero de Tishrei. Estos son conocidos como *Shemini Atzeret* y *Simkhat Torah.* Comúnmente se los considera como parte de la Fiesta de los Tabernáculos, pero no se tratarán en este capítulo.

30. Josefo, *Antigüedades de los judíos*, VIII, iv, 1.

CAPÍTULO OCHO

Las profecías en el Antiguo Testamento predicen acontecimientos en la vida de Jesucristo

"Cuando todavía estaba yo con ustedes, les decía que tenía que cumplirse todo lo que está escrito acerca de mí en la ley de Moisés, en los profetas y en los salmos".

Lucas 24:44

Cuando Jesús habló las palabras registradas en Lucas 24:44 a sus apóstoles después de su resurrección, les dijo no solo que el Antiguo Testamento fue escrito acerca de él, sino que se encontraba en la fase final del cumplimiento de las profecías históricas específicas sobre el Mesías. En este capítulo, veremos la verdad de esta afirmación demostrada de manera convincente. Veremos profecías mesiánicas históricas que describen en detalle todo, desde la ubicación y los detalles del nacimiento de Jesús hasta la ubicación, los medios y el momento de su muerte. Las profecías mesiánicas en el Antiguo Testamento describen y predicen la vida de Jesús en cada nivel, desde la descripción más amplia de su vida y ministerio hasta algunos de los más mínimos detalles de eventos en su vida; y todo esto se registró cientos de años antes de que Jesús naciera. Como un escritor ha dicho: "Encontraremos profecías históricas de Jesús en el Antiguo Testamento desde el Génesis hasta Zacarías. Las profecías del Mesías lo describen como el siervo y el rey, como el pastor y la oveja, como el hijo de David y el Señor de David, como el sacerdote y el sacrificio, como el oferente y la ofrenda".[31] Al final de todo esto, el lector se queda con una prueba convincente de que la Biblia es inspirada por Dios y de que Jesucristo es el Único, el Cristo, el Cordero de Dios, sacrificado desde la creación del mundo.

Sería razonable suponer que, para la mayoría de los que han leído la Biblia ampliamente, si se les pregunta cómo el Antiguo Testamento nos habla acerca de Jesús, la mayoría respondería que es a través de las profecías históricas del Mesías. Por esta razón, fue tentador comenzar este estudio con las profecías mesiánicas. Las profecías predictivas sobre el Salvador de Israel en el Antiguo Testamento son tan sorprendentes como prueba apologética de la inspiración de la Biblia, que podrían distraer la atención de lo principal, que es que todo el Antiguo Testamento trata sobre Jesucristo. A estas alturas, el lector probablemente entiende el punto, por lo que es momento de sumergirse en las sorprendentes predicciones acerca del Mesías que saturan las escrituras del Antiguo Testamento.

PREGUNTAS PARA TENER EN CUENTA

La naturaleza apologética de las profecías mesiánicas se ha cubierto extensamente en un libro anterior mío.[32] En ese libro, las posibles objeciones a las profecías mesiánicas se tratan en detalle. Se hablará de ellas muy brevemente aquí. Imaginemos tomar el punto de vista escéptico extremo hacia la evidencia de que la Biblia es un producto de la inspiración divina. Una persona que toma un enfoque escéptico ante la afirmación de que las profecías mesiánicas prueban la inspiración de la Biblia podría hacer las siguientes preguntas:

1. ¿Cómo sabemos que los supuestos pasajes proféticos del Antiguo Testamento son realmente predicciones del Mesías? ¿No es posible, acaso, que estos pasajes se saquen de su contexto por los apologistas y sean mal aplicados a Jesús simplemente para apoyar la creencia en la Biblia?

2. ¿Podemos estar absolutamente seguros de que estos escritos en el Antiguo Testamento en realidad son anteriores a la vida de Jesús? ¿Podría la iglesia primitiva haberlos insertado en el Antiguo Testamento con el fin de afirmar que Jesús es el Mesías?

3. ¿Cómo podemos estar seguros de que Jesús realmente hizo estas cosas; es decir, de que los testigos son fiables?

4. ¿No es posible que Jesús haya leído el Antiguo Testamento y, queriendo afirmar que es el Mesías, hizo a propósito algunas de las cosas que se supone que debía hacer para que pudiera apoyar su afirmación?

En respuesta a la primera pregunta, veremos a medida que avanzamos a través de los pasajes individuales que muchos de ellos son referencias inconfundibles al Mesías. Por ejemplo, en Isaías 9:1-2, que, como veremos, predice que el Mesías será de Galilea, el pasaje continúa llamando a la persona de Galilea *"Consejero admirable, Dios fuerte, Padre eterno, Príncipe de paz"* (Isaías 9:6). Es difícil negar que esta es una profecía del Mesías.

Como evidencia adicional de que muchas de las profecías que discutiremos son verdaderamente sobre el Mesías, está el hecho de que la mayoría de los judíos del primer siglo esperaban a un Mesías. Consideraron que pasajes como Miqueas 5:2 (que predice que un salvador va a nacer en Belén) eran sobre el Mesías esperado. Parece razonable suponer que cualquier escritura en el Antiguo Testamento que fue considerada por consenso de los judíos en el primer siglo referente al Mesías es una profecía mesiánica legítima y, por lo tanto, que los primeros cristianos no tomaron sus implicaciones mesiánicas fuera de contexto. No todos los pasajes que vamos a considerar serán obviamente sobre el Mesías, si se toman por sí mismos en su contexto del Antiguo Testamento. Sin embargo, en general, la discusión se limitará a los pasajes que son claramente acerca del Mesías. Una discusión más detallada del enfoque utilizado para decidir qué pasajes tienen referencia mesiánica legítima está incluida en el Apéndice Uno. El lector debe tener en cuenta la cuestión de cuán seguros podemos estar de que un pasaje es, en realidad, mesiánico al analizar las profecías más adelante.

Consideremos la pregunta número dos. ¿Podemos estar seguros de que estas realmente son profecías del futuro? Dicho de otra manera, ¿cómo sabemos que fueron escritas cientos de años antes de los eventos y que no eran inserciones posteriores en el Antiguo Testamento por los cristianos celosos, con la intención de demostrar que Jesús es el Mesías prometido? La respuesta es que podemos saber con seguridad que esta crítica de las profecías mesiánicas no se sostiene por dos razones.

En primer lugar, está la evidencia de los manuscritos. Con el descubrimiento de los Rollos del Mar Muerto, en la década de 1940, ahora tenemos manuscritos de todo o parte de casi todos los libros del Antiguo Testamento. Estos rollos son anteriores al ministerio de Jesús con una antigüedad de entre cien y doscientos cincuenta años. ¡Sería difícil para apologistas manipuladores insertar cambios en el Antiguo Testamento antes de nacer! Además de esto, existe la traducción Septuaginta de toda la Biblia hebrea al griego, la lengua vernácula, que se completó alrededor de 150 a. C. Este testigo paralelo al manuscrito del Antiguo Testamento hace insostenible la afirmación de que el Antiguo Testamento fue cambiado para apoyar la creencia en el cristianismo. ¡Los supuestos apologistas engañosos habrían tenido que cambiar tanto el hebreo como la versión griega, al mismo tiempo! Teniendo en cuenta el requisito de tiempo para que los escribas judíos llegaran a un consenso acerca de la inspiración de libros individuales, se puede concluir de forma conservadora que la totalidad del canon del Antiguo Testamento fue escrito hacia 200 a. C., y probablemente mucho antes.

Hay una segunda razón por la que podemos descartar la idea de que el Antiguo Testamento fue cambiado para que pareciera que las profecías de Jesús fueron cumplidas. La razón es que todo el tiempo, los judíos han tenido la custodia definitiva sobre el texto hebreo del Antiguo Testamento. Los judíos redactaron la versión hebrea de mayor autoridad del Antiguo Testamento, conocida como el texto Masorético, en los siglos VII y VIII d. C. Es simplemente increíble que los mismos judíos que rechazaron a Jesús como el Mesías hayan cambiado el Antiguo Testamento para apoyar las creencias cristianas. Aunque es posible que no se pueda demostrar absolutamente que las palabras registradas en Isaías fueron escritas en aproximadamente 730 a. C. (es decir, durante la carrera de Isaías), podemos afirmar con certeza que cada profecía que vamos a analizar fue escrita cientos de años antes de que Jesús de Nazaret comenzara su ministerio.

¿Qué pasa con la tercera pregunta? ¿Podemos estar absolutamente seguros de que Jesús hizo las cosas registradas por los autores de los evangelios?

¿Es posible que los escritores del Nuevo Testamento tergiversaran la verdad o incluso inventaran historias sobre Jesús después de su ministerio con el fin de manipular la evidencia para apoyar sus pretensiones de ser el Mesías? Al final, será imposible probar absolutamente que todos los eventos en la vida de Jesús relatados en los Evangelios, que también cumplieron una profecía mesiánica, realmente sucedieron. Nos vemos obligados a confiar en la palabra de los testigos originales. Sin embargo, hay algunas razones por las que es más que razonable aceptar que se puede confiar en su testimonio.

En primer lugar, está el hecho de que varios de los eventos en los que se cumplieron profecías fueron registrados por autores paganos e incluso judíos. Las profecías específicas del Mesías, cuyo cumplimiento es una cuestión de registro histórico externa a la vida de Jesús, incluyen el lugar de su nacimiento, el hecho de que Jesús hizo muchos milagros públicos, y que fue perseguido, arrestado y crucificado. Además, sabemos por registro histórico de que fue ejecutado en Jerusalén, así como la fecha aproximada de su muerte, todos los cuales están específicamente profetizados en el Antiguo Testamento. Historiadores romanos como Tácito y Plinio el Joven, así como el historiador judío Josefo e incluso los escritores judíos del Talmud, dan testimonio de estos hechos.[33]

Luego está el carácter de los propios escritores. Llama a Pablo, Pedro, Lucas y Mateo fanáticos si quieres, pero la conclusión es que creyeron absolutamente en la verdad del mensaje que se enseñaba. Una evidencia de la fiabilidad del Nuevo Testamento como documento histórico es el hecho de que presenta a los apóstoles como personas reales con pecados y defectos de carácter. Sin embargo, no hay una sola prueba de que cualquiera de ellos no fuera un testigo absolutamente honesto respecto de los eventos que registró. Si los apóstoles y otros escritores del Nuevo Testamento pretendieron engañar a la gente acerca de Jesús como el Mesías, ¿cómo se explica el hecho de que muchos o la mayoría de ellos fueron martirizados por su fe? No hay evidencia de que cualquiera de los testigos oculares del ministerio de Jesús se retractara posteriormente, incluso bajo pena de muerte.[34] Si los relatos de los Evangelios son fabricaciones, creados para hacer creer que Jesús es el Mesías, entonces es difícil explicar los hechos. Es concebible, tal vez, que uno de los conspiradores fuese capaz de morir por una mentira, pero desafía lo que sabemos de la naturaleza humana aceptar que decenas fueron martirizados por una fe que sabían que era una mentira. Jesús realmente hizo estas cosas.

¿Qué pasa con la cuarta pregunta líneas arriba? ¿Es concebible que Jesús hubiera decidido en algún momento de su vida que quería reclamar ser el Mesías y que eso lo llevara a manipular deliberadamente a sus seguidores haciendo las cosas que el Antiguo Testamento decía que el Mesías debía hacer? El hecho es que Jesús conocía bien el Antiguo Testamento y estaba plenamente consciente de que estaba viviendo los eventos presagiados en las Escrituras. Sin embargo, el escenario en el que Jesús engañó a la gente fingiendo su mesianismo es completamente insostenible. Veremos que Jesús cumplió las profecías del Antiguo Testamento acerca del Mesías que incluyen dónde y cuándo iba a nacer, así como la forma en que iba a morir y los detalles de su traición. Como ser humano, Jesús, obviamente, no tendría capacidad para manipular estas cosas (a menos que, por supuesto, se tratara de Dios, lo que haría el tema irrelevante). Es cierto que un pretendiente mesiánico podría organizar entrar en Jerusalén montado en un asno (Zacarías 9:9) para engañar a la gente, pero es difícil imaginarlo planificando que los encargados de su ejecución echaran suertes sobre su ropa (Salmo 22:18).

Habiendo presentado algunos asuntos de la apologética, ahora vamos a considerar varias de las profecías históricas del Mesías. Por razones de espacio, obviamente, será imposible cubrir todas las profecías mesiánicas. Los pasajes escogidos, sin embargo, son una lista representativa. Una discusión de la metodología utilizada para decidir si un pasaje del Antiguo Testamento es verdaderamente una profecía mesiánica se encuentra en el Apéndice Uno.

EL PENTATEUCO

Aunque están repletos de prefiguras y presagios, los primeros cinco libros de la Biblia, la ley de Moisés, tienen relativamente pocas profecías históricas directas del Mesías. Tal vez esto hace que los pocos ejemplos notables sean aún más significativos. Las profecías con referencia al Mesías que no se discuten aquí incluyen Génesis 12:1-3, Génesis 22:17-18 y Números 24:17-19.

Génesis 3:15

> "Pondré enemistad entre tú y la mujer,
>   y entre tu simiente y la de ella;
>   su simiente te aplastará la cabeza,
>   pero tú le morderás el talón".

Este pasaje es ampliamente considerado como la primera profecía mesiánica. Satanás, efectivamente, mordió el talón de Jesús, más notablemente en la ocasión de su tentación en el desierto (Mateo 4:1-11; Lucas 4:1-13). El golpe, sin embargo, no fue mortal. *"El diablo, habiendo agotado todo recurso de tentación, lo dejó hasta otra oportunidad"* (Lucas 4:13). Jesús, la "simiente" de Eva por descendencia directa, a pesar de ser mordido en el talón, en última instancia, aplastó la cabeza de Satanás mientras colgaba en la cruz. Pablo ciertamente vio Génesis 3:15 como profético (Romanos 16:20). Significativamente, este pasaje se identifica como mesiánico en el Tárgum judío.[35] La condenación final de Satanás espera el tiempo del fin (Apocalipsis 20:10), cuando será arrojado al lago de fuego y azufre. La descendencia de Satanás, en la forma de los grandes perseguidores del pueblo de Dios, como Antíoco Epífanes,[36] Domiciano y Diocleciano, expresó claramente la enemistad hacia Jesús cuando atacó al pueblo de Dios. La prefigura de la serpiente y Eva se traslada a Apocalipsis 12, que describe la guerra entre el dragón (Satanás) y la mujer (en este caso, un símbolo de la iglesia de Jesucristo).

Génesis 49:10-11

> "El cetro no se apartará de Judá,
> > ni de entre sus pies el bastón de mando,
> hasta que llegue el verdadero rey,
> > quien merece la obediencia de los pueblos.
> Judá amarra su asno a la vid,
> > y la cría de su asno a la mejor cepa;
> lava su ropa en vino;
> > su manto, en la sangre de las uvas".

El cetro en este pasaje es el bastón real que representa la autoridad de un rey. David, que era de la tribu de Judá, parcialmente cumplió esta profecía como un presagio cuando él llegó a gobernar en Jerusalén. Sin embargo, la profecía se refiere al *"verdadero rey, quien merece la obediencia de los pueblos"*. Esto es claramente una referencia al Rey de reyes, Jesucristo (Juan 18:37). Por cierto, Jesús, el Hijo de David, era también un miembro de la tribu de Judá, por el lado de su madre, como esta profecía requiere.

Este pasaje tiene varias otras alusiones a la vida y ministerio de Jesús. El asno y la cría anticipan el paseo real de Jesús en Jerusalén montado en una burra y su burrito (Mateo 21:1-5). Vemos que Jesús es la vid verdadera (Juan 15:1). No es difícil ver hacia qué está señalando el vino, que curiosamente se llama "sangre de las uvas". La afirmación de que la sangre de uvas se usaría para lavar su ropa parece una referencia muy oscura en su contexto del Antiguo Testamento, a menos que uno la aplique al sacrificio de Jesús y las imágenes de la Cena del Señor. *"Aquellos son los que están saliendo de la gran tribulación; han lavado y blanqueado sus túnicas en la sangre del Cordero"* (Apocalipsis 7:14). Esta profecía en Génesis, que viene más temprano en la Biblia, hace declaraciones menos directas sobre el Mesías que las que encontraremos en los profetas posteriores.

Deuteronomio 18:15, 17-19

"El SEÑOR tu Dios levantará de entre tus hermanos un profeta como yo. A él sí lo escucharás. [...] Y me dijo el SEÑOR: 'Está bien lo que ellos dicen. Por eso levantaré entre sus hermanos un profeta como tú; pondré mis palabras en su boca, y él les dirá todo lo que yo le mande. Si alguien no presta oído a las palabras que el profeta proclame en mi nombre, yo mismo le pediré cuentas'".

Con estas palabras, Dios le dijo a Moisés, en esencia, que era una prefigura del gran profeta por venir. Ese profeta es el Mesías, Jesucristo. Jesús era más que un profeta, pero definitivamente era profeta. En cumplimiento de esta profecía, Jesús declaró con valentía: *"Y sé muy bien que su mandato es vida eterna. Así que todo lo que digo es lo que el Padre me ha ordenado decir"* (Juan 12:50). Los escribas que estaban entre la multitud ese día seguramente sabían que se refería a la profecía dada a Moisés.

PROFECÍAS MESIÁNICAS EN LOS SALMOS

Hay más profecías mesiánicas en los Salmos que en cualquier otro libro del Antiguo Testamento (Isaías y Zacarías están en un cercano segundo y tercer lugar). En muchos de los clamores emocionales de David a su Dios se puede apreciar una doble referencia, tanto para sí mismo como para el Hijo de David, Jesucristo. En algunos casos, se podría afirmar que es discutible si el pasaje es absolutamente mesiánico (Salmos 2:1-6, 35:19, 41:9, 69:25, 78:2, 91:11-12 y otros podrían mencionarse en este contexto). En esta sección, vamos a examinar las profecías que tienen la aplicación más obvia para el Cristo.

Salmo 16:10-11

> No dejarás que mi vida termine en el sepulcro;
>> no permitirás que sufra corrupción tu siervo fiel.
> Me has dado a conocer la senda de la vida;
>> me llenarás de alegría en tu presencia,
>> y de dicha eterna a tu derecha.

El Salmo 16 se atribuye al rey David. Como Pedro señaló en Hechos 2:29, David, efectivamente, murió y sufrió corrupción, diciendo: *"cuyo sepulcro está entre nosotros hasta el día de hoy"*. En este pasaje clave, David profetizó la resurrección de su descendiente directo, el Mesías. ¿Cómo sabemos que se trata de una referencia al Mesías? ¿A quién más en la Biblia se podría estar refiriendo al señalar que está sentado a la diestra de Dios? Ciertamente David no tenía la arrogancia de reclamar la posición de la mano derecha de Dios. Esta es la profecía más directa en el Antiguo Testamento en la que se afirma que el Mesías, el que se sentará a la derecha del Padre, iba a ser resucitado de entre los muertos. Tal vez este es uno de los pasajes que Pablo tenía en mente cuando escribió que Jesús resucitó de entre los muertos *"según las Escrituras"* (1 Corintios 15:3).

Salmo 22:1, 7-8, 15-18

> Dios mío, Dios mío,
>> ¿por qué me has abandonado?
> Lejos estás para salvarme,
>> lejos de mis palabras de lamento. [...]

> Cuantos me ven, se ríen de mí;
>> lanzan insultos, meneando la cabeza:

> "Este confía en el SEÑOR,
> > ¡pues que el SEÑOR lo ponga a salvo!
> Ya que en él se deleita,
> > ¡que sea él quien lo libre!" [...]
>
> Se ha secado mi vigor como una teja;
> > la lengua se me pega al paladar.
> > ¡Me has hundido en el polvo de la muerte!
> Como perros de presa, me han rodeado;
> > me ha cercado una banda de malvados;
> > me han traspasado las manos y los pies.
> Puedo contar todos mis huesos;
> > con satisfacción perversa
> > la gente se detiene a mirarme.
> Se reparten entre ellos mis vestidos
> > y sobre mi ropa echan suertes.

A primera vista, el Salmo 22 parecería ser simplemente un grito emocional de David: un hombre conforme al corazón de Dios, su Señor, quejándose de su sufrimiento y clamando por la liberación. De hecho, habría sido perfectamente razonable que David se sintiera abandonado por Dios cuando estaba siendo perseguido por el rey Saúl por el desierto o cuando se sintió obligado a fingir demencia cuando fue exiliado a Filistea. Sus enemigos probablemente se burlaban y lo insultaban a veces. Sin embargo, cuando uno mira otros detalles en este salmo, no hay manera en que David pueda estar simplemente escribiendo acerca de sí mismo. ¿Fueron las manos y los pies de David alguna vez traspasados? ¿Quienes lo miraron alguna vez dividieron sus prendas entre sí? ¡Esta es una profecía mesiánica! Trata de imaginar lo que David debe haber pensado tras escribir estas palabras bajo la influencia del Espíritu Santo. *¿Por qué escribí eso? ¿De qué estoy hablando aquí? ¿Puedo contar todos mis huesos? ¿Qué es eso, Dios?*

Para los judíos que leyeron este salmo antes del advenimiento de Jesucristo, probablemente no tenían claro que era sobre el Mesías, aunque ellos también podrían haberse preguntado de qué estaba hablando David. Sin embargo, la retrospectiva histórica hace inconfundible la conclusión de que el salmo es una profecía mesiánica. En el Salmo 22, estamos ante un cuadro de la escena de la crucifixión, ¡más de mil años antes de que sucediera!

David pudo haberse sentido abandonado por Dios; sin embargo, Dios nunca lo abandonó, mientras que Jesús fue abandonado por Dios, literalmente, cuando los pecados de toda la raza humana le fueron imputados a él. Esto explicaría por qué citó este salmo cuando estaba a punto de morir (Marcos 15:34).

Poco sabían los enemigos de Jesús, los jefes de los sacerdotes y los maestros de la ley, que Dios los usaría para cumplir las profecías del Mesías. Si hubieran sabido, podrían haberse mantenido callados, en lugar de burlarse de él y lanzar insultos contra él.

> De la misma manera se burlaban de él los jefes de los sacerdotes junto con los maestros de la ley.
>
> "Salvó a otros", decían, "¡pero no puede salvarse a sí mismo! Que baje ahora de la cruz ese Cristo, el rey de Israel, para que veamos y creamos".
>
> También lo insultaban los que estaban crucificados con él. (Marcos 15:31-32)

David describió la lengua del Mesías pegada al paladar. Jesús simplemente dijo: *"Tengo sed"* (Juan 19:28). ¿Había leído Jesús el Salmo 22, y solo estaba tratando de continuar con la falsa impresión de que él era el Mesías? Podemos suponer que había leído el salmo. También podemos asumir que él tenía mucha sed.

A continuación, David describe la escena de la crucifixión (*"Me ha cercado una banda de malvados"*). Y luego hace una increíble declaración: *"Me han traspasado las manos y los pies"*. Esta es una referencia indiscutible a la crucifixión de Jesús. Lo que hace aún más sorprendente la idea de que David previó esto es el hecho de que la crucifixión ni siquiera se inventó hasta seiscientos años después de su muerte. La crucifixión, por lo que sabemos a partir de documentos históricos, fue inventada por los persas en el siglo IV a. C. Incluso entonces, implicaba atar a una persona a una estaca. La crucifixión clavando las manos (en realidad las muñecas) y los pies a una cruz fue inventada por los romanos, más de ochocientos años después de que David escribiera el salmo. ¿Los autores de los Evangelios compusieron esta historia de la crucifixión? El historiador judío Josefo, así como los escritores del Talmud, mencionan a Jesús crucificado.[37] ¿Podría Jesús haber arreglado esto para apoyar su afirmación mesiánica? Eso sería un precio muy difícil de pagar para sostener una mentira. ¡Imagínate cómo se sintió Jesús cuando era joven al escuchar la lectura del Salmo 22, sabiendo que se trataba de él! Jesús sabía desde el principio cómo era el destino que le esperaba.

Pero David no ha terminado. *"Puedo contar todos mis huesos"* (v. 17). ¿A qué se refería David? Sería razonable asumir que él no lo sabía. La lectura de Juan 19:31-37 proveerá la respuesta. Debido a que Jesús y los dos ladrones fueron crucificados en el día previo al sábado de la Pascua y dado que la muerte por crucifixión podría tomar más de veinticuatro horas, los judíos pidieron que los tres presos fueran muertos para que sus cuerpos pudieran ser bajados de las cruces antes de la puesta del sol. Esto se lograba al quebrar las piernas de la persona crucificada, lo que impediría que se empujara hacia arriba con sus pies, causando asfixia en cuestión de minutos. Cuando los soldados se acercaron a Jesús, ya estaba muerto. Él había muerto en mucho menos tiempo de lo habitual, probablemente debido a que ya había sido terriblemente torturado antes de ser crucificado. De acuerdo con el informe del testigo ocular del apóstol Juan, Jesús, a diferencia de los dos criminales, no tenía ninguno de sus huesos rotos. Como se mencionó en el capítulo anterior, este evento fue presagiado por la ceremonia de la Pascua. Dios había ordenado que ninguno de los huesos del cordero de la Pascua se rompiera a la hora de preparar la comida del *seder* (Éxodo 12:46). Aprendemos dos cosas de esto. En primer lugar, la intención de Dios desde el principio fue que su Hijo muriera por nuestros pecados. En segundo lugar, ¡el Salmo 22 está inspirado por el mismo Dios!

No hemos terminado con el Salmo 22. *"Se reparten entre ellos mis vestidos y sobre mi ropa echan suertes"* (v. 18). Ahora, ¿cuál hicieron sobre tu ropa, David? ¿Repartieron tus prendas (uno para mí, uno para ti, otro para mí …) o echaron suertes, es decir, apostaron, sobre ellas? Parecería imposible que se hubieran dado ambas situaciones. La palabra de Dios es lo que es; ¿alguien se sorprende en este punto de que realmente hicieron ambas cosas?

Cuando los soldados crucificaron a Jesús, tomaron su manto y lo partieron en cuatro partes, una para cada uno de ellos. Tomaron también la túnica, la cual no tenía costura, sino que era de una sola pieza, tejida de arriba abajo.

"No la dividamos", se dijeron unos a otros. "Echemos suertes para ver a quién le toca". (Juan 19:23-24)

Esto viene de un testigo ocular de los acontecimientos. ¿Era Juan un mentiroso? Considera su vida y decide por ti mismo. Este cumplimiento de profecía tiene una cualidad que llama la atención; sin embargo, en lo que hay que centrarse es que Jesús, a sabiendas, voluntariamente, dio su vida por ti y por mí. Recuerda la declaración anterior de David profetizando las palabras de Jesús en la cruz: *"Dios mío, Dios mío, ¿por qué me has abandonado?"*.

Salmo 31:5

En tus manos encomiendo mi espíritu;
líbrame, SEÑOR, Dios de la verdad.

Al verlo de manera aislada, el escéptico podría alegar que este pasaje está sacado de contexto si se aplica a Jesucristo. Sin embargo, dada la totalidad de la escena conmovedora en la cruz, parece estar más allá de toda posibilidad que Jesús, por casualidad, sacara este pasaje un tanto oscuro de los Salmos mientras estaba en la cruz y cerca de la muerte. Como se registra en Lucas, estas son las últimas palabras de Jesús. *"Desde el mediodía y hasta la media tarde toda la tierra quedó sumida en la oscuridad. [...] Entonces Jesús exclamó con fuerza: '¡Padre, en tus manos encomiendo mi espíritu!' Y al decir esto, expiró"* (Lucas 23:44, 46). Es interesante tener en cuenta que las otras profecías mesiánicas de la Biblia registran una serie de hechos acerca de Jesús, pero los Salmos, siendo poesía cargada de emociones, en general, predicen los aspectos más emotivos de la vida y la muerte del Mesías.

Salmo 69:8,9,21

Soy como un extraño para mis hermanos,
soy un extranjero para los hijos de mi madre.
El celo por tu casa me consume;

> sobre mí han recaído
> los insultos de tus detractores. [...]

En mi comida pusieron hiel;
 para calmar mi sed me dieron vinagre.

La profecía en el Salmo 69 es un ejemplo de la regla que acabamos de declarar. David era un hombre celoso. Jesús, el Hijo de David, lo era aún más, como lo demuestra la escena en Juan 2:13-17. Cuando Jesús entró en el templo, vio gente codiciosa obteniendo beneficios de los esfuerzos sinceros del pueblo de Dios al ofrecerle sacrificios a él. Proporcionar posibles sacrificios para el pueblo no era el problema. Era el negocio de sacar ganancias del sacrificio. Esto molestó bastante a Jesús. Hizo un látigo, conduciendo los animales fuera, volcando las mesas de los cambistas de su actividad altamente rentable (solo el siclo judío era aceptado en el templo, lo que abría otra manera de hacer una buena ganancia), diciendo: *"¡Saquen esto de aquí! ¿Cómo se atreven a convertir la casa de mi Padre en un mercado?"* (v. 16). Los discípulos no fueron conocidos por reconocer las profecías mesiánicas mientras estas se estaban cumpliendo. Esta fue una excepción. Incluso los discípulos, aunque eran aparentemente lentos para entender, se acordaron en ese momento de la declaración en el Salmo 69:9: *"El celo por tu casa me consume"*.

El versículo 21 nos saca de la vida de David y nos lleva de nuevo a la escena de la crucifixión. La palabra hebrea traducida como "hiel" en este pasaje es un término general que significa veneno o malas hierbas o hierbas amargas. Es dudoso que David haya sufrido alguna vez este tratamiento en particular. Esta es una profecía mesiánica. En Mateo 27:34, el apóstol recuerda que *"le dieron a Jesús vino mezclado con hiel"*. Marcos es más específico; menciona el vino y la hierba mirra, que fue utilizada como un medicamento para calmar el dolor (Marcos 15:23). Lucas y Juan completan el cuadro, mencionando vinagre (Lucas 23:36; Juan 19:29).

Salmo 110:1, 4

Así dijo el SEÑOR a mi Señor:
 "Siéntate a mi derecha

hasta que ponga a tus enemigos
> por estrado de tus pies". [...]

El SEÑOR ha jurado
> y no cambiará de parecer:
"Tú eres sacerdote para siempre,
> según el orden de Melquisedec".

El Salmo 110 es notablemente diferente de los que ya hemos estudiado. Es llamado un salmo real en virtud de su tema. Aquí no encontramos al salvador sufriendo, sino al Mesías reinando como sacerdote y rey. Por supuesto, Jesús era todas estas cosas. Cuando David escribió: *"Así dijo el Señor a mi Señor"*, ¿a quién se refería? ¿David tenía dos señores diferentes? No que él supiera. Así es como sabemos que esta escritura es acerca del Mesías. En el texto, el primer "SEÑOR" (ten en cuenta que está escrito completo en mayúsculas) es la palabra *YHWH*, a veces traducido "Jehová", mientras que el segundo "Señor" (nota que solo la primera letra está en mayúscula) utiliza la palabra hebrea *adon*, que significa señor o dueño. El primero se refiere a Dios Padre, mientras que el segundo es Dios Hijo, Jesucristo. Sin duda, así es cómo interpreta Pedro este pasaje en su sermón en Hechos 2:33-35, donde se describe con precisión tanto que Jesús está ahora exaltado a la diestra del Padre, como que, sin duda, David no subió al cielo. David, por el poder del Espíritu Santo, lo expresa muy bien.

El versículo 4 es una profecía de que el Mesías va a ser sacerdote, pero no un sacerdote de la orden de Aarón o de Leví. Por el contrario, el Ungido del Señor será un sacerdote de un tipo muy diferente. El Mesías será un sacerdote según el orden de Melquisedec (con nombramiento especial, y no por descendencia física). Esto fue discutido en el capítulo sobre el sacerdocio del Antiguo Testamento como un presagio del ministerio de Cristo. Dios le advirtió a su pueblo que un nuevo tipo de sacerdocio estaba por venir.

Salmo 118:22-23 (también Isaías 28:16)

La piedra que desecharon los constructores
> ha llegado a ser la piedra angular.
Esto ha sido obra del SEÑOR,
> y nos deja maravillados.

Esta, la última de las profecías mesiánicas de los Salmos que se tratarán aquí, es un salmo de alabanza. No se atribuye específicamente a David. Insinuaciones de que esta es una afirmación mesiánica se encuentran en el contexto inmediato de estos versículos. Por ejemplo, la frase *"No he de morir; he de vivir"* (v. 17). Otra declaración que indica que este pasaje es acerca del Mesías es *"Son las puertas del Señor, por las que entran los justos"* (v. 20), que sin duda pone en la mente la frase de Jesús: *"Yo soy la puerta; el que entre por esta puerta, que soy yo, será salvo"* (Juan 10:9). Aprendemos de este salmo que el Mesías será una piedra que los constructores rechazarán. En principio, aquellos que rechazan la piedra son los judíos en general, o más específicamente los maestros, escribas y fariseos judíos. Esta profecía trae a la mente la llorosa escena cuando Jesús, mirando sobre Jerusalén, dijo: *"¡Jerusalén, Jerusalén, que matas a los profetas y apedreas a los que se te envían! ¡Cuántas veces quise reunir a tus hijos, como reúne la gallina a sus pollitos debajo de sus alas, pero no quisiste!"* (Mateo 23:37).

Lo maravilloso es que Dios ha levantado la piedra rechazada que los judíos mataron. El Padre resucitó al Hijo, y lo convirtió en la piedra angular. En Hechos 4:10, Pedro cita el Salmo 118:22-23, diciendo: *"Sepan, pues, todos ustedes y todo el pueblo de Israel que este hombre está aquí delante de ustedes, sano gracias al nombre de Jesucristo de Nazaret"* (Hechos 4:10). La palabra traducida como "piedra angular" en el Salmo 118:22 corresponde, en realidad, a dos palabras hebreas: *pinna*, que significa piedra angular, y *rosh*, la cabeza o el de más alto cargo en autoridad. De acuerdo con el salmista, el Mesías se moverá desde el rechazo a ser tanto la piedra angular, la definición de la base (Efesios 2:20), como el pico, el pináculo de la autoridad de Dios, porque, como dijo Jesús: *"Se me ha dado toda autoridad en el cielo y en la tierra"* (Mateo 28:18). ¡Y ciertamente la tiene!

LAS PROFECÍAS MESIÁNICAS EN ISAÍAS

Solo tomando en cuenta la cantidad de profecías sobre el Mesías en los Salmos, este libro puede tener más que cualquier otro, pero Isaías contiene las predicciones mesiánicas más conocidas. De manera significativa, contiene el mayor número de profecías que generalmente fueron reconocidas como mesiánicas por los judíos durante la vida de Jesucristo, como veremos más adelante. Dado que los judíos vieron estas profecías de Isaías como aplicadas al Mesías, no hay manera legítima para afirmar que los cristianos demasiado celosos, de alguna manera, leyeron los detalles del ministerio de Jesús fuera del contexto de lo que está escrito en el libro de Isaías. Es necesario destacar que, después de la época de Jesús, los rabinos eliminaron muchas de las profecías mesiánicas de sus lecturas diarias habituales del Antiguo Testamento, por razones obvias si se considera las implicaciones de estos pasajes.[38] Al igual que con los Salmos, no todas las profecías mesiánicas de Isaías serán abordadas, sino aquellas que son más convincentemente mesiánicas. Profecías no discutidas aquí incluyen las que se encuentran en Isaías 4:2-4, 16:5, 22:20-22, 40:9-11, 49:5-6 y 55:4-5, entre otros pasajes.

Isaías 7:14

> El SEÑOR mismo les dará una señal: La virgen concebirá y dará a luz un hijo, y lo llamará Emanuel (Dios con nosotros).

Desde el punto de vista del apologista, esta probablemente es la profecía más controvertida del Mesías, por el hecho de que el texto hebreo se puede interpretar de dos maneras diferentes, y la diferencia tiene un efecto radical en la visión de uno en cuanto a la encarnación de Jesús. La palabra hebrea traducida aquí como "virgen" es *alma*, cuyo significado normal es chica, soltera o mujer joven. En ciertos contextos, también se puede traducir como "virgen". En este pasaje, esta palabra se traduce como "joven" en siete versiones y como "virgen" en doce. Haciendo la interpretación aún más arriesgada es el hecho de que el hebreo en ese momento tenía otra palabra cuyo significado normal era virgen: *betula*. Esta palabra sin ambigüedad significaba una mujer que no había tenido relaciones sexuales. Se utiliza cincuenta y una veces en el Antiguo Testamento.

Así que, ¿Dios, por medio de Isaías, profetizó que el Mesías nacería de una virgen? En primer lugar, la palabra "Emanuel" es una transliteración de la palabra hebrea que significa Dios entre nosotros. Esta profecía menciona inequívocamente tanto una señal de Dios como a una mujer con un niño al que se le daría el nombre de "Dios con nosotros". ¿Por qué la mayoría de los traductores utilizan "virgen" aquí? ¿Es porque están sesgados y les gusta el hecho de que así el pasaje se convierte en una predicción del nacimiento virginal? La respuesta es que la mayoría de los eruditos usan la palabra "virgen" en este caso por dos razones. En primer lugar, los propios judíos, cuando tradujeron este pasaje en griego en la versión Septuaginta, tradujeron la palabra hebrea *alma* a una palabra griega que significa definitivamente virgen. Al parecer, los judíos en ese momento, que conocían su propia lengua y cultura mejor que nosotros, vieron esto como una profecía de que su Mesías nacería de una virgen. La segunda razón por la que la mayoría de los estudiosos prefiere "virgen" aquí es la misma razón, es de suponer, por la que los judíos que realizaron la traducción griega en el siglo II a. C. decidieron utilizar ese término: el contexto del pasaje parece exigir esta traducción. Si no fuera así, ¿cómo sería una señal de Dios si una mujer casada o incluso una mujer soltera que tuvo relaciones sexuales fuera a tener un hijo? Es muy claro que Isaías 7:14 es una declaración de que el Mesías sería engendrado de manera milagrosa. ¿Por qué, entonces, Dios, por medio de Isaías, utiliza la palabra *alma* en vez de *betula?* Tal vez para hacer hincapié en que María, la madre del Mesías, era muy joven.

En cuanto a mí, cuando hablo públicamente sobre profecías mesiánicas, no incluyo Isaías 7:14 en mi muy corta lista de profecías para abordar, no porque no crea que es una profecía del nacimiento virginal, sino simplemente porque la interpretación es discutible. Además, los escépticos pueden hacer, y hacen, la acusación de que María no era realmente una virgen, ¿y quién realmente puede probarlo o confutarlo en este momento? Dejémoslo así: María ciertamente afirmó que el nacimiento de su hijo fue milagroso, de completo acuerdo con Isaías 7:14.

Isaías 9:1, 6-7

> A pesar de todo, no habrá más penumbra para la que estuvo angustiada. En el pasado Dios humilló a la tierra de Zabulón y a la tierra de Neftalí; pero en el futuro honrará a Galilea, tierra de paganos, en el camino del mar, al otro lado del Jordán. [...]

> Porque nos ha nacido un niño,
> se nos ha concedido un hijo;
> la soberanía reposará sobre sus hombros,
> y se le darán estos nombres:
> Consejero admirable, Dios fuerte,

> Padre eterno, Príncipe de paz.
> Se extenderán su soberanía y su paz,
>   y no tendrán fin.
> Gobernará sobre el trono de David
>   y sobre su reino,
> para establecerlo y sostenerlo
>   con justicia y rectitud
>   desde ahora y para siempre.
> Esto lo llevará a cabo
>   el celo del SEÑOR Todopoderoso.

Esta es una profecía tan inequívocamente mesiánica como cualquier otra. Isaías describe a alguien que ha nacido de mujer, pero que es Consejero admirable, Dios fuerte, Padre eterno, Príncipe de paz. Los judíos de la época de Jesús reconocerían esto como mesiánico, debido a la referencia al trono de David. ¿A qué se refiere Isaías cuando menciona las tribus de Zabulón y Neftalí? Si uno mira un mapa de las fronteras aproximadas de las tribus israelitas, se verá que Zabulón y Neftalí están en el centro de la zona de asentamiento judío que llegó a ser conocido como Galilea en la época romana (ve el mapa a continuación). De hecho, si se compara un mapa de la era romana de Palestina con el mapa de los territorios tribales, una cosa que salta a la vista es que Nazaret está justo en la frontera entre los dos territorios. Isaías profetiza que el Mesías traerá honor a Galilea, y más específicamente a las tierras de Zabulón y Neftalí. Lo que pasa es que Jesús fue educado en Galilea, específicamente en el pequeño pueblo de Nazaret. No es como si Jesús hubiera podido hacer los arreglos para cumplir esta profecía mesiánica (a menos que fuera Dios). También vale la pena señalar que las fuentes extrabíblicas confirman que Jesús era de Nazaret. De hecho, sus enemigos lo llamaban sarcásticamente *"ese nazareno"* (Marcos 14:67; también Hechos 24:5). Irónicamente, uno de los cargos de los enemigos que estaban en contra de Jesús era que no podía ser un profeta, ya que él era de Galilea. "¿No eres tú también de Galilea? *[...] Investiga y verás que de Galilea no ha salido ningún profeta*" (Juan 7:52). Estos críticos olvidaron que Jonás era de Galilea. También olvidaron la profecía de Isaías de que Dios honraría Galilea a través de su Mesías. Cuando nos fijamos en Miqueas 5:2, esta profecía será aún más notable.

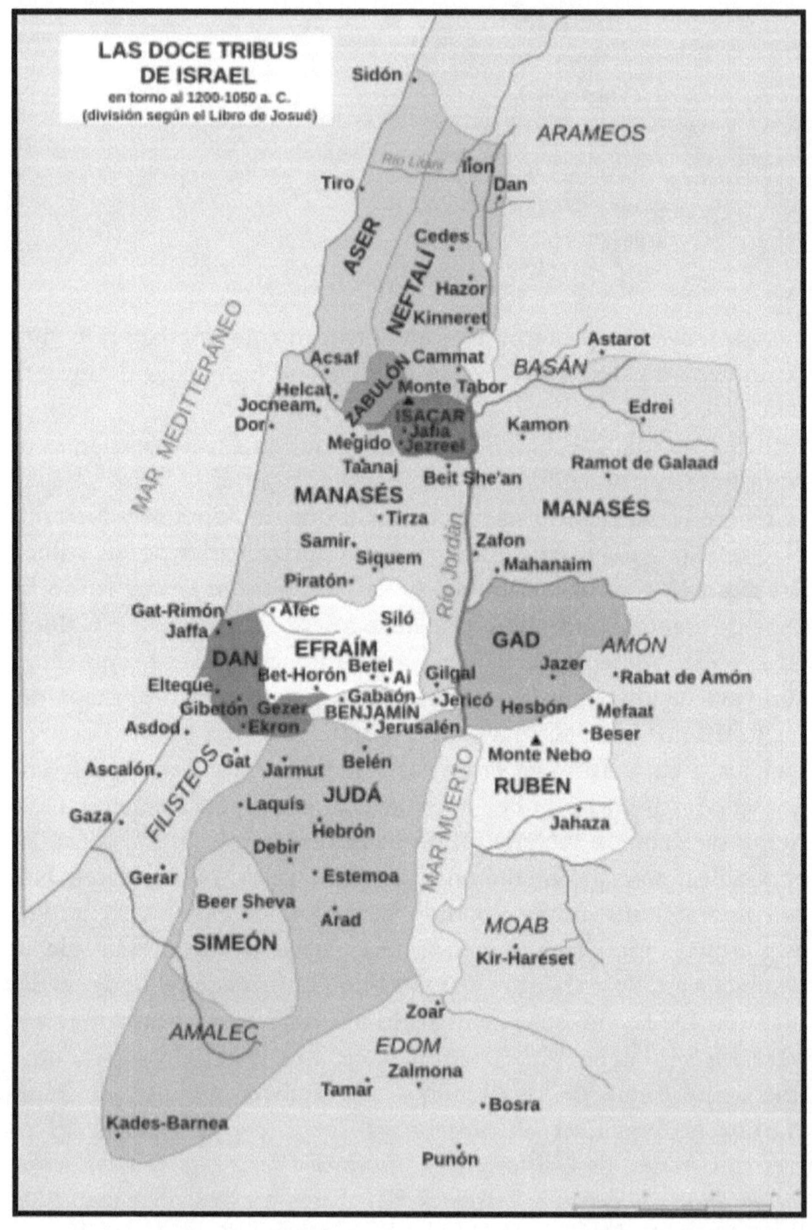

LAS DOCE TRIBUS
DE ISRAEL
en torno al 1200-1050 a. C.
(división según el Libro de Josué)
Sidón
ARAMEOS
Río Litani
Ilon
Tiro
Dan
ASER
Cedes
NEFTALÍ
Hazor
Kinneret
Astarot
Acsaf
Cammat
BASÁN
Helcat
Monte Tabor
ZABULÓN
Edrei
Jocneam
ISACAR
Kamon
Dor
Jafía
Mégido
Jezreel
Ramot de Galaad
Taanaj
Beit She'an
MANASÉS
MANASÉS
Tirza
Zafon
Samir
Mahanaim
Siquem
Piratón
Río Jordán
Gat-Rimón
Alec
Siló
Jaffa
GAD
AMÓN
EFRAÍM
Jazer
DAN
Betel
Rabat de Amón
Bet-Horón
Ai
Gilgal
Elteque
Gabaón
Jericó
Hesbón
Mefaat
Gibetón
Gezer
BENJAMÍN
Beser
Asdod
Ekron
Jerusalén
Monte Nebo
Ascalón
Gat
Jarmut
Belén
RUBÉN
FILISTEOS
JUDÁ
Gaza
Laquís
Jahaza
MAR MUERTO
Hebrón
Debir
Gerar
Estemoa
Beer Sheva
Arad
MOAB
SIMEÓN
Kir-Haréset
Zoar
AMALEC
EDOM
Zalmona
Tamar
Bosra
Kades-Barnea
Punón
MAR MEDITERRÁNEO

Palestina en tiempos de Jesús
FENICIA
Mte. Hermón
Tiro
GAULONITIS
Tolemaida
GALILEA
Capernaúm
Betsaida
Caná
Lago de Galilea
Mte. Carmelo
Nazaret
Mar Mediterráneo
Gadara
DECÁPOLIS
Cesarea
SAMARIA
Mte. Guerizim
Arí
Gerasa
Río Jordán
Emaús
Filadelfia
Jamnia
PEREA
Jerusalén
Azoto
Belén
Ascalón
Hebrón
Mar Muerto
Maqueronte
JUDEA
Gaza
Masada
Beerseba
Rafia
Decápolis
Tetrarquía de Felipe
Tetrarquía de Herodes Antipas
Bajo Poncio Pilato
0   20   40   60   80   100
Kilómetros
NABATEOS
© Sociedades Bíblicas Unidas 1994

Isaías 11:1-2

> Del tronco de Isaí brotará un retoño;
>> un vástago nacerá de sus raíces.
> El Espíritu del SEÑOR reposará sobre él:
>> espíritu de sabiduría y de entendimiento,
> espíritu de consejo y de poder,
>> espíritu de conocimiento y de temor del SEÑOR.

Según Isaías, uno con la sabiduría, el entendimiento y el poder, que está lleno del Espíritu del Señor, vendrá. Será como una raíz, un retoño tierno de Isaí. Cualquier judío sabría que este es Isaí, el padre del rey David. Dios ya había prometido a David:

> "Yo pondré en el trono a uno de tus propios descendientes, y afirmaré su reino. Será él quien construya una casa en mi honor, y yo afirmaré su trono real para siempre. Yo seré su padre, y él será mi hijo. [...] Tu casa y tu reino durarán para siempre delante de mí; tu trono será establecido para siempre". (2 Samuel 7:12-14, 16)

La promesa de Dios a David se cumplió, en parte, a través de su hijo físico Salomón, que construyó el templo. Sin embargo, el trono físico de Israel/Judá fue destruido para siempre en 586 a. C. cuando Nabucodonosor quemó Jerusalén y destruyó el templo. El pasaje en 2 Samuel, que predice un trono eterno, es una clara referencia al Mesías esperado, que va a ser un descendiente de David (2 Samuel 7:12), de la raíz de Isaí (Isaías 11:1). Los judíos esperaban que el Mesías, como fue profetizado en Isaías 11, fuera un descendiente directo del rey David.

Eso es exactamente lo que fue Jesús. Incluso si no tuviéramos las genealogías de Mateo 1:1-16 y Lucas 3:23-38 confirmando la descendencia de Jesús a partir del linaje de David, aún podríamos saber que Jesús era de este linaje. Lo sabemos por el hecho de que el censo convocado por Augusto requirió que todos regresaran a sus pueblos ancestrales.[39] María y José tuvieron que volver a Belén, que era el territorio de la tribu de Isaí y de David (1 Samuel 16:4-13). De nuevo, tenemos una profecía mesiánica cumplida por Jesús, que es un hecho histórico innegable sobre la que Jesús (como un ser humano) no tenía ningún control. Si Jesús simplemente estaba tratando de cumplir profecías mesiánicas para apoyar una falsa afirmación mesiánica, habría sido difícil para él hacer arreglos para descender de David.

Pero hay un poco más que recopilar aquí antes de continuar. En Mateo 2:23, se encuentra una interesante declaración. Después de establecer el hecho de que la familia de Jesús se instaló en Nazaret, Mateo menciona que este cumplió una declaración de los profetas: *"Lo llamarán nazareno"*. Uno no encontrará esta declaración en cualquier lugar en el Antiguo Testamento. ¿Mateo está equivocado? La cuestión se aclara cuando uno mira un poco más de cerca la palabra "nazareno". La palabra griega es *nazaret*, lo que significa brote o retoño. Proviene de la palabra hebrea *netzer*, que también significa retoño, y es la palabra que se usa en Isaías 11:1. Otras profecías referidas al Mesías y que usan esta palabra incluyen Jeremías 23:5, Zacarías 3:8 y Zacarías 6:12, donde se traduce como "Renuevo".

¡Este es un sorprendente conjunto de circunstancias! Dios dispuso, en primer lugar, decirnos que su Mesías sería descendiente de Isaí y David. En segundo lugar, se dispuso que Jesús naciera por descendencia directa de, o como un retoño de, David. En tercer lugar, nos dijo en el Antiguo Testamento que su hijo sería llamado "el retoño". En cuarto lugar, se las arregló para organizar que Jesús fuera educado en una ciudad llamada "retoño" por lo que sería llamado nazareno (retoño). Para añadir al impresionante conjunto de circunstancias, Dios consiguió que este pueblo llamado retoño (Nazaret) se ubicara justo en la frontera entre Zabulón y Neftalí. Si esto es un poco confuso para ti, ¡imagínate a Dios preparándolo todo!

Todo esto es una información fascinante para reflexionar, pero es muy importante tener en cuenta el tema principal: Dios está enviando al Mesías para traer la salvación.

Isaías 35:5-6

> Se abrirán entonces los ojos de los ciegos
>> y se destaparán los oídos de los sordos;
> saltará el cojo como un ciervo,
>> y gritará de alegría la lengua del mudo.
> Porque aguas brotarán en el desierto,
>> y torrentes en el sequedal.

Que esta es una profecía mesiánica se demuestra por el contexto en Isaías 35: *"Aguas brotarán en el desierto"*, *"Habrá allí una calzada que será llamada Camino de santidad"* (v. 8), *"¡Por allí pasarán solamente los redimidos! Y volverán los rescatados por el Señor"* (v. 9-10). Según Isaías, el advenimiento del Mesías será acompañado por curaciones de ciegos (Mateo 9:27-31; Marcos 8:22-26; Juan 9:1-7 y otros), de sordos (Marcos 7:32-35; Marcos 9:17-27) y de cojos (Marcos 2:3-12; Juan 5:1-8 y muchos más). Como un pequeño toque de detalle profético, el hombre sanado en Hechos 3:1-10 (la verdad, es curado por Pedro en el nombre de Jesús de Nazaret, en lugar de hacerlo el mismo Jesús) estaba *"saltando y alabando a Dios"*. Jesús cumplió esta profecía, por decir lo menos. Una multitud de miles vinieron a él desde grandes distancias con la esperanza de ser curados. Muchos de estos milagros se realizaron en el ámbito público. En el primer sermón del evangelio, Pedro le recordó a la gente que Jesús era un hacedor de milagros, prodigios y señales, *"como bien lo saben"* (Hechos 2:22). Incluso los judíos que se opusieron vehementemente a Jesús no podían negar que hizo maravillas como nadie antes de él. De hecho, los escritores judíos del Talmud admitieron de manera indirecta que hacía milagros acusando a Jesús de practicar la hechicería.[40]

Isaías 42:1-3

> "Este es mi siervo, a quien sostengo,
>   mi escogido, en quien me deleito;
> sobre él he puesto mi Espíritu,
>   y llevará justicia a las naciones.
> No clamará, ni gritará,
>   ni alzará su voz por las calles.
> No acabará de romper la caña quebrada,
>   ni apagará la mecha que apenas arde".

Aquí hay un siervo que llevará justicia a las naciones. El Mesías tendrá un impacto increíble en el mundo. Espiritualmente, tendrá una voz de trueno; sin embargo, será sobrenaturalmente humilde al mismo tiempo. Establece la justicia para la humanidad sin gritar, sin siquiera levantar la voz. Qué sorprendente metáfora: *"No acabará de romper la caña quebrada"*. ¿Hay otra figura en la historia del mundo que se ajuste a esta descripción mejor de lo que lo hace Jesús de Nazaret? Jesús podía disolver a una multitud furiosa y asesina con una mirada de convicción, un llamado a la conciencia o con un momento de silencio expectante (Juan 8:1-11).

Isaías 53:1-12

El material en el capítulo 53 de Isaías es, sin duda, el más conocido de la profecía mesiánica. Algunos judíos, pero no todos, vieron esto como material mesiánico.[41] Para muchos judíos, era difícil encuadrar su concepto del Mesías como un salvador político, un Mesías davídico quién restauraría el bienestar de Israel, con el siervo sufriente de Isaías 53. Algunos judíos incluso imaginaron personas separadas en el siervo sufriente de Isaías 53 y el restaurador de Israel. Gran parte del material profético acerca de la restauración espiritual de Israel se tratará en el capítulo sobre las profecías del reino.

El aspecto inspirador de las profecías referidas tanto a un sirviente sufriente como a un rey conquistador es que Jesús las ha cumplido todas. La razón por la cual los judíos no pudieron hacer la conexión es que malinterpretaron la naturaleza del reino restablecido de Israel. Como dijo Jesús: *"Mi reino no es de este mundo"* (Juan 18:36). Hablaremos más sobre esto más adelante.

Hay tanto material en Isaías 53 que se dividirá en secciones para un mejor abordaje.

> ¿Quién ha creído a nuestro mensaje
> > y a quién se le ha revelado el poder del SEÑOR?
> Creció en su presencia como vástago tierno,
> > como raíz de tierra seca.
> No había en él belleza ni majestad alguna;
> > su aspecto no era atractivo
> > y nada en su apariencia lo hacía deseable.
> Despreciado y rechazado por los hombres,
> > varón de dolores, hecho para el sufrimiento.
> Todos evitaban mirarlo;
> > fue despreciado, y no lo estimamos. (Isaías 53:1-3)

Ninguno de sus contemporáneos en las fuentes, ya sea bíblicas u otras, describe la apariencia física de Jesús. Aparentemente, no había nada que fuera llamativamente atractivo o repulsivo en su apariencia física. Una cosa que no se discute es que fue despreciado y rechazado por los hombres. Pudiendo elegir entre Jesús y el violento criminal Barrabás, la multitud judía eligió la segunda opción. Aunque Jesús vivió una vida alegre, fue un hombre de grandes dolores y sufrimientos. En un momento, incluso su propia familia dudaba de su cordura. La gente en su ciudad natal trató de matarlo (Lucas 4:16-30). Sus amigos más cercanos lo abandonaron en su hora más oscura. Por último, las personas a quienes había venido a salvar lo hicieron torturar y matar. Verdaderamente, el escritor de Hebreos puede decir de Jesús: *"Mediante el sufrimiento aprendió a obedecer"* (Hebreos 5:8).

> Ciertamente él cargó con nuestras enfermedades
>   y soportó nuestros dolores,
> pero nosotros lo consideramos herido,
>   golpeado por Dios, y humillado.
> Él fue traspasado por nuestras rebeliones,
>   y molido por nuestras iniquidades;
> sobre él recayó el castigo, precio de nuestra paz,
>   y gracias a sus heridas fuimos sanados.
> Todos andábamos perdidos, como ovejas;
>   cada uno seguía su propio camino,
> pero el SEÑOR hizo recaer sobre él
>   la iniquidad de todos nosotros. (Isaías 53:4-6)

Jesús fue, efectivamente, traspasado por nuestras rebeliones. Juan nos informa de este detalle de la crucifixión en Juan 19:31-37. Como se ha mencionado anteriormente en el contexto del Salmo 22, los soldados romanos no rompieron las piernas de Jesús cuando se les pidió poner fin a su vida y la de los dos criminales que se encontraban a su lado, porque él ya estaba muerto. Con el fin de asegurarse absolutamente de su muerte, un soldado clavó una lanza profundamente en su costado, lo que hizo brotar sangre y agua.[42] Juan fue un testigo de este evento. Poco sabía el soldado que clavó la lanza en el costado de Jesús que estaba cumpliendo la profecía pronunciada por Isaías más de setecientos años antes. La declaración maravillosa: *"y gracias a sus heridas fuimos sanados"* nos lleva de nuevo al punto entero de esta profecía: el Mesías está llegando, trayendo salvación. La frase *"el Señor hizo recaer sobre él la iniquidad de todos nosotros"* es una referencia a la colocación de las manos en el chivo expiatorio durante la ceremonia de Yom Kipur para quitar los pecados del pueblo. También es una profecía de que el Mesías sufriente sería nuestro chivo expiatorio, cargando sobre sí en la cruz los pecados de todas las personas.

> Maltratado y humillado,
> > ni siquiera abrió su boca;
> como cordero, fue llevado al matadero;
> > como oveja, enmudeció ante su trasquilador;
> > y ni siquiera abrió su boca.
> Después de aprehenderlo y juzgarlo, le dieron muerte;
> > nadie se preocupó de su descendencia.
> Fue arrancado de la tierra de los vivientes,
> > y golpeado por la transgresión de mi pueblo.
> Se le asignó un sepulcro con los malvados,
> > y murió entre los malhechores,
> aunque nunca cometió violencia alguna,
> > ni hubo engaño en su boca. (Isaías 53:7-9)

Uno de los aspectos más sorprendentes de los acontecimientos que condujeron a la crucifixión de Jesús es que, cuando fue acusado, se negó a defenderse a sí mismo. *"Al ser acusado por los jefes de los sacerdotes y los ancianos, Jesús no contestó nada"* (Mateo 27:12). Verdaderamente, Jesús fue llevado como una oveja ante su trasquilador. La diferencia es que una oveja no es lo suficientemente inteligente como para saber lo que viene, mientras que Jesús lo sabía con toda seguridad. *"Nadie se preocupó de su descendencia"*. Esta es una declaración irónica. Jesús fue cortado en la flor de la vida y no tuvo descendientes físicos. Sin embargo, los que asumen la fe de Abraham se convierten en descendientes espirituales de Abraham, hijos e hijas de Dios y hermanos y hermanas de Jesús.

Aunque Jesús mismo era muy pobre, tenía un pequeño número de partidarios ricos. *"Al atardecer, llegó un hombre rico de Arimatea, llamado José, que también se había convertido en discípulo de Jesús. Se presentó ante Pilato para pedirle el cuerpo de Jesús, y Pilato ordenó que se lo dieran"* (Mateo 27:57-58). A pesar de su pobreza, Jesús fue enterrado en un sepulcro nuevo que había sido tallado por los miembros de la familia de José, un judío rico. Y así, Jesús cumplió la profecía de Isaías: *"Se dispuso con los impíos Su sepultura, pero con el rico fue en Su muerte"* (Isaías 53:9 NBLA).

Profecía del antiguo testamento	Contenido	Cumplimiento en el nueveo testamento
Génesis 3:15	Satanás atacará al Mesías, pero el Mesías destruirá la obra de Satanás.	Mateo 4:11; Lucas 4:1-13
Génesis 49:10-11	El Mesías será de Judá (también indicios sobre una vid, la cría de un asno, una cepa y sangre/uvas).	Mateo 1:2-16
Deuteronomio 18:15-18	Dios levantará un profeta como, pero mayor que, Moisés.	Mateo 21:11; Marcos 6:15
Salmo 16:10-11	El Mesías no será abandonado en la tumba (será resucitado).	Juan 2:19; Lucas 24:1-7
Salmo 22:15-18	El Mesías será crucificado, sus huesos no se romperán, echarán suertes sobre su ropa y se la repartirán	Juan 19:6-7, 19:31-34, 19:23-24
Salmo 31:5	El Mesías encomendará su espíritu en manos de Dios.	Lucas 23:46
Salmo 69:9, 21	El Mesías mostrará celo por la casa de Dios. Se le dará hiel y vinagre para beber.	Juan 2:12-17; Mateo 27:34; Lucas 23:36
Salmo 110:1, 4	El Mesías será un sacerdote según el orden de Melquisedec.	Hebreos 7:11-18
Salmo 118:22-23	El Mesías será rechazado, pero se convertirá en la piedra angular del reino de Dios.	Mateo 23:37; Hechos 4:10
Isaías 7:14	El Mesías nacerá de una virgen.	Lucas 1:26-38
Isaías 9:1-2, 6-7	El Mesías será de Galilea en la región de Zabulón y Neftalí.	Marcos 14:67; Hechos 24:5
Isaías 11:1-2	El Mesías será descendiente de Isaí y será un retoño (nazareno).	Mateo 1:5-6; Juan 1:45-46; Mateo 2:23
Isaías 35:5-6	El Mesías sanará a los sordos, ciegos y discapacitados físicos.	Marcos 7:32-35, 8:22-26, 2:3-12
Isaías 42:1-4	El Mesías será milagrosamente humilde.	Juan 8:1-11
Isaías 53	El Mesías será despreciado y rechazado por las personas, va a sufrir y ser traspasado, llevará sobre sí el pecado de la humanidad, callará ante sus acusadores y será enterrado con los ricos (NBLA).	Mateo 27:15-20; Juan 19:33-35; Marcos 14:60-61, 15:3-5; Marcos 15:42-15:46
Daniel 9:24-27	El Mesías vendrá a Jerusalén para traer salvación entre los años 26-33 d. C.	Lucas 3:1-2
Miqueas 5:2	El Mesías nacerá en Belén Efrata.	Lucas 2:1-7
Zacarías 6:9-13	El Mesías será un rey y sacerdote, y traerá la armonía entre los dos.	Juan 18:37; Hebreos 7:11-17
Zacarías 9:9-11	El Mesías montará como rey en Jerusalén en un asno y la cría de ese asno.	Mateo 21:1-7
Zacarías 11:10-14	El Mesías será traicionado por 30 monedas de plata. El dinero será arrojado al "alfarero".	Mateo 26:14-16, 27:6-7
Zacarías 13:7	Cuando el Mesías sea atacado, sus "ovejas" se dispersarán.	Marcos 14:50-51

> Pero el SEÑOR quiso quebrantarlo y hacerlo sufrir,
> y, como él ofreció su vida en expiación,
>]verá su descendencia y prolongará sus días,
> y llevará a cabo la voluntad del SEÑOR.
> Después de su sufrimiento,
> verá la luz y quedará satisfecho;
> por su conocimiento
> mi siervo justo justificará a muchos,
> y cargará con las iniquidades de ellos.
> Por lo tanto, le daré un puesto entre los grandes,
> y repartirá el botín con los fuertes,
> porque derramó su vida hasta la muerte,
> y fue contado entre los transgresores.
> Cargó con el pecado de muchos,
> e intercedió por los pecadores. (Isaías 53:10-12)

Como ya se ha indicado, aunque el Mesías fue cortado y no tuvo descendientes físicos, al entregarse a sí mismo como ofrenda por la culpa, Jesús pudo ver a su descendencia espiritual: la iglesia. Isaías también profetizó la resurrección del siervo sufriente. *"Después de su sufrimiento, verá la luz"*. Como dijo Pablo en 1 Corintios 15:5, Cristo resucitó *"según las Escrituras"*. El cumplimiento de esta profecía es uno de los hechos centrales del cristianismo. En una referencia a la ofrenda de libación, Isaías afirma que el Mesías va a derramar su vida hasta la muerte. Jesús voluntariamente se entregó a sí mismo como una ofrenda de libación por nosotros. Este hermoso pasaje es una mezcla de la profecía histórica del Mesías y una declaración firme del evangelio de Jesucristo. Alabado sea Dios que hemos pasado de la sombra a la realidad y que el misterio ha sido revelado. En la cruz, Jesús llevó voluntariamente el pecado de muchos e intercedió ante su Padre por nosotros.

LAS PROFECÍAS MESIÁNICAS EN LOS OTROS PROFETAS

Hay una serie de profecías mesiánicas repartidas por todo el resto de los libros de los profetas, especialmente en Zacarías. Se encuentra casi tanta profecía mesiánica específica en Zacarías como en Isaías o Salmos. Por razones de espacio, solo se abordarán aquellas que son más obviamente mesiánicas y que incluyen nueva información acerca del Mesías que aún no hemos visto. Las profecías mesiánicas en estos libros que no se tratan aquí incluyen Jeremías 23:5, 33:14-22; Ezequiel 21:27; Hageo 2:23 y Zacarías 3:1-8, 4:12-14.

Daniel 9:24-27

El libro de Daniel tiene más profecía histórica que cualquier otro en la Biblia. En el siglo VI a. C., Daniel escribió un libro de historia del Cercano Oriente durante los próximos dos mil años. Daniel pinta la historia de los acontecimientos de los Imperios babilónico, persa, griego y romano tanto a grandes rasgos como con sorprendentes detalles, cientos de años antes de que estos eventos ocurrieran. Todas estas profecías se tratan más a fondo en mi libro *Daniel: Profeta para las naciones.*[43] Hay profecías del reino de Dios en Daniel también (ve el Capítulo Nueve). La profecía mesiánica principal en este libro se encuentra en Daniel 9.

> "Setenta semanas han sido decretadas para que tu pueblo y tu santa ciudad pongan fin a sus transgresiones y pecados, pidan perdón por su maldad, establezcan para siempre la justicia, sellen la visión y la profecía, y consagren el lugar santísimo.
>
> "Entiende bien lo siguiente: Habrá siete semanas desde la promulgación del decreto que ordena la reconstrucción de Jerusalén hasta la llegada del príncipe elegido. Después de eso, habrá sesenta y dos semanas más. Entonces será reconstruida Jerusalén, con sus calles y murallas. Pero cuando los tiempos apremien, después de las sesenta y dos semanas, se le quitará la vida al príncipe elegido. Este se quedará sin ciudad y sin santuario, porque un futuro gobernante los destruirá. El fin vendrá como una inundación, y la destrucción no cesará hasta que termine la guerra. Durante una semana ese gobernante hará un pacto con muchos, pero a media semana pondrá fin a los sacrificios y ofrendas. Sobre una de las alas del templo cometerá horribles sacrilegios, hasta que le sobrevenga el desastroso fin que le ha sido decretado". (Daniel 9:24-27)

Los judíos en el primer siglo eran muy conscientes de que esto era una profecía del Mesías. La palabra "mesías" proviene del hebreo y significa ungido. ¿Podría ser más claro? Las frases, *"pidan perdón por su maldad, establezcan para siempre la justicia, sellen la visión y la profecía, y consagren el lugar santísimo"* tienen la impresión inconfundible de profecía mesiánica.

¿Cuál es el significado de las "setenta semanas"? ¿Son setenta semanas literales? Parece que se refiere a un período de tiempo, pero si uno estuviera leyendo esta profecía antes de su realización, el significado exacto de esta frase sería discutible. En retrospectiva, no puede haber duda de a qué se refiere. Setenta veces siete es cuatrocientos noventa. ¿Son cuatrocientos noventa días? ¿Meses? ¿Años? ¿O se trata de una cierta cantidad de tiempo indeterminada? La historia y la aparición del Mesías en Jerusalén responderán esta pregunta para nosotros. En definitiva, son cuatrocientos noventa años.

La clave para interpretar el calendario de esta profecía se encuentra en el versículo veinticinco. *"desde la promulgación del decreto que ordena la reconstrucción de Jerusalén hasta la llegada del príncipe elegido"* (es decir, el Mesías). Cuando Ciro destruyó el Imperio babilónico en 539 a. C., se puso en marcha el proceso que dio lugar al retorno del pueblo de Dios desde el exilio en Mesopotamia para volver a ocupar la tierra prometida. Todo esto había sido profetizado por Dios. En 730 a. C. aproximadamente, Isaías escribió:

> Así dice el SEÑOR [...]
> "Levantaré a Ciro en justicia;
>   allanaré todos sus caminos.
> Él reconstruirá mi ciudad
>   y pondrá en libertad a mis cautivos". (Isaías 45:11, 13)

Dios había vuelto a hacer hincapié en esta profecía en Jeremías 25:11-12: *"Estas naciones servirán al rey de Babilonia setenta años. Pero, cuando se hayan cumplido los setenta años, yo castigaré por su iniquidad al rey de Babilonia y a aquella nación".*

Después de que el emperador persa Ciro había destruido el poder de Babilonia, hubo más de un decreto para liberar a los judíos, lo que posiblemente podría explicar la profecía de Daniel. No fue el decreto de Ciro en 539 a. C., que se encuentra en Esdras 1:2-4, lo que condujo al primer regreso de los cautivos a Jerusalén. Este decreto autorizó la reconstrucción del templo, no necesariamente la ciudad de Jerusalén. Había otros dos decretos en apoyo de un retorno israelita emitidos por emperadores persas, según lo que conocemos. El primero de ellos se encuentra en Esdras 7:13-26. Fue publicado *"en el mes quinto del séptimo año del reinado de Artajerjes"* (v. 8). Este decreto fue emitido en 458 a. C. Proporcionó grandes fondos para reconstruir la ciudad de Jerusalén. Artajerjes emitió un segundo decreto para Nehemías en el vigésimo año del rey (Nehemías 2:1), lo que sería en 445 a. C. Esta carta, aunque no se registró en Nehemías, apoyó los esfuerzos para completar el muro de la ciudad. El primer decreto para restaurar y reconstruir la ciudad de Jerusalén en realidad fue el emitido en el año 458 a. C. Es más probable que este sea el decreto al que se hace referencia en Daniel 9:25.

Si las setenta "semanas" se refieren a años, entonces, la adición de cuatrocientos noventa años a 458 a. C. daría el año 32 d. C. En realidad, está mal este resultado, ya que no existe el año 0 a. C., así que los cuatrocientos noventa años después del decreto para reconstruir Jerusalén fue el año 33 d. C. Ese es un año muy familiar para cualquiera que conozca la historia de Jesucristo. En realidad, si uno lee Daniel 9:25 con más cuidado, uno puede encontrar la predicción de que el Mesías vendrá a Jerusalén durante la última "semana": *"Habrá siete semanas [...] habrá sesenta y dos semanas más"*. Para ser honesto con el texto, se predice que el Mesías vendrá a Jerusalén para expiar la maldad, establecer para siempre la justicia y consagrar el lugar santísimo entre 26-33 d. C. La fecha más probable para la crucifixión es, en realidad, 29 d. C., en lugar de la tradicional 33 d. C.[44]

En resumen, Daniel no solo predijo que el Mesías traería el perdón de los pecados a Israel, sino también ¡nos dijo cuándo esperar que viniera! No es como si los escritores de los evangelios pudieran haber fingido el cumplimiento de esta profecía de Jesús. La historia nos dice cuándo Poncio Pilato gobernó Judea; y Tácito registró que *"Chrestus"* fue ejecutado en tiempos de Poncio Pilato. ¡Esta es una profecía asombrosa! Piensa, por un momento, sobre las implicaciones. Dios nos dijo el año en que Jesús sería crucificado casi seiscientos años antes de que ocurriera. La muerte de Jesús no fue una idea tardía.

La profecía de Daniel 9 pasa a predecir eventos que ocurrirían en 70 d. C., cuando los ejércitos romanos rodearon Jerusalén, derribaron las murallas, destruyeron la ciudad y quemaron el templo hasta los cimientos, con lo que se puso *"fin a los sacrificios y ofrendas"* (v. 27). Jesucristo también profetizó sobre estos eventos, como se registra en Lucas 21:20-24 y Mateo 24:15-25, pero como esta no es una profecía mesiánica, vamos a seguir adelante.

Miqueas 5:2

Pero de ti, Belén Efrata,
    pequeña entre los clanes de Judá,
    saldrá el que gobernará a Israel;
sus orígenes se remontan hasta la antigüedad,
    hasta tiempos inmemoriales.

Miqueas profetizó a Israel en el siglo VIII a. C. Fue contemporáneo de Isaías. Que esta es una profecía del Mesías es evidente en el texto: *"el que gobernará a Israel; sus orígenes se remontan hasta la antigüedad".* No hay duda de que los judíos en los tiempos de Jesús reconocieron que se trataba de una predicción mesiánica, pues enfrentaban a Jesús con este mismo pasaje diciendo: *"¿Cómo puede el Cristo venir de Galilea? ¿Acaso no dice la Escritura que el Cristo vendrá de la descendencia de David, y de Belén, el pueblo de donde era David?"* (Juan 7:41-42). Aparentemente, la multitud estaba al tanto de Miqueas 5:2, y del hecho de que Jesús era de Galilea (como se requiere por Isaías 9:1), pero no se les informó acerca de dónde nació. También aquí tenemos una profecía específica del Mesías que fue cumplida por Jesús, pero que no estaba en su capacidad (humana) de controlar, y que incluso los historiadores reconocen que es cierto de Jesús. ¿Cuántas personas que andaban por Israel en el momento justo (26-33 d. C.) han nacido en Belén, pero vinieron de Galilea? Probablemente muy pocos. Agrega el requisito de ser un nazareno (retoño), y a lo mejor esto se reduce a exactamente una persona.

A propósito, en realidad había dos pequeñas ciudades en Palestina con el nombre Belén en el momento en que Miqueas escribió. Una de ellas era la ahora famosa Belén, que está a unos pocos kilómetros al sur de Jerusalén. La otra fue en el norte de Israel (Josué 19:15). Jesús nació en la indicada: Belén Efrata.

Zacarías 6:9-13 DHH

> El Señor me dio este mensaje: "Recoge una colecta entre los desterrados que ya han regresado de Babilonia: Heldai, Tobías y Jedaías. Luego, en el mismo día, vete a casa de Josías, hijo de Sofonías. Con la plata y el oro que hayas recogido, haz coronas, y ponle una en la cabeza al sumo sacerdote Josué, hijo de Josadac. Y dile: 'El Señor todopoderoso afirma que el varón llamado Retoño brotará de sus propias raíces y reconstruirá el templo del Señor. Reconstruirá el templo del Señor y recibirá los honores propios de un rey. Se sentará en su trono a gobernar, y al lado de su trono se sentará el sacerdote, y habrá paz entre los dos'".

Esta es una de las profecías menos conocidas del Antiguo Testamento sobre el Mesías. Podemos estar seguros de que se trata de una profecía del salvador de Israel debido a algunos temas ya conocidos en el pasaje. Zacarías menciona que el nombre del hombre que será coronado es "Retoño". También dice que se sentará en su trono a gobernar. Este pasaje, así como Miqueas 5:2 (y

Jeremías 33:14-22), podría ser categorizado como pasaje mesiánico real y davídico, uno que para los judíos resultaban más propenso a ser reconocido como una referencia al Mesías, en contraste con los pasajes sobre el siervo, como Isaías 53.

En esta escritura profética, Dios le dice a Zacarías que ponga una corona en la cabeza del sumo sacerdote Josué, hijo de Josadac. Es una actuación simbólica de la coronación del Mesías como rey. Recuerda que la palabra hebrea para Josué se traduce como *Jeshua* en arameo y *Jesus* en griego. Esta no es la primera vez en Zacarías que Dios usa al sumo sacerdote Josué como un presagio simbólico del Mesías. Zacarías ve al sumo sacerdote Josué en la visión mesiánica representando el papel del salvador de Israel en Zacarías 3:1-4 también.

Tenemos algunos nuevos detalles sobre el Mesías aquí. En primer lugar, va a construir el templo de Jehová. Jesús hizo una declaración similar acerca de sí mismo: *"Destruyan este templo, [...] y lo levantaré de nuevo en tres días"* (Juan 2:19). En esta declaración, Jesús se refería a su propio cuerpo, que era el templo de Dios. También sabemos por nuestro estudio del tabernáculo y el templo en el Capítulo Tres que Jesús restauró el acceso al verdadero templo/ tabernáculo en el cielo a través de su sacrificio en la cruz.

Otra parte importante de esta profecía es que, después de describir al Mesías como un rey, también dice que *"al lado de su trono se sentará el sacerdote"*. Dios le dice a Zacarías que *"habrá paz entre los dos"*. *"Los dos"* son el sacerdocio y la monarquía. Como se ha dicho anteriormente, los judíos tenían tres oficios: sacerdote, profeta y rey. Esta profecía afirma que en el Cristo, sacerdote y rey se reunirán en una sola persona. Para los judíos, la idea de coronar el sumo sacerdote Josué como un rey debe haber sido impactante, pero Dios está tratando de decirnos algo acerca del Mesías. Nunca en la historia de Israel un sacerdote ocupó el trono. Jesús ciertamente cumplió esta profecía como sacerdote *"según el orden de Melquisedec"* (Salmo 110:4), y como rey (Juan 18:37).

Zacarías 9:9-11

> ¡Alégrate mucho, hija de Sión!
> > ¡Grita de alegría, hija de Jerusalén!
> Mira, tu rey viene hacia ti,
> > justo, Salvador y humilde.
> Viene montado en un asno,

> en un pollino, cría de asna. […]
>
> y proclamará paz a las naciones.
> Su dominio se extenderá de mar a mar,
> 　　¡desde el río Éufrates
> hasta los confines de la tierra!
>
> En cuanto a ti,
> 　　por la sangre de mi pacto contigo
> 　　libraré de la cisterna seca a tus cautivos.

Para nosotros en el mundo moderno, el asno no es un símbolo de algo grande; sin embargo, en el antiguo Cercano Oriente, montar sobre un asno a una ciudad en procesión era un símbolo de realeza.[45] De nuevo, tenemos una profecía que es indudablemente mesiánica.

"Y proclamará la paz a las naciones. Su dominio se extenderá de mar a mar [...] ¡hasta los confines de la tierra!". Según el oráculo de Zacarías, el Mesías entrará en Jerusalén montado en un asno. No, esto no es correcto. Él entrará en Jerusalén montado en un pollino, un asno muy joven. Entonces, ¿en un asno o un pollino? Esto es un recordatorio del capítulo 22 de los Salmos, que dice que repartieron y apostaron sobre la ropa del Mesías. ¿Cuál es? ¡Ambos!

Como dijo Jesús: *"Tenía que cumplirse todo lo que está escrito acerca de mí en la ley de Moisés, en los profetas y en los salmos"* (Lucas 24:44). Zacarías 9 no es una excepción. Jesús había estado en Jerusalén muchas veces antes. Sin embargo, porque sabía que *"todavía no ha llegado mi hora"* (Juan 2:4), entró y salió muy silenciosamente. Su última entrada en Jerusalén fue una dramática excepción a esta norma. *"Vayan a la aldea que tienen enfrente, y ahí mismo encontrarán una burra atada, y un burrito con ella. Desátenlos y tráiganmelos. Si alguien les dice algo, respóndanle que el Señor los necesita, pero que ya los devolverá"* (Mateo 21:2-3). ¿Sobre cuál montó Jesús? *"Llevaron la burra y el burrito, y pusieron encima sus mantos, sobre los cuales se sentó Jesús"* (Mateo 21:7). Jesús debió haber montado en la silla de montar, encima del adulto junto con el pollino. Jesús entró en Jerusalén como rey. El Mesías ha llegado, trayendo salvación.

Zacarías 11:10-14

> Tomé mi cayado Gracia y lo quebré para romper el pacto que yo había hecho con todos los pueblos. En aquel mismo día fue roto el pacto; así los afligidos del rebaño que me observaban, conocieron que era la palabra del SEÑOR.

> Y les dije: "Si les parece bien, denme mi paga; y si no, déjenla". Y pesaron como mi salario treinta monedas de plata. Entonces el SEÑOR me dijo: "Arrójalo al alfarero (ese magnífico precio con que me valoraron)". Tomé pues, las treinta monedas de plata y las arrojé al alfarero en la casa del SEÑOR (NBLA).

A alguien se le está pagando treinta monedas de plata aquí. ¿Qué está comprando con este dinero? *"Entonces el Señor me dijo: 'Arrójalo al alfarero (ese magnífico precio con que me valoraron)'".* Alguien vendió a Dios por treinta monedas de plata. La mayoría de nosotros hemos oído historias de una pintura de uno de los maestros, de un valor de muchos millones de dólares, que se vendió por veinte dólares en una venta de garaje, pero esta tiene que ser la venta más tonta de la historia. Esaú vendió su primogenitura a Jacob por un plato de guiso de lentejas (Génesis 25:29-34). Cuando miraba lo que había puesto en papiro, Zacarías debe haber estado realmente desconcertado al imaginar lo que estaba escribiendo. En retrospectiva histórica, sabemos exactamente de qué se trata. ¡Qué profecía tan específica!

> Uno de los doce, el que se llamaba Judas Iscariote, fue a ver a los jefes de los sacerdotes.
> "¿Cuánto me dan, y yo les entrego a Jesús?" les propuso.
> Decidieron pagarle treinta monedas de plata. Y desde entonces Judas buscaba una oportunidad para entregarlo (Mateo 26:14-16).

Zacarías le dio justo al clavo, quinientos cincuenta años antes del evento.[46] ¿Cuáles son las posibilidades de predecir con exactitud que Dios sería vendido, sin importar el precio exacto, cientos de años antes de su cumplimiento? ¿Y quién tendría el valor de poner su predicción por escrito como lo hizo Zacarías? Jesús no pudo haber arreglado el precio de su traición. Una vez más, vemos a Dios usar a los opositores de Jesús para cumplir las profecías del Mesías.

El escéptico podría argumentar que Mateo compuso este detalle sobre el precio para simular que Jesús cumplió esta profecía. Sin embargo, este argumento no se sostiene ante un escrutinio. Si Mateo iba a inventar una historia, ¿por qué incluirá un detalle que cientos de personas —que aún estaban vivas cuando escribió el evangelio— podrían refutar públicamente? Un mentiroso generalmente es impreciso acerca de los detalles.

En Zacarías 11, el que vende a Dios por treinta monedas de plata parece reacio a tomar el dinero: *"Si les parece bien, denme mi paga; y si no, déjenla"*. Luego Zacarías provee un detalle que debe haber sido aún más desconcertante para él cuando lo escribió, aún más que las treinta monedas de plata: *"'Arrójalo al alfarero (ese magnífico precio con que me valoraron)'. Tomé pues, las treinta monedas de plata y las arrojé al alfarero en la casa del Señor"*. El misterio se elimina cuando uno mira lo que le pasó a Judas después de traicionar a Jesús. Tal vez Judas lo había traicionado con el fin de obligarlo a pujar el poder político en Judea. Es difícil creer que lo hizo simplemente por el dinero. Cuando vio que su plan salió mal, y se dio cuenta de que Jesús no se defendería, sino que sería condenado, Judas se sintió embargado por el remordimiento. Había entendido mal a Jesús todo el tiempo. Cuando Judas trató de devolver el dinero a los jefes de los sacerdotes, estos se negaron a aceptarlo, así que arrojó el dinero en el templo, la casa de Jehová, exactamente como Zacarías había profetizado. Esta no es la primera vez que vemos a personajes protagonizando una obra de teatro en un escenario divino sin siquiera saber que están actuando un guion escrito por Dios.

> Los jefes de los sacerdotes recogieron las monedas y dijeron: "La ley no permite echar esto al tesoro, porque es precio de sangre". Así que resolvieron comprar con ese dinero un terreno conocido como Campo del Alfarero, para sepultar allí a los extranjeros. (Mateo 27:6-7)

Cuando Mateo incluyó el pequeño detalle sobre el terreno "conocido como" Campo del Alfarero, es como si estuviera diciendo: "Si tienes alguna duda al respecto, simplemente ve a preguntar a los jefes de los sacerdotes en Jerusalén, que te dirán todo".

No olvidemos el punto principal aquí. La muerte de Jesús en la cruz no fue un accidente. Profecías tales como Zacarías 11:10-14 proporcionan una gran evidencia de la inspiración de la Biblia, que es un gran edificador de fe. Aún más significativamente, este pasaje muestra que Dios planeó todo el tiempo enviar a su Hijo para ser traicionado, sufrir y morir para que cada persona pueda tener acceso al perdón de los pecados y a la vida eterna.

Zacarías 12:10

> "Sobre la casa real de David y los habitantes de Jerusalén derramaré un espíritu de gracia y de súplica, y entonces pondrán sus ojos en mí. Harán lamentación por el que traspasaron, como quien hace lamentación por su hijo único; llorarán amargamente, como quien llora por su primogénito".

Las palabras *"derramaré"* y *"pondrán sus ojos en mí [...] el que traspasaron"* indican que se trata de una profecía mesiánica, como el uso de "mi" muestra que el pasaje se refiere a la deidad siendo traspasada.

Zacarías profetizó que el Mesías iba a derramar gracia sobre los habitantes de Jerusalén. El apóstol Juan describe a Jesús como el *"Hijo unigénito del Padre, lleno de gracia y de verdad"* (Juan 1:14). Jesús ciertamente derramó gracia sobre los habitantes de la Jerusalén espiritual: los salvados bajo el nuevo pacto.

Ya hemos visto en nuestro estudio de Isaías 53 que *"el que traspasaron"* es una profecía de la lanza que fue clavada en el costado de Jesús después de su muerte y mientras siempre estaba en la cruz. Zacarías añade un detalle a Isaías. Nota que las palabras están en plural en las frases *"pondrán sus ojos en mí"* y *"traspasaron"*. Esta es una referencia a cualquiera que reconozca que su pecado es responsable de la muerte de Jesús. En el primer sermón del evangelio registrado, Pedro señaló a la multitud que *"a este Jesús, a quien ustedes crucificaron, Dios lo ha hecho Señor y Mesías"* (Hechos 2:36). La profecía de Zacarías de que el pueblo lloraría profundamente por el que fue traspasado se cumplió, tanto en el intenso duelo de los testigos a los pies de la cruz como en la respuesta de la gente al anuncio de Pedro de que habían matado al Mesías: *"Cuando oyeron esto, todos se sintieron profundamente conmovidos"* (Hechos 2:37). Apocalipsis 1:7 nos recuerda Zacarías 12:10:

> ¡Miren que viene en las nubes!
>> Y todos lo verán con sus propios ojos,
>> incluso quienes lo traspasaron;
> y por él harán lamentación
>> todos los pueblos de la tierra.

Zacarías 13:7

> "¡Despierta, espada, contra mi pastor,
>> contra el hombre en quien confío!"
>> afirma el Señor Todopoderoso.
> "Hiere al pastor
>> para que se dispersen las ovejas
>> y vuelva yo mi mano contra los corderitos".

En el momento de su mayor necesidad personal, Jesús fue abandonado por sus amigos más cercanos en el mundo. Estos fueron los mismos hombres por los que había derramado su vida. Esa misma noche les había lavado humildemente sus pies. Sin embargo, cuando les pidió que se quedaran despiertos con él mientras oraba en el jardín durante la noche en que fue entregado, se durmieron. *"¡Despierta, espada, contra mi pastor!"*. Esta es una referencia profética a la guardia del templo judío que llegó con las espadas desenvainadas para arrestar a Jesús. ¿Qué hicieron las ovejas (los apóstoles) cuando fue herido su pastor? A pesar de que esa misma noche declararon que nunca abandonarían a su líder, todos los discípulos huyeron para evitar ser arrestados. *"Entonces todos lo abandonaron y huyeron"* (Marcos 14:50).

Jesús era obviamente muy consciente de este pasaje de Zacarías. Apenas unas horas antes, él les dijo que lo abandonarían esa misma noche. Jesús conocía su destino desde el principio, pero nunca vaciló. El siervo sufriente de Isaías 53 estaba a punto de comenzar su hora de mayor prueba en la mayor soledad.

CONCLUSIÓN

Cuando se tiene en cuenta las profecías mesiánicas históricas en el Antiguo Testamento, una cosa es muy clara. La muerte de Jesús no fue una decisión espontánea. Dios la había planeado desde el principio para permitir que su Hijo sufriera y fuera muerto a manos de aquellos por quienes había venido a morir. Dios dejó esta verdad muy clara en el Antiguo Testamento, por lo que no debería sorprendernos. La afirmación de Jesús de que todo el Antiguo Testamento fue escrito sobre él ha sido demostrada por la evidencia. Jesucristo es el Mesías, enviado por Dios al mundo para salvar a los pecadores. Él es el hombre. ¿Cómo podemos estar seguros? Según el Antiguo Testamento, el Mesías:

- Nacería en Belén Efrata,
- Provendría de Galilea, en la región de Zabulón y Neftalí,
- Vendría a Jerusalén para traer la salvación cerca del año 33,
- Sería despreciado y rechazado por las personas,
- Permanecería en silencio cuando fuera acusado, incluso bajo amenaza de muerte,
- Sería traspasado,

- Sería crucificado,
- Serían sus ropas repartidas y se apostaría sobre ellas,
- Sería vendido por 30 monedas de plata,
- Entraría en Jerusalén en un burro y su pollino,
- Sería abandonado por sus seguidores,

Y lo más difícil de todo:

- Sería resucitado de la tumba.

¿Algún hombre que haya vivido ha experimentado más de, digamos, tres de estas cosas? ¿Existe la más mínima posibilidad de que la Biblia no es inspirada por Dios? ¿Tienen los no creyentes una respuesta a este desafío? Por supuesto que no.

Esto edifica la fe, pero no olvidemos el punto principal: Dios envió a su Hijo, Jesucristo, a morir por los pecados de todo el mundo. El mensaje del Antiguo Testamento es que el Mesías ha de venir, trayendo salvación. En las palabras del apóstol Pablo en 2 Corintios 6:2: *"Les digo que este es el momento propicio de Dios; ¡hoy es el día de salvación!"*. O como Pedro lo puso en 2 Pedro 1:19: *"Esto ha venido a confirmarnos la palabra de los profetas, a la cual ustedes hacen bien en prestar atención"*.

Notas ____

31. Este resumen de la obra del Mesías se toma de Phillip Lester, "The Jewish Messiah: Jesus, Judaism and Messianic Prophecy" (el Mesías judío: Jesús, el judaísmo la profecía mesiánica) (no publicado, PPLester@aol.com).

32. John M. Oakes, *Razones para creer* (disponible de www.ipibooks.com), Capítulo 4.

33. Ve *Razones para creer* para referencias específicas a Tácito, Plinio, Josefo y el Talmud.

34. El historiador judío Josefo describe el martirio del apóstol Santiago en *Antigüedades*, xx.9.1. El historiador de la iglesia del siglo IV Eusebio afirmó que todos los apóstoles excepto Juan fueron martirizados, con todos los detalles de distinto grado de certidumbre para apoyar la afirmación.

35. Tárgum Neofiti, 3:14b-15, que dice: "Pero cuando abandonen los preceptos de la ley, apuntarás y morderás el talón y lo enfermarás. Para sus hijos, sin embargo, habrá un remedio, pero para ti, oh serpiente, no habrá remedio, ya que deben hacer el apaciguamiento al final, en el día del Rey Mesías" (según la traducción de M. McNamara, *Tárgum Neofiti 1: Genesis, The Aramaic Bible* 1A [Tárgum Neofiti 1: Génesis, la Biblia arameo 1A] [Edimburgo: T.T. and Clark, 1992], 61).

36. Antíoco Epífanes fue el rey griego que profanó el templo en el año 167 a. C., al sacrificar un cerdo en el Lugar Santísimo. Para más detalles sobre esto, ve John M. Oakes, *Daniel:*

Profeta para las naciones (disponible de www.ipibooks.com), especialmente su tratamiento de Daniel capítulos 7 y 11.

37. Josefo, *Antigüedades*, xviii.3.3, Talmud de Babilonia, Sanedrín, 43a.

38. Los ejemplos se encuentran en Barry Rubin, *You Bring the Bagels, I'll Bring the Gospel* (tráete los *bagel*, traigo el evangelio) (Baltimore, Maryland: Lederer, 1997), pp. 73-79.

39. Durante muchos años, los escépticos se burlaron de la historia relatada en Mateo acerca de José y María teniendo que viajar a su hogar ancestral para registrarse en un censo. Los escépticos dijeron que, en primer lugar, no había evidencia de que Augusto llamó a un censo general, y, en segundo lugar, incluso si lo hubiera hecho, la idea de que la gente viajara grandes distancias para ser contada no tenía precedentes antiguos. El escepticismo se mostró tal cual es, cuando se encontró una inscripción en Egipto que menciona un censo llamado por Augusto en 8 a. C., el cual específica que todos los pueblos tenían que regresar a sus pueblos nativos para registrarse.

40. Desde el *Baraila Talmud*, Babilonia Sanedrín 43a.

41. Un ejemplo de una escritura judía que identifica esta sección de Isaías como mesiánica está en el Talmud, 14a Sota, que describe al siervo sufriente como el cumplimiento de la segunda profecía de Moisés en Deuteronomio 18:15-19.

42. La ciencia médica moderna interpretaría el flujo de sangre y "agua" como una indicación de que Jesús ya había muerto, dado que la sangre y el suero se separan poco después de la muerte.

43. John M. Oakes, *Daniel: Profeta para las naciones* (disponible de www.ipibooks.com).

44. Ve *Daniel: Profeta para las naciones.*

45. Ve 1 Reyes 1:33.

46. Zacarías 1:1 indica que la fecha de las visiones que recibió de Dios es el segundo año del reinado de Darío, rey de Persia, que sería 520 a. C.

CAPÍTULO NUEVE

Las profecías del Antiguo Testamento anuncian la venida del reino de Dios

"En los días de estos reyes (es decir, durante el Imperio romano) el Dios del cielo establecerá un reino que jamás será destruido ni entregado a otro pueblo, sino que permanecerá para siempre y hará pedazos a todos estos reinos".

Daniel 2:44

Ya hemos visto muchas profecías que describen al Mesías como un rey. Tener el título de rey no es tan impresionante a menos que uno tenga un reino y súbditos sobre los que gobernar. Cuando Jesús entró en Jerusalén en un burro, estaba anunciando la venida de un rey y el nacimiento de un reino. Cuando Pilato le preguntó si era rey, Jesús respondió: *"Mi reino no es de este mundo"*. Entonces, ¿cómo será el reino gobernado por el Mesías? Para responder a esta pregunta, no es necesario mirar más allá del Antiguo Testamento. Allí se encuentran una serie de profecías sobre el reino mesiánico de Dios. El Antiguo Testamento tiene profecías que describen la "constitución" de este reino, así como su crecimiento y la extensión de su dominio. También hay profecías sobre el poder de este reino y sus "relaciones exteriores", así como la relación entre el rey y sus súbditos.

En el capítulo anterior, vimos profecías mesiánicas relacionadas con la naturaleza general del Mesías, pero también algunas que brindan detalles específicos sobre su vida, como dónde viviría, cuándo vendría a Jerusalén; incluso el precio exacto por el que sería traicionado. Las profecías del reino de Dios en el Antiguo Testamento no son tan detalladas o específicas, porque el reino de Dios es un concepto amplio, en lugar de una entidad limitada por el tiempo y el espacio. Sin embargo, hay una abundancia de pasajes en el Antiguo Testamento sobre la venida del reino de Dios. Jesús expuso sobre el tema cuando apareció por un período de cuarenta días después de su resurrección, durante el cual *"les habló acerca del reino de Dios"* (Hechos 1:3).

UNA VISIÓN BÍBLICA DEL REINO DE DIOS

Antes de examinar algunas de las descripciones proféticas del reino de Dios en el Antiguo Testamento, será útil establecer una definición bíblica de este reino. Algunos dirían que el reino de Dios es la iglesia de Jesucristo en la tierra. Otros dirían que el reino de Dios es el cielo. En verdad, el reino de Dios se expresa de diferentes maneras en diferentes momentos. En términos más amplios, el reino de Dios es cualquier persona o cualquier lugar sobre el cual Dios gobierna.

Ciertamente, los judíos bajo el pacto mosaico se veían a sí mismos como el reino de Dios. Una de las razones por las que Dios no quería que Israel tuviera un rey humano es que quería ser rey sobre su pueblo, uno sin rival. Cuando se le invitó a ser rey de las tribus de Israel, Gedeón respondió: *"Yo no los gobernaré, ni tampoco mi hijo. Solo el Señor los gobernará"* (Jueces 8:23). Samuel amonestó a Israel: *"Cuando ustedes vieron que Najás, rey de los amonitas, los amenazaba, me dijeron: '¡No! ¡Queremos que nos gobierne un rey!' Y esto, a pesar de que el Señor su Dios es el rey de ustedes"* (1 Samuel 12:12). El rey más grande de Israel, David, reconoció que Dios era el verdadero rey de Israel: *"Tuyo también es el reino, y tú estás por encima de todo"* (1 Crónicas 29:11). Jesús reconoció que sus compañeros judíos eran parte del reino de Dios en Mateo 8:12. Entonces Israel, y luego Judá, fue una manifestación del reino de Dios en la tierra en ese momento.

Sin embargo, el pueblo de Dios no fue fiel, y Dios todo el tiempo tenía la intención de establecer un reino espiritual que incluyera tanto judíos como gentiles. Ese es el punto de este capítulo. Veremos muchas profecías de este reino. El reino espiritual en la tierra que reemplazó al reino de Israel es la iglesia. De hecho, el reino físico de Israel fue un presagio del reino espiritual de Dios: la iglesia de Jesucristo. Varios pasajes del Nuevo Testamento parecen equiparar el reino de Dios con la iglesia, el cuerpo de Cristo. Un ejemplo es Mateo 16:18-19, donde Jesús conecta explícitamente los dos. Pero debemos ser conscientes de que, si bien la iglesia por la que Jesús murió puede ser el reino de Dios, el reino es algo más grande que eso, porque mientras Jesús reina sobre su iglesia, también reina en el cielo. Para usar una descripción simple, la iglesia es "parte" del reino de Dios. Entonces la iglesia es el reino de Dios, pero seguramente la mayor expresión del reino es el cielo mismo. En el cielo, Dios reina con Jesús a su diestra. Como dijo Jesús: "Entonces dirá el Rey a los que estén a su derecha: *'Vengan ustedes, a quienes mi Padre ha bendecido; reciban su herencia, el reino preparado para ustedes desde la creación del mundo'"* (Mateo 25:34). El libro de Apocalipsis está repleto de escenas reales en el cielo, como Apocalipsis capítulo cuatro: *"Al instante vino sobre mí el Espíritu y vi un trono en el cielo, y a alguien sentado en el trono. [...] Rodeaban al trono otros veinticuatro tronos, en los que estaban sentados veinticuatro ancianos vestidos de blanco y con una corona de oro en la cabeza. [...] En el centro, alrededor del trono, había cuatro seres vivientes cubiertos de ojos por delante y por detrás [...] Los veinticuatro ancianos se postraban ante él y adoraban al que vive por los siglos de los siglos. Y deponían sus coronas delante del trono"* (Apocalipsis 4:2, 4, 6, 10). Para resumir, en orden ascendente, el Israel físico como reino es un presagio del Israel espiritual, la iglesia; mientras que la iglesia como reino es un presagio del reino de Dios en el cielo.

Más evidencia de la naturaleza paralela y complementaria de los diferentes aspectos del reino de Dios se encuentra en el uso del número doce en la Biblia. El reino físico de Israel se dividió en doce tribus. Jesús eligió a doce apóstoles que tenían autoridad espiritual especial en el reino espiritual de Dios en la tierra. El paralelo se lleva al futuro reino de Dios en Apocalipsis 21:12-14:

> Tenía (la nueva Jerusalén) una muralla grande y alta, y doce puertas custodiadas por doce ángeles, en las que estaban escritos los nombres de las doce tribus de Israel. Tres puertas daban al este, tres al norte, tres al sur y tres al oeste. La muralla de la ciudad tenía doce cimientos, en los que estaban los nombres de los doce apóstoles del Cordero.

Doce es el número asociado con el reino de Dios en sus tres manifestaciones más evidentes. La escena del trono en el cielo en

Apocalipsis 4 muestra a veinticuatro ancianos que depositan sus coronas ante el trono de Dios, declarando que él es digno de recibir gloria, honor y poder. Los veinticuatro ancianos en esta escena pueden representar las doce tribus y los doce apóstoles. Santiago no estaba cometiendo un error cuando escribió su carta a la iglesia en su conjunto, describiéndolas como *"las doce tribus que se hallan dispersas por el mundo"* (Santiago 1:1).

Se podría decir mucho más sobre el reino de Dios.[47] La tierra misma, con toda su flora y fauna, es parte del reino de Dios.[47] El reino es el gobierno de Dios sobre cualquiera que lo tome como Rey. Con este amplio entendimiento, limitaremos nuestro enfoque en este capítulo a las profecías del Antiguo Testamento que se refieren al reino tal como se manifiesta en la iglesia. Es posible que los pasajes que examinemos referidos a la iglesia no siempre sean completamente claros. Algunas profecías del reino pueden referirse principalmente a la iglesia, pero también contienen alguna referencia al Israel físico. Otras serán predicciones de la iglesia, pero tendrán connotaciones proféticas referidas al cielo.

Ya hemos visto este fenómeno donde la profecía tiene una doble referencia. Un ejemplo de ello es 2 Samuel 7:11-12, en el que se encuentra una profecía dual del reinado de Salomón sobre el Israel físico y del reinado del Mesías sobre el Israel espiritual. Un ejemplo de un pasaje profético que parece ir y venir entre la referencia a la iglesia como un reino y al cielo es la extensa profecía dada por Jesús en Mateo 24:1-25:13. En ella, Jesús pasa de predecir la destrucción de Jerusalén en el año 70 d. C. para describir su regreso al llamado de la trompeta de Dios al final de los días sin proporcionar una transición clara. En la profecía de Jesús, a veces es difícil estar seguro si está describiendo la destrucción de Jerusalén o su segunda venida.

Ahora que tenemos una definición práctica del reino de Dios, veremos varias de las profecías del reino del Antiguo Testamento. No todos estos versículos incluirán realmente la palabra "reino", pero todos se referirán a una nueva dispensación que se ofrecerá a la humanidad en algún momento en el futuro. En el estudio de las profecías mesiánicas en el capítulo anterior, abordamos desde el principio hasta el final del Antiguo Testamento. En este tratado, las profecías del reino se dividirán según el tema.

PROFECÍAS DEL REINO DE DIOS

Cualidad profetizada del reino de Dios	Profecías del Antiguo Testamento [y su cumplimiento en el Nuevo]
El establecimiento del reino	Jeremías 31:31-34 [Hebreos 9:15] Ezequiel 36:24-27 [Juan 16:13-15; Hechos 2:39]
¿Quién será rey?	Ezequiel 34:23-24 [Juan 10:14; Efesios 1:22-23] Oseas 3:5; Joel 2:28-32 [Hechos 2:16-21] Zacarías 13:1-2
El alcance del reino de Dios	Isaías 49:6, Isaías 42:6, 2:2-4, Isaías 54:1 [Gálatas 4:26-28] Ezequiel 17:22–24; Zacarías 2:10-11
Relaciones entre el rey y los súbditos	Éxodo 19:5-6 [1 Pedro 2:9; 1 Timoteo 2:5] Ezequiel 37:24-28 [2 Corintios 6:16] Ezequiel 11:19-20; Oseas 1:10-11, 2:23 [Romanos 9:25-26]
Relaciones entre los súbditos en el reino de Dios	Isaías 11:6-10 [Gálatas 3:26-28]
Persecución del reino de Dios	Daniel 7:7-8, Daniel 7:19-25
La potencia y resistencia del reino de Dios	Daniel 7:26-27; Amós 9:11; 2 Samuel 7:12-14; Daniel 2:44

EL ESTABLECIMIENTO DEL REINO DE DIOS

Comencemos por mirar pasajes que predicen el establecimiento de un nuevo pacto para el reino de Dios. El más conocido de ellos es Jeremías 31:31-34:

> "Vienen días", afirma el SEÑOR, "en que haré un nuevo pacto con el pueblo de Israel y con la tribu de Judá. No será un pacto como el que hice con sus antepasados el día en que los tomé de la mano y los saqué de Egipto, ya que ellos lo quebrantaron a pesar de que yo era su esposo", afirma el SEÑOR.
>
> "Este es el pacto que después de aquel tiempo haré con el pueblo de Israel", afirma el SEÑOR: "Pondré mi ley en su mente, y la escribiré en su corazón. Yo seré su Dios, y ellos serán mi pueblo. Ya no tendrá nadie que enseñar a su prójimo, ni dirá nadie a su hermano: '¡Conoce al SEÑOR!', porque todos, desde el más pequeño hasta el más grande, me conocerán", afirma el SEÑOR. "Yo les perdonaré su iniquidad, y nunca más me acordaré de sus pecados".

¡Esta es una maravillosa profecía! Podría servir como una declaración resumida de lo que trata todo este libro. En este pasaje, Dios le dice a su pueblo que establecerá un nuevo pacto en el futuro.[48] Será muy diferente del que les dio en el monte Sinaí después de que salieron de Egipto. Este nuevo pacto se basará en una relación personal con Dios, y no en la obediencia a un conjunto de leyes. A las personas que nacieron en el primer pacto se les tuvo que enseñar a conocer acerca de Dios porque nacieron como infantes en Israel, pero todas las personas en el nuevo pacto lo conocerán desde el principio. En el antiguo pacto, algunos, como los sacerdotes, conocían a Dios más íntimamente que otros, pero ese no será el caso en el nuevo pacto. Todos conocerán a Dios y todos serán perdonados de sus pecados.

Los judíos que leyeron Jeremías deben haber encontrado que esta descripción de un pacto futuro era muy diferente de su propia experiencia. A los judíos, Dios los amaba, pero a la distancia. Los no del linaje aarónico no tenían acceso al Lugar Santísimo. Dios les había ordenado, a través de Moisés (Deuteronomio 6:6-9), enseñar a sus hijos cuidadosamente acerca de él; pero en este nuevo pacto, todos estarán cerca de Dios, y todos nacerán (de nuevo) sabiendo ya de él. La iglesia, el reino de Dios, es el lugar donde esta profecía del nuevo pacto encuentra su cumplimiento. *"Por eso Cristo es mediador de un nuevo pacto, para que los llamados reciban la herencia eterna prometida, ahora que ha muerto en rescate para liberarlos de los pecados cometidos bajo el primer pacto"* (Hebreos 9:15). Gálatas 4:9 describe a los que están en Cristo como aquellos que conocen a Dios o, más bien, que son conocidos por él.

Otro pasaje que profetiza la llegada de una nueva relación con Dios es Ezequiel 36:24-27:

> Los sacaré de entre las naciones, los reuniré de entre todos los pueblos, y los haré regresar a su propia tierra. Los rociaré con agua pura, y quedarán purificados. Los limpiaré de todas sus impurezas e idolatrías. Les daré un nuevo corazón, y les infundiré un espíritu nuevo; les quitaré ese corazón de piedra que ahora tienen, y les pondré un corazón de carne. Infundiré mi Espíritu en ustedes, y haré que sigan mis preceptos y obedezcan mis leyes.

El versículo 24 es una referencia al regreso de los judíos a la tierra prometida después de su cautiverio en Babilonia. Pero, como veremos, Dios también usó el regreso de los judíos de la diáspora a Jerusalén como una prefigura de la llegada de gentiles de todas las naciones al reino de Dios. Cuando Ezequiel continúa describiendo que fueron rociados con agua limpia y que se les dio un corazón y un espíritu nuevo, definitivamente no está hablando de nada de lo que Dios prometió bajo el pacto en el Sinaí.

Jesús anunció el cumplimiento inminente de esta profecía (y de Jeremías 31:31-34) en Juan 16:13-15:

> "Pero, cuando venga el Espíritu de la verdad, él los guiará a toda la verdad, porque no hablará por su propia cuenta, sino que dirá solo lo que oiga y les anunciará las cosas por venir. Él me glorificará porque tomará de lo mío y se lo dará a conocer a ustedes. Todo cuanto tiene el Padre es mío. Por eso les dije que el Espíritu tomará de lo mío y se lo dará a conocer a ustedes".

El don del Espíritu Santo prometido a todos los que creen en Jesús fue predicho por Cristo y anunciado por Pedro el siguiente Pentecostés en Hechos 2:38: *"Arrepiéntase y bautícese cada uno de ustedes en el nombre de Jesucristo para perdón de sus pecados, [...] y recibirán el don del Espíritu Santo"*. Nota que la declaración de Pedro incluye el agua (bautismo), el perdón de los pecados y la recepción del Espíritu Santo, todo lo cual fue predicho por Ezequiel.

Para resumir la enseñanza que se encuentra en Juan 16:13-15 y Hechos 2:38 (así como en Jeremías 31 y Ezequiel 36), uno entra en esta nueva manifestación del reino de Dios al arrepentirse de los pecados y ser bautizado. En ese momento, uno es perdonado de los pecados y recibe el don del Espíritu Santo que ayuda al creyente a conocer a Dios, a tener un corazón para él y a vencer el pecado en su vida.

¿QUIÉN SERÁ REY?

Habrá un nuevo reino, pero ¿quién será el rey? El Antiguo Testamento da esta respuesta en Ezequiel 34:23-24:

> Entonces les daré un pastor, mi siervo David, que las apacentará y será su único pastor. Yo, el SEÑOR, seré su Dios, y mi siervo David será su príncipe. Yo, el SEÑOR, lo he dicho.

A los que Dios enviará un pastor son el pueblo de Dios. Los judíos de la época de Jesús no tendrían ningún problema para comprender esta profecía. El Mesías estará sobre el reino de Dios en algún momento en el futuro (para ellos). El texto judío la Mishná identifica este pasaje como una referencia al reino mesiánico.[49] Jesús, el Hijo de David, quien también fue llamado *"el buen pastor"* (Juan 10:14) gobernará como rey (príncipe en este pasaje) sobre su pueblo. Este es el punto de vista del Nuevo Testamento sobre la relación entre la iglesia y Jesucristo. *"Dios sometió todas las cosas al dominio de Cristo, y lo dio como cabeza de todo a la iglesia. Esta, que es su cuerpo, es la plenitud de aquel que lo llena todo por completo"* (Efesios 1:22-23).

Otro pasaje que identifica proféticamente al que estará sobre el reino es Oseas 3:5: *"Pero después los israelitas buscarán nuevamente al Señor su Dios, y a David su rey. En los últimos días acudirán con temor reverente al Señor y a sus bondades"*.

Por supuesto, David murió mucho antes de que Oseas escribiera su libro. Sus lectores sabían que estaba hablando del Hijo de David, el Mesías. Jesús es el Hijo de David, tanto físicamente, siendo un descendiente directo del antiguo rey David, como un antitipo espiritual, siendo el rey del reino espiritual de Dios.

LA VENIDA DEL REINO DE DIOS

La mayoría de las personas se convierten en súbditos de un reino físico por haber nacido de uno de los súbditos del rey, o bien, por vivir en un territorio conquistado por otro gobernante. ¿Cómo se convertirá uno en súbdito de lo que sería, para los judíos, el futuro reino de Dios? ¿Y cómo empezará este reino? Ya hemos visto que *shavuot,* la fiesta de Pentecostés, es un presagio del Antiguo Testamento de la venida del reino de Dios. Veamos dos profecías específicas cumplidas en el primer Pentecostés después de que Jesús fue crucificado.

> "Después de esto,
>> derramaré mi Espíritu sobre todo el género humano.
> Los hijos y las hijas de ustedes profetizarán,
>> tendrán sueños los ancianos y visiones los jóvenes.
> En esos días derramaré mi Espíritu
>> aun sobre los siervos y las siervas.
> En el cielo y en la tierra mostraré prodigios:
>> sangre, fuego y columnas de humo.
> El sol se convertirá en tinieblas
>> y la luna en sangre
> antes que llegue el día del SEÑOR,
>> día grande y terrible.
> Y todo el que invoque el nombre del SEÑOR
>> escapará con vida,
> porque en el monte Sión y en Jerusalén
>> habrá escapatoria, como lo ha dicho el SEÑOR.
> Y entre los sobrevivientes
>> estarán los llamados del SEÑOR". (Joel 2:28-32)

Pedro citó este pasaje como parte del primer sermón del evangelio predicado el día de Pentecostés. Como Jesús había dicho (Hechos 1:5, 8), y como Joel profetizó, la venida de la nueva dispensación estaría acompañada por un derramamiento del Espíritu Santo y por señales milagrosas. El pasaje de Joel usa un lenguaje apocalíptico, que incluye imágenes dramáticas que no deben tomarse literalmente (la luna se convierte en sangre, etc.). Esta profecía se cumplió en gran manera cuando el Espíritu se derramó sobre los apóstoles aquel día, provocando un gran viento y produciendo lenguas de fuego. A los apóstoles también se les dio la habilidad milagrosa de hablar en muchos idiomas. Refiriéndose a los milagros, Pedro dijo: *"En realidad lo que pasa es lo que anunció el profeta Joel"* (Hechos 2:16).

Esta profecía en Joel no solo anuncia un gran derramamiento del Espíritu Santo, sino que también predice la llegada de la salvación que estará disponible para todas las personas: *"Todo el que invoque el nombre del Señor escapará con vida"*. Al final de su gran sermón, Pedro anunció públicamente por primera vez la salvación en el nombre de Jesucristo *"para todos los extranjeros, es decir, para todos aquellos a quienes el Señor nuestro Dios quiera llamar"* (Hechos 2:39). Por supuesto, como lo profetizó Joel, este gran derramamiento del Espíritu se produjo en el monte Sión, en Jerusalén.

Una segunda profecía de la venida de la nueva dispensación de Dios se encuentra en Zacarías 13:1-2.

> "En aquel día se abrirá una fuente para lavar del pecado y de la impureza a la casa real de David y a los habitantes de Jerusalén.
>
> "En aquel día arrancaré del país los nombres de los ídolos, y nunca más volverán a ser invocados", afirma el SEÑOR Todopoderoso. "También eliminaré del país a los profetas y la impureza que los inspira".

El tiempo de la llegada de este nuevo camino de salvación se llama en las Escrituras hebreas *"los últimos días"* (Isaías 2:2) o *"aquel día"* (Zacarías 13:1; Isaías 22:20; Oseas 2:16, 18; Amós 9:11; Miqueas 4:6; Zacarías 3:10). Una vez más, tenemos aquí una profecía de que llegará un día en el que habrá una nueva forma de recibir la limpieza del pecado. Como en el pasaje de Joel, esto comenzará con los habitantes de Jerusalén. La fuente a la que se refiere Zacarías 13:1 es una corriente continua de agua purificadora, una referencia al agua purificadora del bautismo, como lo anunció Pedro el día de Pentecostés cuando declaró la disponibilidad del perdón de los pecados para aquellos que se arrepientan y sean bautizados; para todos los que el Señor nuestro Dios llame (parafraseando Hechos 2:38-39).

EL ALCANCE DEL REINO DE DIOS

Un aspecto del futuro reino de Dios que fue profetizado a los judíos involucraba la extensión de sus "fronteras". El testimonio unánime de estas muchas profecías es que, con el advenimiento del reino mesiánico de Dios en la tierra, todas las naciones y pueblos serán bienvenidos en esta nueva dispensación de la voluntad de Dios. Hay muchas más profecías de este aspecto del reino de Dios que de cualquier otro. Los judíos eran muy conscientes de ser el pueblo elegido de Dios y, en general, eran celosos de mantener para ellos solos las bendiciones de Dios. A lo largo de su historia, los judíos se mostraron reacios a admitir a los extranjeros, pensando en todos los demás pueblos como "no el pueblo de Dios". Un buen ejemplo de esto se encuentra en Jonás. Dios le ordenó a Jonás que fuera a Nínive a predicar el arrepentimiento. Desde una perspectiva humana, uno puede entender por qué Jonás se mostraría reacio a predicar en Nínive, porque era la capital de Asiria, el poder que en ese momento amenazaba la independencia del reino del norte. Cuando, bajo presión, Jonás finalmente fue y predicó el arrepentimiento a los ninivitas, parece que se olvidó de incluir en su predicación la posibilidad de ser salvos de la ira de Dios si se arrepentían. Cuando el rey de Nínive y su pueblo se arrepintieron, ayunando y vistiendo cilicio, Dios cambió de parecer y no llevó a cabo la destrucción de su ciudad. En lugar de regocijarse por la misericordia de Dios, Jonás hizo una rabieta, diciéndole a Dios que esa era la razón por la que no quería ir allí en primer lugar. Lo último que quería Jonás era que Dios ofreciera arrepentimiento y perdón a los gentiles.

La historia de Jonás es una prefigura histórica de la oferta de arrepentimiento a los gentiles bajo Jesús. Examinemos algunas de las profecías que anuncian este asombroso desarrollo.

> "No es gran cosa que seas mi siervo,
> ni que restaures a las tribus de Jacob,
> ni que hagas volver a los de Israel,
> a quienes he preservado.
> Yo te pongo ahora como luz para las naciones,
> a fin de que lleves mi salvación
> hasta los confines de la tierra". (Isaías 49:6)

> "Yo, el SEÑOR, te he llamado en justicia;
> te he tomado de la mano.
> Yo te formé, yo te constituí
> como pacto para el pueblo,
> como luz para las naciones". (Isaías 42:6)

Dios le dice a su pueblo en estos pasajes que el Mesías restaurará la fortuna (espiritual) de Israel, del pueblo judío, pero que también será una luz para los gentiles, llevando la salvación *"hasta los confines de la tierra"*. Esto debe haber sido una sorpresa para quienes escucharon la predicación de Isaías. Esta no es la primera vez que Isaías menciona en su libro la oferta de salvación para las naciones, ni la última.

> En los últimos días,
> > el monte de la casa del SEÑOR será establecido
> > como el más alto de los montes;
> se alzará por encima de las colinas,
> > y hacia él confluirán todas las naciones.
> Muchos pueblos vendrán y dirán:
> > "¡Vengan, subamos al monte del SEÑOR,
> > a la casa del Dios de Jacob!,
> para que nos enseñe sus caminos
> > y andemos por sus sendas."
> Porque de Sión saldrá la ley,
> > de Jerusalén, la palabra del SEÑOR.
> Él juzgará entre las naciones
> > y será árbitro de muchos pueblos.
> Convertirán sus espadas en arados
> > y sus lanzas en hoces.
> No levantará espada nación contra nación,
> > y nunca más se adiestrarán para la guerra. (Isaías 2:2-4) [50]

Aquí el profeta predice que la montaña del templo del Señor, símbolo del poder espiritual del reino de Dios, saldrá a todas las naciones en los últimos días. También especifica que el llamado a este nuevo gobierno espiritual comenzará en el monte Sión, en Jerusalén. Fue en el monte Sion, en el recinto del templo, donde Pedro pronunció ese famoso primer sermón público del evangelio en Pentecostés, como se registra en el capítulo dos de Hechos. Poco entendieron Pedro y los otros apóstoles en ese momento la implicación completa del capítulo dos de Isaías. Se requirieron dos visiones y un segundo derramamiento del Espíritu Santo unos años después del evento de Pentecostés (ve el capítulo diez de Hechos) para finalmente convencer a Pedro de que Jesús hablaba en serio acerca de ofrecer la salvación a todas las naciones. Solo entonces la iglesia exclusivamente judía dio la bienvenida a los gentiles al redil.

Isaías profetiza, además, usando imágenes apocalípticas, que en esta nueva Montaña del Señor, las naciones que normalmente solo pensarían en pelear y destruirse unas a otras se unirán en paz. *"Convertirán sus espadas en arados y sus lanzas en hoces"*. Durante los tiempos romanos, e incluso hoy, solo en la iglesia establecida por Jesucristo pueden todas las naciones y pueblos, razas y culturas unirse en una fraternidad armoniosa. ¡Si tan solo esta profecía se aplicara a las naciones físicas de la tierra! Isaías aún no ha terminado de informar al pueblo de Dios que el futuro reino mesiánico no será un club exclusivo:

> "Tú, mujer estéril que nunca has dado a luz,
>   ¡grita de alegría!
> Tú, que nunca tuviste dolores de parto,
>   ¡prorrumpe en canciones y grita con júbilo!
> Porque más hijos que la casada
>   tendrá la desamparada", dice el SEÑOR. (Isaías 54:1)

Pablo cita este pasaje en Gálatas 4:26-28, identificando a los hijos de la que nunca parió —de la mujer desamparada— como los que son salvos bajo el nuevo pacto. En este pasaje, Isaías ve de antemano que los hijos espirituales de Abraham a través de su esposa estéril, Sara —los cristianos gentiles— eventualmente superarán en número a los hijos naturales de Abraham por Agar. Esto es exactamente lo que pasó. Al principio, la iglesia solo ofreció salvación a los judíos, los hijos naturales de Dios bajo el antiguo reino. Una vez que Dios finalmente convenció a Pedro de ofrecer la salvación a los gentiles, fue como un pistoletazo de salida de una carrera. En una generación, especialmente a través del ministerio de Pablo, los seguidores de Jesús superaron en número a los cristianos judíos; un patrón que ha continuado hasta el día de hoy.

Quizás los judíos no entendieron la pista de que se avecinaban nuevos tiempos en el reino de Dios por la predicación de Isaías. Quizás escuchen a Ezequiel:

> Así dice el SEÑOR omnipotente:
>   "De la copa de un cedro tomaré un retoño,
>   de las ramas más altas arrancaré un brote,
>   y lo plantaré sobre un cerro muy elevado.
>   Lo plantaré sobre el cerro

> más alto de Israel,
> para que eche ramas y produzca fruto
> y se convierta en un magnífico cedro.
> Toda clase de aves anidará en él,
> y vivirá a la sombra de sus ramas.
> Y todos los árboles del campo
> sabrán que yo soy el SEÑOR.
> Al árbol grande lo corto,
> y al pequeño lo hago crecer.
> Al árbol verde lo seco,
> y al seco, lo hago florecer.
> Yo, el SEÑOR, lo he dicho,
> y lo cumpliré". (Ezequiel 17:22–24).

Esta es una hermosa imagen que describe el tierno retoño del cedro. Este retoño, por supuesto, es la iglesia, el reino de Dios. Las imágenes probablemente no fueron tan hermosas para aquellos judíos que no aceptaron a Cristo Jesús, quienes vieron que el cedro nuevo superaba al original. En el año 70 d. C., vieron la madera de cedro en el templo literalmente quemada hasta los cimientos. Como profetizó Ezequiel, el pequeño brote se convirtió en un gran árbol y en él anida pájaros de todo tipo. Nuevamente en este pasaje de las Escrituras, tenemos una relación con Dios que se ofrece a todas las naciones.[51]

Para aclarar su punto, Dios también habló a su pueblo a través de los profetas "menores" con respecto a una futura incorporación de las naciones. Por ejemplo, considera Zacarías 2:10-11: [52]

> "¡Grita de alegría, hija de Sión!
> ¡Yo vengo a habitar en medio de ti!", afirma el SEÑOR.
> "En aquel día, muchas naciones se unirán al SEÑOR.
> Ellas serán mi pueblo, y yo habitaré entre ellas".

Este pasaje resume los demás. En "aquel día", es decir, Dios establecerá un reino el que comenzaría con el evento de Pentecostés. Los súbditos de este reino se unirán (reconciliarán con) Dios a través de Jesucristo. Dios, el Espíritu Santo, vivirá en todos los que están en Cristo. Lo asombroso, al menos para los judíos, es que esta oferta estará disponible para todas las naciones. ¡Que esta visión llegue a su cumplimiento final!

RELACIONES ENTRE EL REY Y LOS SÚBDITOS

Ya tenemos algunas pistas, pero ¿cómo será la naturaleza de la relación entre el rey y sus súbditos en el reino espiritual de Dios? El Antiguo Testamento nos da perspectivas.

El primer indicio profético de un nuevo tipo de relación entre el rey y sus súbditos se encuentra en el libro de Éxodo:

> "Si ahora ustedes me son del todo obedientes,
>   y cumplen mi pacto,
> serán mi propiedad exclusiva
>   entre todas las naciones.
> Aunque toda la tierra me pertenece,
>   ustedes serán para mí un reino de sacerdotes
>   y una nación santa". (Éxodo 19:5-6)

Cuando se dio la Ley de Moisés al Israel físico, Dios tenía en mente una relación especial. No obstante, ¿alguna vez obedecieron completamente las leyes y cumplieron el pacto? ¿Eran realmente una nación de sacerdotes, una nación santa? La respuesta es, lamentablemente, no. Sin embargo, este pasaje es una referencia indirecta a lo que Dios quiere hacer por su pueblo en su reino espiritual. Pedro recordó a los seguidores de Jesús que esta profecía se aplica a ellos: *"Pero ustedes son linaje escogido, real sacerdocio, nación santa, pueblo que pertenece a Dios"* (1 Pedro 2:9). Solamente bajo el nuevo pacto todo el pueblo de Dios se convirtió en sacerdotes. Ese es el tema central del Capítulo Cuatro de este libro. Como Pablo dijo en 1 Timoteo 2:5-6: *"Porque hay un solo Dios y mediador entre Dios y los hombres, Jesucristo hombre, quien dio su vida en rescate por todos".* Solo en Cristo las palabras señaladas en Éxodo 19 encuentran su cumplimiento. Al estar en Cristo, no necesitamos que un ser humano interceda entre nosotros y Dios, ya que tenemos un sumo sacerdote, Jesucristo (Hebreos 8:1-2), a través del cual podemos entrar confiadamente como sacerdotes de Dios en la presencia del Todopoderoso en el tabernáculo celestial (Hebreos 10:19-20). Los judíos solo podían soñar acceder a tal relación.

Un pasaje que proporciona aún más información acerca de la relación entre el Señor y sus súbditos en el reino de Dios se encuentra en Ezequiel 37:24-28:

"Mi siervo David será su rey, y todos tendrán un solo pastor. Caminarán según mis leyes, y cumplirán mis preceptos y los pondrán en práctica. [...] Vivirán allí para siempre, y mi siervo David será su príncipe eterno. Y haré con ellos un pacto de paz. Será un pacto eterno. Haré que se multipliquen, y para siempre colocaré mi santuario en medio de ellos. Habitaré entre ellos, y yo seré su Dios y ellos serán mi pueblo. Y, cuando mi santuario esté para siempre en medio de ellos, las naciones sabrán que yo, el SEÑOR, he hecho de Israel un pueblo santo".

Ya hemos visto que David, es decir, Jesús, Hijo de David, será rey sobre este reino. Aquí también vemos que su santuario estará en medio de su pueblo. Poniendo su confianza en la carne, los judíos declararon: *"¡Este es el templo del Señor, el templo del Señor, el templo del Señor!"* (Jeremías 7:4). Desde la época de Moisés, Dios vivía cerca de su pueblo. Aquí vemos algo mucho más grande. Como Pablo dijo, en Cristo *"somos templo del Dios viviente"* (2 Corintios 6:16). De una forma maravillosa, el santuario de Dios está verdaderamente con su pueblo para siempre. La profecía encontrará su cumplimiento final en el reino celestial.

Otra profecía muy alentadora de la relación entre el rey y el súbdito se encuentra en Ezequiel 11:19-20:

"Yo les daré un corazón íntegro, y pondré en ellos un espíritu renovado. Les arrancaré el corazón de piedra que ahora tienen, y pondré en ellos un corazón de carne, para que cumplan mis decretos y pongan en práctica mis leyes. Entonces ellos serán mi pueblo, y yo seré su Dios".

Esta profecía habla de un pueblo con un corazón y un espíritu nuevo, que seguirá a Dios bajo un deseo sincero y no por obligación. Estas son las personas que, como Jesús lo dijo, han nacido de nuevo. A pesar del hecho de que estas personas no han nacido en el reino físico de Dios, serán reconocidos como pueblo de Dios.

Este concepto es desarrollado más plenamente por el profeta Oseas:

Con todo, los israelitas serán tan numerosos como la arena del mar, que no se puede medir ni contar. Y en el mismo lugar donde se les llamó: "Pueblo ajeno", se les llamará: "Hijos del Dios viviente". El pueblo de Judá se reunirá con el pueblo de Israel, y nombrarán un solo jefe y resurgirán en su país, porque grande será el día de Jezrel. [...]

> "Yo la sembraré para mí en la tierra;
> me compadeceré de la 'Indigna de compasión',
> a 'Pueblo ajeno' lo llamaré: 'Pueblo mío';
> y él me dirá: 'Mi Dios'". (Oseas 1:10-11, 2:23)

Para crear esta profecía, Dios hizo que Oseas llamara a sus dos hijas con los nombres Lo-Ruhamá y Lo-Ammí, que significan "indigna de compasión" y "pueblo ajeno". ¡Imagina que eres una de estas chicas! El punto de esta profecía, como señala Pablo en Romanos 9:25-26 y como Pedro refuerza en 1 Pedro 2:10, es que, aunque los gentiles no eran el pueblo de Dios, llegaría un tiempo y un reino en los que los gentiles serían llamados el pueblo de Dios. Como Pedro lo afirmó: *"Ustedes antes ni siquiera eran pueblo, pero ahora son pueblo de Dios"*. ¡Esta es una gran noticia!

RELACIONES EN EL REINO DE DIOS

El tema ha sido cubierto hasta cierto punto ya, pero es difícil resistirse mencionar Isaías 11:6-9 como profecía de las relaciones entre las personas que se encuentran en el reino mesiánico:

> El lobo vivirá con el cordero,
>   el leopardo se echará con el cabrito,
> y juntos andarán el ternero y el cachorro de león,
>   y un niño pequeño los guiará.
> La vaca pastará con la osa,
>   sus crías se echarán juntas, y el león comerá paja como el buey.
> Jugará el niño de pecho
>   junto a la cueva de la cobra,
> y el recién destetado meterá la mano
>   en el nido de la víbora.
> No harán ningún daño ni estrago
>   en todo mi monte santo,
> porque rebosará la tierra
>   con el conocimiento del SEÑOR
> como rebosa el mar con las aguas.

Esta no es una profecía sobre animales domesticados. Se trata de relaciones entre las personas. En el reino mesiánico, habrá un nuevo tipo de relación. Ya no importarán distinciones como rico o pobre, esclavo o libre, hombre o mujer (Gálatas 3:26-28). No importará la nación, y tampoco la raza o la etnia. Los enemigos naturales serán los mejores amigos. El de la tribu hutu abrazará el tutsi. Todos serán uno, porque tendrán un rey que los une. La manera en que Jesús lo expresó es: *"El que se humilla como este niño será el más grande en el reino de los cielos"* (Mateo 18:4). Este es un ideal que, por desgracia, ningún grupo de seres humanos jamás alcanzará completamente. Sin embargo, según la propia experiencia del autor, este tipo de relación encuentra su mayor cumplimiento en la iglesia del Nuevo Testamento dedicada a establecer relaciones según lo señalado en Gálatas 3:26-28.

PERSECUCIÓN DEL REINO DE DIOS

Hasta ahora, el reino espiritual de Dios parece un gran lugar, y sí lo es, pero el Antiguo Testamento advierte proféticamente que el mundo no siempre va a ver a la iglesia como una gran cosa. Los reyes, por lo general, no están dispuestos a compartir el poder con otros reyes, incluso si su territorio es espiritual. El Antiguo Testamento advierte de grandes persecuciones que los santos van a sufrir.

La profecía más directa de la persecución en contra de los ciudadanos del reino de Dios se encuentra en Daniel 7. *"En el primer año del reinado de Belsasar en Babilonia* (553 a. C.), *Daniel tuvo un sueño"* (Daniel 7:1). En el sueño, Daniel vio cuatro bestias. Como el ángel le dijo, las cuatro bestias fueron cuatro reinos (v. 17). Los cuatro reinos —el león, el oso, el leopardo y la terrible e indescriptible bestia— eran Babilonia, Medo/Persa, Grecia y Roma.[53]

El sueño profético proporciona detalles específicos sobre los Imperios medopersa y griego, pero se enfoca principalmente en la cuarta bestia.

> "Después de esto, en mis visiones nocturnas vi ante mí una cuarta bestia, la cual era extremadamente horrible y poseía una fuerza descomunal. Con sus grandes colmillos de hierro aplastaba y devoraba a sus víctimas, para luego pisotear los restos. Tenía diez cuernos, y no se parecía en nada a las otras bestias.
>
> "Mientras me fijaba en los cuernos, vi surgir entre ellos otro cuerno más pequeño. Por causa de este fueron arrancados tres de los primeros. El cuerno pequeño parecía tener ojos humanos, y una boca que profería insolencias". (Daniel 7:7-8)

Daniel debió haberse preguntado cuál podría ser el significado de esta extraña visión. Le preguntó a uno de los ángeles que estaban cerca durante su visión, y el ángel le dijo el significado de esta visión tan extraña:

"Quise entonces saber el verdadero significado de la cuarta bestia [...] Quise saber también acerca de los diez cuernos que tenía en la cabeza, y del otro cuerno que le había salido y ante el cual habían caído tres de ellos. Este cuerno se veía más impresionante que los otros, pues tenía ojos y hablaba con insolencia.

"Mientras observaba yo, este cuerno libró una guerra contra los santos y los venció. Entonces vino el Anciano y emitió juicio en favor de los santos del Altísimo. En ese momento los santos recibieron el reino.

"Esta fue la explicación que me dio el venerable Anciano:
'La cuarta bestia es un cuarto reino
    que surgirá en este mundo. [...]
Los diez cuernos son diez reyes
    que saldrán de este reino.
Otro rey les sucederá,
    distinto a los anteriores, el cual derrocará a tres reyes.
Hablará en contra del Altísimo
    y oprimirá a sus santos;
tratará de cambiar las festividades
    y también las leyes,
y los santos quedarán bajo su poder
    durante tres años y medio'". (Daniel 7:19-25)

La visión de la cuarta bestia incluye a un rey que va a atacar y oprimir a los santos que poseen el reino de Dios. Este rey es el undécimo rey del cuarto reino; uno que eliminará a tres reyes anteriores.

La visión y su interpretación pueden parecer misteriosas a primera vista, pero una segunda mirada a la historia de la antigua Roma aclara la visión fácilmente. El cuerno pequeño fue el undécimo emperador de Roma, Domiciano. Domiciano fue el primer emperador romano en atacar sistemáticamente a la iglesia cristiana durante la mayor parte de su imperio. Domiciano fue el hijo de Vespasiano, el noveno emperador de Roma. Mientras su padre estaba luchando contra los rebeldes en Jerusalén en 68 d. C.,

Domiciano fue la fuerza principal en la eliminación de Galba, Otón y Vitelio, los emperadores sexto, séptimo y octavo de Roma, cada uno de los cuales había liderado golpes militares, pero que solo reinó por unos pocos meses. Estos son los tres cuernos removidos por el undécimo cuerno en la visión. No está mal la precisión de un profeta que escribió más de seiscientos años antes de los eventos. Pero el plan de Dios no busca simplemente impresionar a los lectores

Domiciano, emperador de Roma 81-96 d. C.

con lo buen profeta que es Daniel. El plan de Dios es preparar a los santos de su reino para una gran persecución que está por venir.

Por coincidencia, mientras escribo este capítulo, estoy en Roma. Ayer mismo, mi esposa y yo fuimos a la colina Palatina, donde todavía se pueden ver fácilmente las ruinas del enorme anfiteatro y la residencia personal de Domiciano. Domiciano construyó un enorme complejo para su placer personal, un lugar para ver el espectáculo de muchos seguidores de Jesús siendo arrojados a las fieras hambrientas. La arrogancia personal de Domiciano se volvió proverbial para los romanos. Como lo expresó Daniel, *"hablaba con insolencia"*. Como indica la visión, Domiciano hablaba en contra del Dios Altísimo. De hecho, obligó a sus súbditos a adorarlo como a un dios. Los historiadores romanos informan que Domiciano insistió en ser llamado *dominus et deus* (señor y dios). Los creyentes en el único Dios verdadero fueron ejecutados por Domiciano bajo la acusación de "ateísmo".

El ángel dijo que este undécimo cuerno tratará de cambiar las festividades y las leyes. Eso es exactamente lo que hizo Domiciano. En su arrogancia, agregó un mes en el calendario romano, ¡dándole el nombre Domicianus! También canceló la totalidad del código legal romano, el código legal más respetado en el mundo antiguo, y estableció su propio código de ley, que le dio un poder ampliado en gran medida. Al día siguiente de que Domiciano muriera, el senado romano retiró el mes Domicianus del calendario y derogó todas las leyes que él había establecido.

LOS ONCE PRIMEROS EMPERADORES DE ROMA

Emperador	Fechas de reinado	Significado para eventos bíblicos
Augusto	27 a. C.-14 d. C.	Nacimiento de Cristo
Tiberio	14-37 d. C.	Crucifixión de Cristo
Cayos (Calígula)	41-54 d. C.	Intentó poner una estatua de sí mismo en el templo
Claudio	54-68 d. C.	Judíos exiliados de Roma
Nerón	68-69 d. C.	Primeras persecuciones graves, la ejecución de Pablo y Pedro
Galba	69-70 d. C.	Uno de los tres vencidos por Vespasiano/Domiciano
Otón	69-70 d. C.	Uno de los tres ...
Vitelio	69-70 d. C.	Uno de los tres ...
Vespasiano	70-79 d. C.	Ataque a Jerusalén
Tito	79-81 d. C.	El general que destruyó Jerusalén
Domiciano	81-96 d. C.	El primer perseguidor sistemático de la iglesia

Mediante el cumplimiento preciso y detallado de la profecía de Daniel, el Antiguo Testamento advierte de una manera contundente que no todo será dulzura y luz para los santos en el reino de Dios. Habrá momentos en los que los ciudadanos del reino de los cielos serán atacados por los reinos de la tierra. A veces, el rey terrenal incluso parecerá que está venciendo a los santos (v. 21). Sin embargo, la gran persecución no continuará indefinidamente; durará *"tres años y medio"* (v. 25). En la simbología apocalíptica judía, la cantidad tres y medio representa una cantidad limitada de tiempo. Después de este tiempo, Dios juzgará al perseguidor, y los santos, finalmente, serán victoriosos.

LA POTENCIA Y RESISTENCIA DEL REINO DE DIOS

Aunque Daniel 7 presenta lo que podría ser un cuadro desalentador de persecución y opresión de los santos, también presenta un cuadro final de la victoria eterna para los santos en el reino de Dios.

> "Los jueces tomarán asiento,
>> y al cuerno se le quitará el poder
>> y se le destruirá para siempre.
> Entonces se dará a los santos,
>> que son el pueblo del Altísimo,
> la majestad y el poder
>> y la grandeza de los reinos.
> Su reino será un reino eterno,
>> y lo adorarán y obedecerán
>> todos los gobernantes de la tierra". (Daniel 7:26-27)

Con estas palabras, el ángel aseguró a Daniel que el reino de Dios tendrá la victoria final sobre sus persecutores y contra las fuerzas de las tinieblas que operan en este mundo. Dado que Daniel describió, con detalles espectaculares, el reinado y las persecuciones de Domiciano cientos de años antes de que todo esto sucediera, los santos en el reino pueden estar seguros de que incluso en los momentos más difíciles, Dios está en control. Además, dado que Daniel predijo con precisión detalles tales como los tres reyes que serían removidos por Domiciano e incluso el hecho de que iba a cambiar el calendario y la ley de su reino, los santos pueden tener la seguridad de que *"los jueces tomarán asiento, y al cuerno se le quitará el poder y se le destruirá para siempre"*. Sucederá tal como Dios le dijo a Daniel en la visión.

Históricamente, las persecuciones del Imperio romano contra los santos del Altísimo no terminaron con Domiciano. Aunque hubo períodos de relativa paz, las persecuciones en realidad se pusieron aún peor en ciertos momentos, culminando con el último gran perseguidor de la iglesia cristiana, Diocleciano. Diocleciano gobernó Roma en los años 284-305 d. C. Obligó a todos sus súbditos a ofrecer un sacrificio al dios romano. Muchos en ese momento fueron vencidos (v. 21), pero Dios se sentó a juzgar y quitó a los gobernantes paganos de Roma. Desde la época de Constantino (312-335 d. C.), las religiones paganas en Roma fueron oprimidas y, finalmente, eliminadas, pero los santos experimentaron un tiempo de paz sin precedentes.

El mensaje de esta profecía es que, de cualquier manera, ya sea experimentando un tiempo de paz y prosperidad relativa, o una época de grandes ataques e incluso aparente derrota, el reino y los santos que permanezcan fieles perdurarán para siempre con Dios. El suyo será un reino eterno.

La resistencia, el poder y la victoria final de los santos y el reino de Dios está profetizado en varios otros pasajes del Antiguo Testamento.

> "En aquel día levantaré
>> la choza caída de David.
> Repararé sus grietas,
>> restauraré sus ruinas". (Amós 9:11)

> "Yo pondré en el trono a uno de tus propios descendientes (de David), y afirmaré su reino. Será él quien construya una casa en mi honor, y yo afirmaré su trono real para siempre. Yo seré su padre, y él será mi hijo". (2 Samuel 7:12-14)

> "En los días de estos reyes (los reyes de Roma) el Dios del cielo establecerá un reino que jamás será destruido ni entregado a otro pueblo, sino que permanecerá para siempre y hará pedazos a todos estos reinos". (Daniel 2:44)

Estas profecías encuentran su cumplimiento, incluso ahora. Desde el momento en que el reino mesiánico de Dios comenzó de manera espectacular en Pentecostés, muchos han intentado derrotar a la iglesia del Cristo vivo. Los que obedecen a Jesús y su palabra han experimentado las persecuciones y las burlas de las autoridades políticas e incluso de pseudo cristianos que han rechazado las enseñanzas básicas de la Biblia por seguir tradiciones humanas. Pero la choza caída de David se levantará. Dios establecerá el trono de su reino para siempre. La iglesia, el reino de Dios en la tierra, aplastará a estos reinos y pondrá fin a su poder. La victoria pertenece al reino de Dios.

CONCLUSIÓN

El reino de Dios encuentra su cumplimiento en el Israel físico, en el Israel espiritual y en el futuro reino eterno en el cielo. Dios dejó en claro por medio de los profetas que después del tiempo del reino físico, surgiría un reino espiritual, comenzando en Jerusalén y extendiéndose para cubrir toda la tierra. Este reino incluiría tanto a los judíos como a los gentiles. Los santos en el reino serían perseguidos, pero al final, tengamos la seguridad de que todo poder y autoridad que se levanta contra el reino eterno de Dios será juzgado por ello. Y no olvidemos la maravillosa profecía de Daniel:

> "Del polvo de la tierra se levantarán
>   las multitudes de los que duermen,
> algunos de ellos para vivir por siempre,
>   pero otros para quedar en la vergüenza
>   y en la confusión perpetuas.
> Los sabios resplandecerán
>   con el brillo de la bóveda celeste;
> los que instruyen a las multitudes
>   en el camino de la justicia
> brillarán como las estrellas
>   por toda la eternidad". (Daniel 12:2-3)

Las profecías del reino de Dios encontrarán su último cumplimiento en el todavía futuro reino, donde los santos reinarán con Dios en el cielo para siempre. Y a Dios sea la gloria.

Notas

47. Referencia a Jim McGuiggan, *The Kingdom of God and the Planet Earth* (el reino de Dios y el planeta Tierra) (International Biblical Resources, 1978) y Jim McGuiggan, *The Reign of God: A Study of the Kingdom of God* (el reinado de Dios: un estudio del reino de Dios) (Fort Worth, Texas: Star Bible, 1992).

48. En realidad, poco más de seiscientos años en el futuro, ya que Jeremías escribió durante la generación antes y después de 600 a. C.

49. *Bereshit Rabá*, 97.

50. Ve también el pasaje paralelo en Miqueas 4:1-8.

51. Ve también Ezequiel 34:10-14.

52. Ve también Zacarías 10:4-12.

53. Ve mi libro sobre Daniel para más detalles. John M. Oakes, *Daniel: Profeta para las naciones* (disponible de www.ipibooks.com), especialmente el Capítulo 9.

Los límites de la interpretación bíblica

Esta sección se incluye como un apéndice porque algunos lectores pueden considerarla innecesario para el tema en cuestión. Para algunos que no están dispuestos a gastar mucha energía preocupándose por los detalles técnicos, incluso podría distraer la atención del mensaje principal del libro. Sin embargo, en muchos otros lectores surgirán naturalmente unas preguntas que merecen ser abordadas. ¿Cómo puede uno saber con certeza que Dios tenía la intención de que la Fiesta de las Trompetas fuera un presagio del día del juicio? ¿Es posible que solo estemos imaginando que el candelabro en el tabernáculo es un tipo determinado del Espíritu Santo? ¿Es posible que estemos poniendo palabras en la boca de Dios? Si nos basamos en los ejemplos que se darán a continuación, definitivamente es posible decir que la Biblia puede ser sobreinterpretada. Es muy común que los predicadores y maestros extraigan mensajes de determinados pasajes de las Escrituras que no están justificados por su contexto local o global en la Biblia. Teniendo en cuenta que alguna interpretación profética es claramente justificable, y que otra es discutible, ¿dónde se empieza a admitir que una aplicación en particular tiene una certeza cuestionable y, por lo tanto, es mejor dejarla fuera de un sermón o de un libro como este?

El propósito de este apéndice es intentar que, al menos, una respuesta preliminar a estas preguntas. El criterio utilizado será enumerar ejemplos de métodos de interpretación, tanto válidos como inválidos, para proporcionar un poco de historia acerca de cómo se ha interpretado la Biblia, especialmente en lo que se refiere a símbolos, presagios y profecías, y proporcionar un conjunto de reglas bastante simple para guiar al lector para decidir por sí mismo cuáles son los límites de la interpretación de la Biblia. Habiendo enseñado partes del material de este libro a varios grupos, he tenido la experiencia de un oyente entusiasta que intenta profundizar en la Biblia por su cuenta y compartir sus propios descubrimientos de tipos y antitipos en el Antiguo y Nuevo Testamento. Algunas de estas discusiones han sido muy útiles y alentadoras. Otras han provocado un momento incómodo. He tenido que aceptar, con un tanto de vergüenza, que algunas interpretaciones, en mi opinión, definitivamente no están justificadas por el contexto de las Escrituras, sin importar cuán entusiasta o sincero sea el intento. Cuando una persona así pregunta: "¿Está de acuerdo en que este es un buen ejemplo de un presagio del Antiguo Testamento?" puede ser un momento en el que se deba desplegar toda la diplomacia de uno.

Está claro que los escritores del Nuevo Testamento usaron el método de encontrar tipos y antitipos en el Antiguo Testamento y en el mensaje del evangelio como uno de sus principales medios de exégesis del Antiguo Testamento. En este libro se han dado muchos ejemplos de esto. Jesús vio el milagro de Jonás dentro del pez grande como una prefigura de su propia muerte y resurrección (Mateo 12:39-42). Pablo vio a Ismael e Isaac como presagios del Israel físico (los judíos) y del Israel espiritual (la iglesia) (Gálatas 4:21-31). El escritor de Hebreos vio el tabernáculo judío como un presagio del tipo de relación que los seguidores de Jesús tienen con Dios a través de Jesucristo (Hebreos 9:23-28). Se podrían agregar muchos ejemplos a esta lista. Los primeros escritores cristianos continuaron esta tendencia de encontrar tipos y antitipos en el Antiguo y Nuevo Testamento (Ignacio, *Carta a los magnesianos* 7:2, 10:2 y *Carta a los filadelfianos* 9:1; La epístola de Bernabé 7:10ss; Justino Mártir, *Diálogos* 3). Sin embargo, incluso muy temprano, los padres de la iglesia comenzaron a moverse más allá de la interpretación clara e histórica de tipo/antitipo. Comenzaron a aplicar de forma bastante especulativa detalles superficiales en el Antiguo Testamento a las enseñanzas del Nuevo Testamento que no parecen justificadas por el texto. Por ejemplo, en La epístola de Bernabé, cuando Moisés oró ante el pueblo con los brazos en alto (Éxodo 17:8-13), se interpreta como un presagio de Jesús colgado en la cruz (La epístola de Bernabé 12:2ss). Clemente de Roma (Clemente, 1 Clemente 12:7) interpretó el cordón escarlata que Rajab ató a su ventana (Josué 2:17-20) como un presagio de la sangre de Jesús. Orígenes interpretó la historia de la adivina de Endor que llamó a Samuel de entre los muertos (1 Samuel 28) como un presagio de la resurrección de Jesús.

Los intérpretes bíblicos actuales no son inmunes a la tendencia de sobreinterpretar pasajes de las Escrituras. Un ejemplo de sobreinterpretación bíblica actual se encuentra en la forma en que algunos interpretan las parábolas de Jesús. En la parábola del hijo perdido, claramente el padre representa Dios y el hijo perdido es una persona que se ha extraviado. Sin embargo, cuando uno trata de encontrar un significado específico en el hecho de que el hijo quiso comer lo que le daban a los cerdos o en el anillo que el padre le dio al hijo, rápidamente se está moviendo hacia una interpretación especulativa.

Otra tendencia tanto entre los rabinos judíos como entre los primeros maestros cristianos fue interpretar el Antiguo Testamento como una alegoría. La palabra "alegoría" merece una definición cuidadosa. En la literatura clásica, una alegoría es un escrito en el que las acciones o personas de una historia deben interpretarse simbólicamente. La alegoría fue una de las principales formas de expresión de los escritores medievales. Recuerdo claramente estudiar la obra teatral *Everyman* en mi clase de inglés de duodécimo grado. En esta historia, los personajes tienen nombres como Everyman (todo hombre), Death (muerte), Fellowship (compañerismo), Good Deeds (buenas acciones), etc. Los personajes y las acciones de esta historia claramente deben ser interpretados por el lector como símbolos. Todo eso está bien, pero ¿qué hay de interpretar el Antiguo Testamento alegóricamente? La interpretación alegórica de la Biblia se justifica como técnica exegética solo si se puede establecer que el autor original pretendía que el material se tomara principalmente como simbólico. Quizás esto sea justificable al interpretar algunas de las parábolas de Jesús, pero fuera de estos ejemplos, la interpretación alegórica de la Biblia rara vez se justifica.

Una definición útil de exégesis alegórica es la que da Leonhard Goppelt.[54] "Por alegoría se entiende una especie de exégesis que, además del sentido literal del texto, y, a veces, incluso con la exclusión (es decir, del sentido literal), encuentra otro significado supuestamente más profundo, aunque el contexto no indica la presencia de ningún lenguaje figurativo". La interpretación alegórica está raramente justificada, pero la interpretación tipo/antitipo del Antiguo Testamento se justifica bajo las condiciones que se describen a continuación. La exégesis tipo/antitipo comienza aceptando la realidad física del evento del Antiguo Testamento y luego buscando paralelos en el evangelio. Israel pasó por el Mar Rojo bajo el liderazgo de Moisés. La pregunta es ¿a qué realidad del

Nuevo Testamento, corresponde proféticamente este evento real en el Antiguo Testamento, si es que existe correspondencia? Por el contrario, la exégesis alegórica comienza buscando un significado simbólico detrás de una realidad física sin justificación en el texto. Como dijo Goppelt:[54] "La alegoría sigue su propio camino independientemente de la interpretación literal, mientras que el uso tipológico de las Escrituras comienza con la interpretación literal"[55] y "La interpretación alegórica, por lo tanto, no se preocupa por la veracidad o la factibilidad de las cosas descritas. Para la interpretación tipológica, sin embargo, la realidad de las cosas descritas es indispensable. El significado típico no es realmente un significado diferente o superior, sino un uso diferente o superior del mismo significado que se comprende en tipo y antitipo".[56]

Ejemplos de interpretación alegórica se encuentran en el escritor/teólogo/filósofo judío Filón de Alejandría. Filón vivió en Alejandría, Egipto, alrededor del año 20 a. C. hasta 50 d. C. Su método consistía en detectar el simbolismo espiritual subyacente en las descripciones literales del Antiguo Testamento, especialmente en el Pentateuco. Para citar a Filón: "Ahora debemos hablar de lo que se puede dar si la historia se considera figurativa y simbólica".[57] Como ejemplo específico, considera la interpretación de Filón de la costilla que se tomó de Adán para formar a Eva: "'Tomó una de sus costillas'. Tomó uno de los muchos poderes de la mente, a saber, ese poder que habita en los sentidos externos. Y cuando usa la expresión, 'Él tomó', no debemos entenderla como si hubiera dicho 'Él quitó', sino más bien como equivalente a 'Él contó, él examinó'".[58] Filón continúa interpretando que el "tomar la costilla" es un símbolo de Dios para indicar que él examina nuestros pensamientos conscientes.

Filón, en su libro *De Abrahamo*, interpretó los cuatro reyes de Génesis 14 como significando las cuatro pasiones: placer, deseo, miedo y dolor. Los otros cinco reyes de este pasaje representan los cinco sentidos, ya que nos gobiernan. En Génesis 14, los cinco están sujetos a los cuatro y les pagan tributo; así de nuestros sentidos surgen las pasiones del placer, el miedo, etc. que dominan nuestros sentidos. En Génesis 14, dos reyes cayeron a los pozos de asfalto. Filón interpreta esto en el sentido de que el tacto y el gusto penetran en el interior del cuerpo. Los otros tres que escaparon hacia los montes son los otros tres sentidos que se dirigen fuera del cuerpo. "El sabio los atacó a todos" (Abram derrotó a los reyes) significa que la razón se abalanzó sobre ellos y los conquistó. Usando esta forma de interpretación, se vuelve fácil leer cualquier filosofía que a uno le guste en el texto bíblico. Eso es exactamente lo que hizo Filón: encontrar las enseñanzas de los estoicos y los discípulos de Platón en las Escrituras hebreas. Tal metodología de interpretación no se ha limitado a los intérpretes judíos. Por principios del siglo III d. C., muchos escritores cristianos comenzaron a utilizar la interpretación alegórica tanto del Antiguo como del Nuevo Testamento, con resultados dudosos.

Orígenes de Alejandría (185-254 d. C.) es más conocido por su interpretación alegórica del Antiguo Testamento. Probablemente no sea una coincidencia que Orígenes fuera de Alejandría, el lugar de Filón. Toda una escuela de intérpretes de la Biblia se levantó en ese momento (incluidos Luciano y Eustacio de Antioquía) para defender la interpretación histórica en oposición a la exégesis alegórica de la Biblia de Orígenes.

Esto nos lleva al fondo de este tema. ¿Por qué el escritor de La epístola de Bernabé no está justificado en la interpretación de Moisés extendiendo los brazos como una prefigura de la crucifixión de Jesús, a pesar de que en este libro afirmo que la sangre esparcida sobre el dintel de las puertas en la víspera de la Pascua es un presagio de la sangre de Jesús en la cruz? ¿Cuál es la diferencia esencial? Con el fin de determinar cómo uno puede validar de forma legítima un presagio, una relación tipo/antitipo, una prefigura o una profecía histórica en el Antiguo Testamento, propongo las siguientes reglas bastante simples:

1. Si un escritor del Nuevo Testamento dice que un pasaje en el Antiguo Testamento es un presagio/profecía/prefigura/tipo, entonces lo es.

2. Si un pasaje del Antiguo Testamento funciona como un presagio/profecía/prefigura/tipo tanto en el sentido general como en lo específico, entonces probablemente sea legítimo.

3. Si uno ya sabe que un evento en el Antiguo Testamento es un presagio/profecía/prefigura/tipo en sentido general, entonces es más seguro suponer que los detalles también son presagios.

Consideremos aplicaciones específicas de estas reglas para la interpretación de tipos, presagios y profecías en el Antiguo Testamento. Tal vez uno podría cuestionar si es una mera coincidencia o un presagio histórico el hecho de que Jonás estuviera en el vientre del pez durante tres días, que resulta ser la cantidad de tiempo que Jesús estuvo en la tumba. Cuando leemos que Jesús dijo en Mateo 12:39-42: *"Porque así como tres días y tres noches estuvo Jonás en el vientre de un gran pez, también tres días y tres noches estará el Hijo del hombre en las entrañas de la tierra"*, esto resuelve la cuestión. Del mismo modo, considera el paralelo entre Moisés sosteniendo la serpiente en el desierto para salvar a la gente de la muerte física y Jesús siendo levantado en la cruz para salvar a la gente de la muerte espiritual. Se podría debatir si el paralelismo entre los acontecimientos es una coincidencia o una señal de un presagio inspirado. La cuestión parece ser resuelta por la declaración de Jesús en Juan 3:14-15: *"Como levantó Moisés la serpiente en el desierto, así también tiene que ser levantado el Hijo del hombre, para que todo el que crea en él tenga vida eterna"*. Como un tercer ejemplo, podemos estar seguros de que clavar la lanza en el costado de Jesús es un cumplimiento de Zacarías 12:10, porque Juan dijo que, en efecto, lo era (Juan 19:37). Se podrían dar muchos otros ejemplos de este principio. Es el principal criterio utilizado para elegir el material que se presentará en la investigación de este libro.

La explicación de la regla número dos requiere un pensamiento un poco más cuidadoso. Se explica mejor mediante el uso de un ejemplo. Cuando Moisés levantó la serpiente en el desierto, fue un presagio del efecto salvador de la crucifixión de Jesús. Ya sabemos que esto es cierto debido a la aplicación de la regla número uno. Sin embargo, apliquemos la regla número dos a este pasaje. Los dos eventos (levantar la serpiente en el poste y Jesús en la cruz) están de acuerdo en los detalles, en que ambos involucran a alguien o algo que está siendo levantado. También están de acuerdo en el sentido general, ya que ambos implican que una persona se salve de la muerte al mirar el objeto. Ambos tienen que ver con la salvación.

Como ejemplo contrario, considera la (dudosa) aplicación en 1 Clemente 12:7. Aquí Clemente intenta trazar una prefigura del cordón rojo que Rajab ató a su ventana con la sangre de Jesús. Tanto la sangre de Jesús como el cordón escarlata salvaron a alguien de la muerte, por lo que el sentido general de los dos está de acuerdo, pero el paralelismo entre los detalles es engañoso. Es cierto que el cordón era de color rojo y que la sangre de Jesús era roja, pero el paralelo entre los detalles de la sangre fluyendo y una cuerda atada a una ventana es cuestionable. Se podría argumentar que Josué 2:17-20 es un presagio de la sangre de Jesús, pero es discutible en el mejor de los casos. Lo mismo podría decirse de la aplicación de Orígenes del llamado de Samuel por la adivina de Endor como un presagio de la resurrección de Jesús. En el sentido general, ambos involucran a alguien que aparece en la tierra después de la muerte, pero en los detalles, el paralelo no ajusta para nada. Un estudiante cuidadoso de la Biblia evitará tal interpretación excesiva.

Volviendo a algunos ejemplos positivos, se puede mencionar profecías tales como el Salmo 22 o Isaías 9. En el Salmo 22, no solo los detalles (traspasar las manos y los pies, los juegos de azar y la división de la prenda) coinciden con la muerte de Jesús, sino también lo hace el contexto general. Ambos implican sufrimiento y el ser abandonado por Dios. En Isaías 9:1-7, tanto los detalles históricos (el nacimiento de un niño, la tierra de Zabulón y de Neftalí) como la idea general (Príncipe de paz, gobernar sobre el reino) concuerdan. Otro ejemplo se encuentra al ver el tabernáculo como un presagio del ministerio de Jesús. Los detalles concuerdan (altar del sacrificio = sacrificio de Jesús; agua en el lavamanos = bautismo; pan a la derecha = Jesús, el pan de vida; candelabro a la izquierda = el Espíritu Santo, etc.); además, la idea general es paralela también. Tanto el tabernáculo como la obra de Jesús y del Espíritu Santo son acerca de cómo tener una relación con Dios.

Consideremos la tercera regla. Sabemos que la vida de Jonás puede servir como una prefigura de Jesús debido a la regla número uno. Por lo tanto, estamos más seguros en el estudio de otros detalles en la vida de Jonás buscando paralelismos en la vida de Cristo, incluso si Jesús no los menciona específicamente (juegos de azar, anunciar el arrepentimiento a los gentiles, ser de Galilea, etc.). Tenemos certeza de que la Pascua es un presagio de la muerte de Jesús por la regla número uno. En 1 Corintios 5:7, Pablo dice: *"Cristo, nuestro Cordero pascual, ya ha sido sacrificado"*. Siendo esto cierto, uno está más seguro en buscar otros paralelismos entre la Pascua y la obra de Jesús. Si uno puede establecer que no solo la fiesta de la Pascua, sino también la fiesta de Yom Kipur es un presagio de la salvación en el Nuevo Testamento, entonces puede estar bastante seguro al buscar relaciones tipo/antitipo entre los siete festivales mosaicos y sus homólogos del Nuevo Testamento. Como tercer ejemplo de la regla número tres, sabemos por Hebreos 3:16-4:2 que entrar a la tierra prometida es un presagio de entrar al eterno descanso del cielo con Dios. Por lo tanto, es probable que tengamos justificación al buscar otros presagios en los eventos del Éxodo, el caminar por el desierto y la entrada de Israel a Canaán.

En resumen, como Pablo amonestó a Timoteo, cualquier persona que estudia la Biblia, y especialmente alguien que quiera enseñar a otros, debe aprender a interpretar rectamente la palabra de verdad (2 Timoteo 2:15). Podemos ver en la historia que muchos han hecho un mal trabajo de este, incluidos los que han tratado de extraer detalles proféticos de los eventos del Antiguo Testamento. Hemos visto que la alegoría y la interpretación excesiva pueden llevar a un uso dudoso de las Escrituras. Pero no nos desanimemos.

Hemos visto que hay una gran cantidad de evidencia de la inspiración de la Biblia en las profecías y presagios del Antiguo Testamento que apuntan al Nuevo Testamento. Es verdaderamente inspirador considerar cómo Dios incluyó un gran parte de la verdad del evangelio en el Antiguo Testamento. Sin embargo, es recomendable tener cuidado de no interpretar demasiado y extraer paralelismos que Dios nunca tuvo la intención de plantear. Si el estudiante de la Biblia aplica algunas reglas simples, la mayoría de los errores se evitarán fácilmente, y los aspectos inspiradores de este tema pueden salir a la luz. En la redacción de este libro, he intentado aplicar fielmente los principios mencionados anteriormente. Voy a dejar que el lector decida qué tan bien este objetivo se ha cumplido.

Notas ____

54. Goppelt, *Typos*, 16, traducción nuestra.

55. Goppelt, *Typos*, 16, traducción nuestra.

56. Goppelt, *Typos*, 13, traducción nuestra.

57. Filón, *De Abrahamo*, 119, traducción nuestra.

58. Filón, *Allegorical Interpretation* (interpretación alegórica), II. X, (de la traducción al inglés de C.D. Yonge [Peabody, Massachusetts: Hendrickson, 1993]), traducción nuestra.

<u>Referencias</u>

Phillip E. Satterthwaite, Richard S. Hess y Gordon J. Wenham, *The Lord's Anointed* (el ungido del Señor) (Grand Rapids, Michigan: Baker, 1995).

Leonhard Goppelt, *Typos: The Tipological Interpretation of the Old Testament in the New Testament* (tipos: la interpretación tipológica del Antiguo Testamento en el Nuevo Testamento) (Grand Rapids, Michigan: Eerdmans, 1982).

Sir Robert Anderson, *Types in Hebrews* (tipos en Hebreos) (Grand Rapids, Michigan: Kregel, 1978).

P. Fairbairn, "The Old Testament in the New" (el Antiguo Testamento en el Nuevo), *The Typology of Scripture* (la tipología de las Escrituras) (Nueva York, 1900), 363-95.

D. L. Baker, *Two Testaments, One Bible: The Theological Relationship Between the Old and New Testaments* (dos testamentos, una Biblia: la relación teológica entre el Antiguo y el Nuevo Testamento) (Downers Grove, Illinois: IVP Academic, 1991), 179-299.

www.ipibooks.com

Douglas A. Jacoby

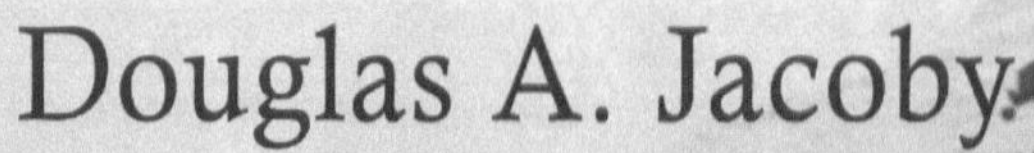

Evidencia convincente de Dios y la Biblia

Encontrar la verdad
en una era de dudas

www.ipibooks.com

www.ipibooks.com

www.ipibooks.com

www.ingramcontent.com/pod-product-compliance
Lightning Source LLC
Chambersburg PA
CBHW032221050726
47591CB00001B/205